资产价格波动、
货币政策与宏观审慎政策

李 路 著

责任编辑：黄海清　李　哲
责任校对：潘　洁
责任印制：陈晓川

图书在版编目（CIP）数据

资产价格波动、货币政策与宏观审慎政策（Zichan Jiage Bodong Huobi Zhengce yu Hongguan Shenshen Zhengce）/李路著．—北京：中国金融出版社，2018.6

ISBN 978-7-5049-9539-1

Ⅰ.①资…　Ⅱ.①李…　Ⅲ.①资本市场—经济波动—研究②货币政策—研究　Ⅳ.①F830.9②F820.1

中国版本图书馆 CIP 数据核字（2018）第 076046 号

出版
发行　中国金融出版社
社址　北京市丰台区益泽路2号
市场开发部　（010）63266347，63805472，63439533（传真）
网 上 书 店　http://www.chinafph.com
　　　　　　（010）63286832，63365686（传真）
读者服务部　（010）66070833，62568380
邮编　100071
经销　新华书店
印刷　北京市松源印刷有限公司
尺寸　169毫米×239毫米
印张　14.5
字数　220千
版次　2018年6月第1版
印次　2018年6月第1次印刷
定价　36.00元
ISBN 978-7-5049-9539-1
如出现印装错误本社负责调换　联系电话（010）63263947

前　言

　　由美国次贷危机引发的国际金融危机在世界范围内对各主要经济体造成了不同程度的影响，并将世界经济拖入了长期衰退的泥潭。针对此轮国际金融危机暴露的重大问题和制度缺陷，理论界形成了大量富有前瞻性的研究成果，政策层面也进行了深刻反思并积累了很多有益的实践操作经验。目前，世界经济整体呈复苏态势，但仍存在诸多不确定性，金融风险依然处于高位。因此，在国际金融危机爆发后的10周年，重新审视和思考金融危机及其警示意义，对认识资产价格、货币政策、金融稳定性的关系以及推进国际金融监管体制改革均具有重要的理论研究和现实意义。

　　历史上数次金融危机具有相同特征，即在危机爆发前金融体系充裕的流动性和信贷超速扩张支撑了资产价格泡沫的膨胀，市场乐观情绪过度外推导致的过度风险承担以及监管"缺位"或"越位"带来的监管套利行为，在发达国家、新兴工业化国家相继引发了资产价格膨胀—破裂周期性运动，并最终爆发了严重的系统性金融危机和长时期的经济衰退。然而过去数十年的货币政策基于新古典宏观模型的研究范式，通过构建基于历史数据的经验模型和关键变量的实践操作，既在理论上对"低通胀、高资产价格"的矛盾体准备不足，又缺乏行之有效的政策措施。理论和实践遭遇的双重困境，促使学术界和政策实践层开展了大量相关研究，针对资产价格泡沫与货币政策的研究成为国际金融危机后理论研究热点和前沿领域，也促成了对货币政策框架的深刻反思和调整。与此同时，2008年国际金融危机也表现出不同于以往数次金融危机的一些新特征，如金融机构整体风险暴露或共同风险敞口、系统重要性机构的金融网络效应和风险传染影响成为金融系统风险累积和危机爆发的触发机制。它所揭示的问题是深刻的——金融监管基于微观审慎视角，忽视金融内生脆弱性和系统性风险的累积，无法保证金融稳定。因此，构建宏观审慎政策框架辅之以微观审慎监管，作为货币政策的有力补充，能够更好地服务于价格稳定和金融稳定双重目标的实现。

本书正是基于以上逻辑，以资产价格泡沫的形成机理为切入点，从银行信贷扩张的视角，详细论述货币政策、银行信贷供给与资产价格周期性运动的关系，为央行"是否干预""如何干预"资产价格泡沫提供理论依据；与此同时，考虑到资产价格周期运动可能反映了金融内生脆弱性和系统性风险累积的事实和货币政策难以有效应对和无法兼顾物价和金融双重稳定，本书重新审视了货币政策与金融稳定的关系，提出构建宏观审慎的政策框架，作为货币政策有力补充，在政策实践上以系统性视角推进现有金融监管体制改革，维护金融整体稳定。这是本书第二个重要主题。本书结构安排如下：第一部分为导言，提出全书主要问题，阐述全书的逻辑框架和研究思路；第二部分为文献综述，重点梳理资产价格泡沫及形成机制以及与银行信贷扩张互推反馈机制；第三部分围绕资产价格泡沫与货币政策关系展开，重点阐述货币政策资产价格传导机制、资产价格与宏观经济变量关系等内容，旨在回答货币政策"是否干预""如何干预"资产价格的问题；第四部分重点阐述资产价格、货币政策与金融稳定关系，这是一个被忽略却在此轮危机中被重新审视并重点关注的议题。在分析逻辑上，以资产价格周期性波动和系统性风险为出发点，在金融稳定目标重新审视货币政策与金融体系的关系问题，提出实现微观审慎向宏观审慎政策框架转变和推进金融监管体制改革的政策建议。在此基础上，分析了国际金融危机后美国、英国、西班牙等国中央银行在构建宏观审慎监管框架的有益尝试和借鉴启示。第五部分是国别经验,考察了日本、美国、东南亚国家在20世纪八九十年代其资产价格泡沫周期性运行、货币政策措施与国内金融稳定性的具体情况以及对我国防范和化解资产价格泡沫的启示意义。本书的重要结论有:(1) 银行信贷扩张在推高资产价格泡沫中的作用。资产价格泡沫和系统性风险的累积大多发生在经济上行时期,受信贷供给增加而非信贷需求增加(经济基本面支撑)的资产价格膨胀一方面极易对稳物价的货币政策目标造成困扰,另一方面由于缺乏支撑基础容易诱发金融失衡和系统性金融风险。有关银行信贷总量、资产价格泡沫以及系统性金融风险累积的关系研究存在经验联系(Weber,2010b)的事实依据在此轮国际金融危机后已取得广泛共识。对中央银行而言,危机前疏于管理信贷和资产价格以及"善意忽视"显然不合时宜,应密切关注杠杆率、信贷总量和结构等前瞻指标的识别和监测以防范系统性风险累积;(2) 鉴于资产价格包含很多预期通胀信息,具有金融指示器的预测功能,中央银行应密切关注资产价格并构建包括资产价格在内的前瞻性指标辅助货币政策决策,金融状况指数被认为是现阶段较为可行的政策选择;(3) 保证物价稳定的货币政策目标并不能自动实现金融稳定。这是因为,忽视金融内生脆弱性和系统性风险的宏观政策模型指导下的货币政策,既无法有效识别资产价格泡沫,又深陷低通胀、高资产价格矛盾体无法自拔,更缺乏金融危机期间的有效应对手段,因此从金融稳定系统性角度构建宏观审慎政策框架,与货币政策形成强有力配合,能够保证物价稳定和金融稳定的双重目标的实现;(4) 推进现有的金融监管体制改革,实现由微观审慎向宏观审慎政策框架的转变。着力从宏观审慎监管目标、监管工具、制度安排等层面丰富理论研究,积极探索并构建宏观审慎监管框架、监管工具、监管模式等监管实践。

2008年国际金融危机是大萧条之后又一次席卷全球的金融危

机，其破坏程度是巨大和沉重的，其影响是长久和深刻的。危机带来的重要警示促成了理论热点和前沿领域以及货币政策实践改革（如美联储对利率决策框架的修订、国际金融监管体制改革）不断丰富。有鉴于此，本书还存在很多不足，还需要持续跟进最新研究成果和改革实践，不断丰富学习。本书成稿过程中，得到了很多帮助，在此表示感谢！

李路
2018 年 6 月

目　录

第1章　导言 ··· 1
　1.1　选题的背景及意义 ··· 1
　1.2　研究内容和目的 ··· 7
　1.3　研究思路与结构安排 ··· 9

第2章　理论综述 ··· 14
　2.1　资产界定和资产定价理论 ···································· 14
　2.2　资产价格泡沫（膨胀）及其形成机制 ···················· 22
　2.3　资产价格泡沫：来自银行信贷扩张的角度 ············ 26

第3章　资产价格与宏观经济总量 ································ 31
　3.1　资产价格与货币政策的理论问题 ························· 31
　3.2　资产价格与宏观经济变量的实证检验 ·················· 46

第4章　资产价格与货币政策传导机制 ························ 72
　4.1　货币政策的资产价格传导机制 ···························· 73
　4.2　中国资产价格财富效应考察 ································ 82

第5章　资产价格波动与最优货币政策目标 ················ 106
　5.1　货币政策是否干预资产价格的两大主流观点 ······ 106
　5.2　资产价格波动背景下的货币政策选择 ················ 117
　5.3　"逆风而动"策略对货币政策操作实践的启示 ······ 137

第 6 章　资产价格、系统性风险与金融稳定 …… 142
- 6.1　资产价格波动、系统性风险与金融稳定的理论研究 …… 143
- 6.2　资产价格波动、银行信贷扩张与金融不稳定：中国的故事 …… 150
- 6.3　货币政策与金融稳定目标的再思考 …… 158
- 6.4　宏观审慎监管框架的提出 …… 161

第 7 章　资产价格、系统性风险与宏观审慎监管框架 …… 166
- 7.1　微观审慎向宏观审慎的转型 …… 166
- 7.2　宏观审慎政策：内在逻辑和基本内容 …… 170
- 7.3　审慎监管政策与货币政策 …… 181
- 7.4　宏观审慎金融监管体制改革的国别经验及其启示 …… 182

第 8 章　资产价格泡沫与货币政策的国别经验 …… 191
- 8.1　资产价格泡沫与货币政策：日本经验 …… 191
- 8.2　资产价格泡沫与货币政策：美国经验（1995—2002 年） …… 196
- 8.3　房地产价格泡沫与银行系统结构：东南亚国家的经验 …… 198

参考文献 …… 206

后记 …… 220

第 1 章 导　　言

1.1　选题的背景及意义

20世纪70年代发生在发达国家的经济滞胀，从理论和实践两方面深刻影响了货币政策的研究和操作方向。各国政府几乎无一例外地将控制通货膨胀作为最优的货币政策目标选择。反通胀的成功促成了以稳定一般物价水平为主的货币政策目标转型。经过30多年的理论研究和实践操作，已形成一套行之有效的抑制通货膨胀非平稳性波动的机制。例如，美联储的货币操作兼顾通货膨胀、产出增长、就业增加等宏观目标，但维持一般物价水平的稳定较之其他目标还是重要得多，长期中对预期未来通货膨胀监测始终被重点关注；部分国家的政策当局则更青睐于采取通货膨胀目标制[①]。通过事先宣布一个特定的通货膨胀率[②]，引导公众通胀预期向设定通胀水平逼近，以此实现货币政策最终目标并在此过程中进行相关政策操作。在全球化、金融自由化、国际资本流动的时代洪流下，通货膨胀的稳定在很大程度上促成了20世纪末世界经济高速发展的黄金时期。

---

①　自1990年新西兰率先采用通货膨胀目标制，截至2005年，已有加拿大、英国、瑞典等22个国家先后实行，这其中不乏新兴经济体国家的身影。从实践操作来讲，通货膨胀目标制在20年的实践中已经获得理论界和货币当局的认同。

②　最早使用通货膨胀作为货币政策目标的新西兰储备银行自1990年便开始通过《货币目标协定》，规定货币政策目标，将通货膨胀控制在0~2%以内，2012年底又将这一目标调整为0~3%。类似的，澳大利亚规定1995—1998年的中期通货膨胀目标为2%~3%（钱小安，1998）；英联邦国家，从20世纪90年代以来渐次采用"通货膨胀目标"，直接"盯住物价上涨率"；德意志联邦银行被认为是长期实施这一目标的成功典范；欧元流通后，欧洲中央银行将欧元区内物价稳定作为货币政策的首要目标，规定3%的通胀率，超过这一通货膨胀率，欧洲银行就会通过公开市场操作等手段干预，实现通胀目标《日本银行法》第2条规定，"日本银行的基本任务是稳定物价，并借此保障国民经济的健康发展"。

然而，一个颇具意味的现象——低通货膨胀环境与资产价格的大幅波动，在过去20年间，在发达国家、新兴工业化国家持续上演。这种看似矛盾的结合，往往伴随着资产价格的起落跌宕及之后数年的价格调整过程，引发了严重的系统性金融危机，甚至在部分国家造成了长时期的经济衰退。例如，发生在20世纪90年代的美国信用危机，20世纪80年代末至90年代的日本金融危机，新兴经济体如东南亚金融风暴、香港经济泡沫等，2008年由美国次级贷款引发的国际金融危机和全球经济衰退，无不伴随资产价格泡沫的影子。因此，关于资产价格泡沫、货币政策与系统性金融风险等成为国际金融危机后理论研究的前沿和热点领域。特别的，关于国际金融危机前盛行的"善意观点"，即央行疏于管理信贷和资产价格泡沫（Blanchard, Dell'Ariccia and Mauro, 2013）受到了广泛质疑。鉴于国际金融危机对实体经济在范围和规模上的巨大负向冲击，关于货币政策目标"只适用于防止通胀而非金融稳定[①]"在操作层面已经被各国央行摒弃，但货币政策目标是否包含金融稳定目标，以及如何干预资产价格波动，成为各国货币政策当局的重大议程。

传统货币理论主要针对产品市场、劳动力市场的研究，金融市场很少被纳入研究视野，因此针对资产价格波动与货币政策、实体经济影响的研究较少。以通货膨胀为目标的货币政策，其实质是货币数量思想的践行[②]。"通货膨胀目标制的货币框架，能够保证一般物价水平和金融稳定的双重稳定"[③]（Schwartz, 1995；Bordo, Olivier, 2002）。但实际中随着金融业的发

---

① 这主要是因为在2008年国际金融危机前，理论界并不认为金融失衡（在美国等非金融中介机构和金融市场高度发达的国家尤其如此，强调利率调控却对信贷疏于管理，致使信贷繁荣以及由信贷支撑的资产价格泡沫）很重要，或者中央银行在遏制资产价格泡沫方面具有局限性——一方面在于"很难识别泡沫"（Bernanke and Gertler, 2003；Blanchard etcl, 2013），另一方面央行可选择的政策工具有限，使得央行"事后干预"成为主流选择（格林斯潘就认为"在泡沫形成后减轻其影响，有望缓解泡沫向下一次扩张的过渡"。（Greenspan, 2002））。

② 货币数量理论认为，当经济体系内的货币供应量增加时，商品价格、工资水平会自发调整上涨；如果其价格上升的速度与要素市场、产出等同步，股票价格会随之上扬。

③ 货币数量理论认为，当经济体系内的货币供应量增加时，商品价格、工资水平会自发调整上涨；如果其价格上升的速度与要素市场、产出等同步，股票价格会随之上扬。阿伦与盖尔尖锐地指出，"这一理论对于货币政策如何应对资产价格没有提供什么指导意见。"（Allen and Gale, 1999）。而且很多历史案例显然也不支持传统的政策看法。

展,资产证券化、债券化趋势使得资产市场(股票市场、房地产市场、外汇市场等)容量不断扩大,资产价格也随之上扬,这既体现了金融深化程度①的提高,又意味着货币供应量与宏观经济总量指标稳定关系的弱化。这样的直接结果,一方面改变了货币需求和供给的结构;另一方面则是传统的以银行为中介渠道的货币政策传导机制受阻以及货币政策效果大打折扣,即中央银行通过增加货币供给或下调利率的政策意图并不能有效传导并作用于实体经济,部分资金脱离银行系统进行体外循环,"金融脱媒"产生并带来一个直接的后果:资金大量涌向虚拟经济,带动了资产价格膨胀,实体经济则因资金漏出投资不足,呈现出一般物价稳定(或小幅通缩)和资产市场虚假繁荣的景象。以通胀目标制为核心的货币政策框架面对高资产价格与低通胀的冲突,显然无计可施②。

现实的发展迫切需要理论界从方法论、理论基础及政策建议等方面给出相应解释和应对策略,资产价格波动与货币政策关系的研究也被提上了议程,成为各国政府和学者驻足的研究热点。可以说,货币政策的"另一场战役"正悄然拉开帷幕(封北麟,2009),对货币政策的理论和实践提出了新的课题,具有深刻的理论和现实意义。

我国的股票、房地产市场在近几年经历了几次大起大落的波动,其周期性的价格波动对货币政策的制定、执行、政策效果以及实体经济均产生了很大影响。下面对股票市场、房地产市场的具体状况简要描述。

1990年,上海证券交易所正式挂牌成立,标志着我国证券市场的形成;随后一年,深圳证券交易所在深圳正式成立,南北呼应,进一步完善了我国资本市场。目前,沪、深两市已成为企业直接融资的主要渠道,发挥着重要的金融"造血"功能。数据显示,截至2018年2月28日,沪、深两市中共有3494家A股上市公司,总市值56万亿元。2005年实行股权分置改革后,从流通转让、盈利分红、信息披露和外部监督等方面进一步规范了

---

① 麦金农曾提出以资产存量与货币供应量M2之比作为一国金融深化的重要指标。
② Blanchard等(2013)认为,"货币政策并非治理国际金融危机前金融失衡和金融机构过度风险承担的最佳工具,它的影响面太宽以至于成本太高"。还有一种普遍流行的观点认为,央行"很难识别泡沫",因为无法断定"资产价格大幅波动是由于强大的基本面支撑还是仅仅是泡沫,因此难以作出迅速的反应"。

股票市场运行；2009年10月30日，酝酿已久的创业板终于推出，第一批28家中小企业齐上市，标志着我国股票市场进入一个新纪元。从投资者层面看，中小股民和机构数量节节攀升，在最为火爆的2008年，上证单天开户数峰值达5000户。截至2018年2月23日，中国已开立A股账户的投资者达1.35亿人。

图1-1显示的是1990—2017年底上证综合指数的月末收盘指数，从中可看出我国资产价格波动情况。

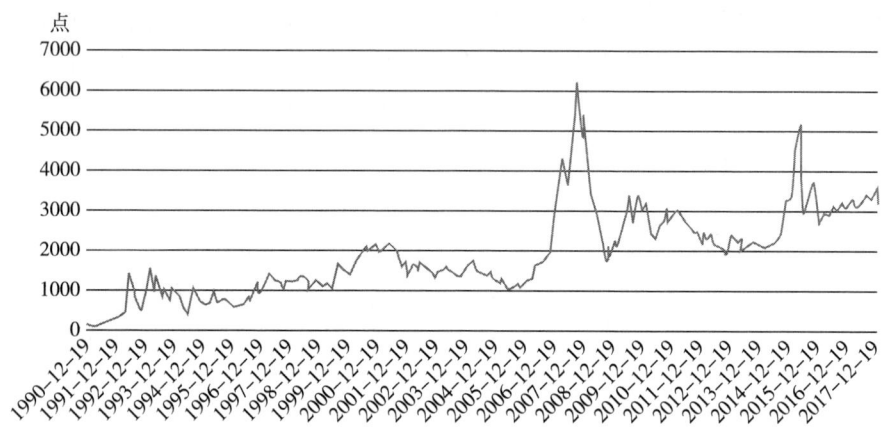

数据来源：国泰安数据库。

图1-1 1990—2017年底上证综合指数（收盘价）

从图1-1中可以清楚地看到，我国股票市场价格自1990年以来，大体经历了几次阶段性的波动：第一次出现大波动以股权分置改革前后为分水岭。在2005年实施股权分置改革之前，股市呈现数次小幅震荡；股权分置改革后，受益于制度改革的红利释放，股价一路上扬，从2005年最低谷的1060点，蹿升至2006年12月的2675点。第二次大的波动出现在2006年中期至2008年底。这一时期我国股市经历了一次波峰波谷期，从谷底发力，在冲击一轮史无前例的大牛市之后，于2008年底重新跌落，仅略高于这轮波动前的最低值，呈现出明显的大幅震荡趋势。第三次是从2009年初至2013年底，股市经历了一轮底部下挫的低迷状态。受欧债危机爆发影响，外部经济进一步恶化，国内刺激政策退出以及紧缩货币政策和楼市调控政策使经济蒙上了一层悲观预期，上证综合指数一直在2000点附近波动，二级市场的低迷一定程度影响了一级市场，新股发行基本处于暂停状态。第四次是从2014年初至今，暴涨暴跌成为此轮股市行情最重要的特征——上证指数从2014年11月的2400点快速飙升至2015年6月的5178点，上涨的速度及幅度比肩2006—2007年的大牛市。暴涨之后随即出现暴跌。特别是2015年6月15日至7月9日的17个交易日的时间里，股市连续暴跌，上证指数跌幅32%，8月中旬股市再次出现持续1000点的暴跌，并多次出现上千只股票跌停板的现象。其下跌速度刷新近20年国内股市纪录。此轮暴涨暴跌行情背后呈现典型的"政策市"特点。与此同时，大幅加杠杆、场外配资、金融创新成为此轮股市波动的新特征。到2017年底，市场观望情绪严重，震荡筑底还将持续一段时期，防范危险成为投资者的主要任务。

另外一个比较重要的资产价格即房地产市场价格。受城镇化进程加快、土地财政刺激、流动性充裕等因素影响，房地产价格在20多年间也同样惊心动魄地上演着膨胀—跌落的交替运动。图1-2展示了2005—2017年全国70个大中城市新建住宅价格指数。

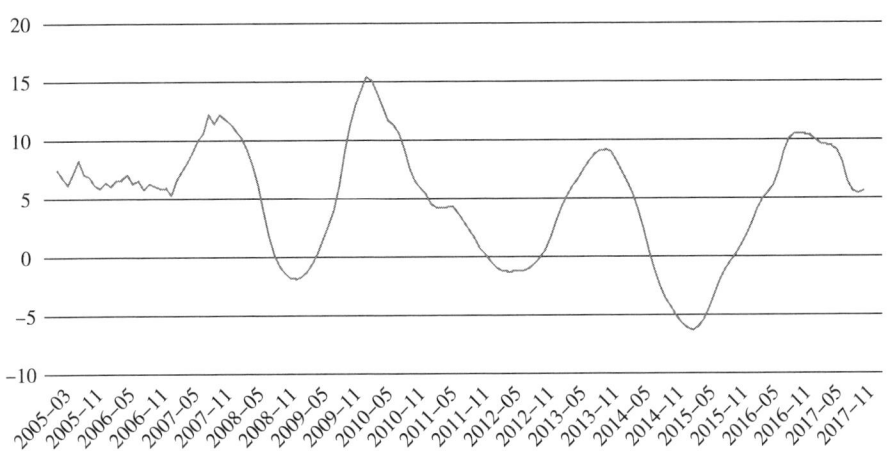

数据来源：国家统计局。

图1-2　2005—2017年全国70个大中城市新建住宅价格指数（当月同比）

从图1-2中可以清楚地看到，我国自1998年住房市场化改革以来，房地产市场化进程不断增强，房地产价格出现了几轮波动。大体上来看，从1998年后，房地产价格在一段缓慢爬行上升期后，从2003年开始进入快速上行通道。房价在2003—2005年形成了第一轮涨幅，同比涨幅大约保持在20%；2005—2008年这一阶段，房价受政府调控手段影响，在几次价格震荡后，从高位开始下挫，表现出明显的阶段性特征；2009—2014年是第三阶段，房价经历了几轮波峰波谷期，呈现出明显的政策分化态势。楼市从前期调控政策松动中，出现"报复性增长"趋势，仅不到一年时间，房价就重新飙升至顶峰。房价的过快增长引发了政府、银行和社会的广泛担忧，连续出台的"9·29新政""国八条"等"限购""限价""限贷"政策，释放出政府坚决打压房地产投机的决心，房地产市场进入深度调整，逐步陷入低迷并一直延续至2012年初。此后受货币政策放松和地方政府房地产调控政策微调，市场预期开始转换，从2012年3月房地产市场开始回暖、成交量持续攀升，至2012年下半年，房地产价格上涨压力隐现且分化严重。在这种局面下，刚性需求不断释放，房地产市场延续复苏并呈现跨年热销态势，成交量的攀升推动热点城市房价过快上涨，2013年2月底"新国五条"出台，市场一度揣测此次调控可能落地性并不强，预期引导房地产价格继续在小幅回落后再次上升；不过随着时间的推移，各项限制措施并未松动坐实了"史上最严限购令"的执行力度，从2013年底市场呈现量价齐跌的局面，并在2014年中后期达到市场冰点，不但交易量大幅下降，交易价格也大幅回落。在北、上、广、深等一线城市，房地产价格较波峰时期下跌20%，交易量也呈现历史低点。2015年初至今是第四阶段：就在房地产市场陷入量价齐跌萎缩阶段，房地产市场于2015年3月30日迎来了自2008年以来最大的"救市"新政，简称"330新政"，公积金贷款首套房首付比例降至2成，二套房商业贷款首付降至4成，营业税免征年限"2年"改为"5年"。沉寂已久的房地产市像是被注入了一剂"强心针"，市场预期开始发生改变，随后央行降息降准、"9·30贷款新政"，为房地产市场复苏再添一把火，房地产市场在诸多利好政策刺激下重回高位，多地房价屡屡突破历史高位，热点城市房价暴涨，过热的市场预期和投机刺激房地产市场泡沫出现。为遏制房地产市场价格过快增长，2015年12月中央经济工作会议确定去库存促进房地产市场健康发展，到2016年9月30日，20多个热点城市迎来密集调控，楼市政策出现重大转向。2017年，房地产调控政策持续发力，房地产调控效果显现，楼市再次量价齐跌，市场交易严重萎缩。目前市场的预期被深刻改变,市场观望情绪严重,房地产市场萧条并进入深入调整期。具体分析详见第3章。

股票价格、房地产价格作为最主要的资产价格,其大幅波动对宏观经济、金融体系、汇率利率政策、市场预期的影响日益加深,并对我国货币政策体系以及监管体系带来了巨大挑战。为防止资产价格膨胀—泡沫—破裂的周期性活动对金融体系积累的风险敞口以及对宏观经济的负面影响,货币政策在一段时间被动地对资产价格作出反应,然而从目前干预效果来看,我国货币政策对资产价格的反应效果或者说调控效果并不理想。其中,货币政策直接盯住股价的政策反应机制,尽管在一定程度上可以达到抑制股价上涨的作用,但往往政策强度和效果并不理想,而且由于分业监管存在的"监管真空"和"过度监管"问题,政策性冲突往往成为资产价格波动的政策性原因。而房地产市场调控实践问题更多。由于忽视了通货膨胀预期在货币政策对资产价格反应中的作用,以及货币政策对资产价格反应的非对称性缺乏关注,央行的货币政策在高通胀预期时往往引发"政策超调",由此引发资产价格反方向快速调整,货币政策被迫在短时间内完成刺激—紧缩的政策周期转化,成为宏观经济主要的风险来源之一。因此,需要认真研究资产价格与货币政策之间的关系,以及对现有的货币政策体系及监管体系进行改革以适应新的形势要求。

1.2 研究内容和目的

1.2.1 研究内容

本书在梳理了大量有关资产价格、货币政策及金融稳定性文献研究和实践操作的基础上,重点挖掘银行信贷、资产价格之间的反馈作用机制以及资产价格、货币政策与金融稳定的关系,旨在资产价格波动与货币政策之间搭起分析的桥梁,从微观基础、中介传递机制与渠道、宏观政策效果测度等方面,构建一个统一的理论框架。因此本书的研究内容可从两方面来论证:

1. 资产价格波动与货币政策关系研究。资产价格的波动可能包含着预期通胀信息,这对以稳定物价为首要目标的央行货币政策形成了挑战;此外,随着资产证券化和金融自由化程度加深,资产价格成为货币政策传导渠道之一,在股市(房地产市场)财富效应、投资效应、资产负债表效应等传导机制作用下,资产价格的波动能够影响实际产出和预期通货膨胀。因此,这一部分研究按照层级推进的逻辑顺序展开:首先,央行干预资产价格波动的理论解释,即回答"是否干预"的问题;其次,资产价格波动在货币政策传导中的机制和作用,回答"为什么干预"的问题;最后,构建包含资产价格在内的货币政策最优目标函数,探索适合我国中央银行货币操作实践的问题,这部分回答的是"如何干预"的问题。

2. 银行信贷、资产价格与金融稳定关系研究。中国以银行间接融资为主的金融体系,决定了银行信贷扩张在资产泡沫形成过程中的作用。通过银行信贷扩张—资产价格飙升—破裂周期运动加剧了金融体系内在的脆弱性,极易形成系统性风险在金融体系累积和金融失衡,并最终威胁金融稳定。对于以银行为间接融资手段的国家而言,特别是金融传导渠道不健全的国家来讲,这是资产价格对银行系统风险影响的一个很关键的环节。从这个角度出发,为预防资产价格波动给金融稳定带来的不利影响、维护金融体系的健全和有弹性,对金融资产价格的非正常波动重点关注并加强监督检查,并配合货币政策的宏观审慎监管体系应是未来的趋势所在。

1.2.2 研究目的

中央银行具有维护物价平稳与金融稳定的双重职责。然而在现行货币政策框架下,以稳定物价为首要目标的货币政策,并不能自发形成金融系统的稳定,换言之,金融稳定并不是一般物价水平稳定的副产品(Side Product),因此强化央行货币职能之外的金融稳定职能,探索资产价格波动背景下的货币政策如何实现物价稳定货币政策目标,以及货币政策框架调整如何兼顾金融稳定与金融效率,从理论和实践层面都面临巨大挑战;在分业监管的国家或地区,由于货币政策与金融监管分属不同部门,决策层还必须调整货币政策框架,形成货币政策、微观审慎与宏观审慎互补配合的政策体系以及与其他政策协调配合。因此,本书无论从学术研究还是政策建议上来讲,都具有重要意义。

1.3 研究思路与结构安排

1.3.1 研究思路

本书研究的是中国货币政策与资产价格之间的关系，旨在解决这样的问题：货币政策是否干预、如何干预资产价格波动的问题以及与金融稳定的关系。要回答这个问题牵扯到货币政策、资产价格、金融稳定以及与实体经济的关系。因此，本书的研究思路沿着这样的逻辑层次进行：

资产定价及其泡沫形成机制是研究资产价格与货币政策关系的基础，本书首先从宏观、中观、微观三个角度描述资产价格泡沫形成机制，重点论述以间接融资为主的金融体系，银行信贷扩张在形成资产价格泡沫中的作用，资产价格泡沫膨胀—泡沫破裂对金融系统的稳定性造成困扰，为宏观审慎的金融监管提供理论基础。

其次，从理论和实证层面论述资产价格与通货膨胀、总需求波动和就业水平之间的关系，引出中央银行是否干预资产价格波动的问题，回答"是否要干预"的问题；在这一部分中，还重点论述了中国货币供应量与资产价格之间的关系，从实证层面证明货币供应量与资产价格之间存在或强或弱的关系。

再次，对资产价格波动在货币政策传导中的机制和作用，从理论和实证上说明"如何传导""如何作用"的问题，这一部分旨在说明"为什么干预"的问题，为后面的章节展开做好铺垫。

接着，论证通胀指数包含资产价格因素的可操作性，试图从理论上说明货币政策处理资产价格的可行性和必要性；然后构建包含资产价格波动在内的金融状况指数，解决货币当局"如何干预"的问题。

最后，物价稳定、金融稳定共同构成了货币政策框架的目标，此部分内容从资产价格、货币政策与金融稳定（系统性风险累积和金融失衡）的关系入手，论证货币政策在资产价格泡沫的识别监测、政策工具限制、社会成本以及关于稳定目标可能的动态不一致（央行信誉问题）问题，旨在说明单纯依靠货币难以达到金融稳定的目标，因此应加强宏观审慎与货币政策形成有效补充。

实证研究方面，对资产价格和资产价格泡沫的研究检验，通过财富效应、投资效应等检验资产价格波动对总需求的影响，从而影响实体经济。同时针对我国股市和房地产价格的特点，然后对资本市场和房地产市场的发展对货币政策产生的影响和冲击进行实证研究，在此基础上构建货币政策干预资产价格因素的政策选择和框架。最后出于对金融稳定性的考虑，从宏观审慎角度提出资产价格波动、货币政策和金融监管三者的配合，并指出若干值得进一步深入研究的问题。因此是沿着局部分析（资产价格与货币政策各个方面）—整体分析（宏观模型的实证分析）—国别分析—普遍性的结论（干预的货币政策和金融审慎监管）这样的逻辑安排进行的。

1.3.2 各章安排及主要内容

本书章节安排如下：

第一部分为导言。本部分先叙述20世纪后半期在发达国家、新兴经济体国家出现的"低通胀与高资产价格"经济现象，通过对这一矛盾结合体的分析论述，引出本书的研究对象，即资产价格波动与货币政策的关系研究。然后通过对中国股票市场、房地产市场等资产价格波动情况的详尽分析，揭示了本书选题的理论意义和现实意义。最后，针对研究内容和视角，导言最后部分构建了全书的逻辑框架和研究思路，并阐释本书的创新和不足。

第二部分为文献综述。本章的文献梳理按照资产价格泡沫概念界定、资产价格泡沫的形成机制、银行信贷扩张与资产价格膨胀互推反馈机制的逻辑安排展开。本章文献综述共分为三小节：第一节首先界定了资产价格的概念，明确后续章节资产价格讨论的范围局限于股票价格和房地产市场价格。第二节从预期、信息不完全、银行信贷和金融自由化的角度，对资产价格的形成机制进行梳理。文献梳理的结论认为，诸多研究对资产价格形成机制的解释尚缺乏令人信服的成果，但由银行信贷扩张与资产价格波动的实践操作推动的研究角度，被认为是为这一问题指明了新的方向。承接第二节文献梳理的思路，第三节重点梳理资产价格泡沫形成与银行信贷扩张之间互推反馈机制的相关文献。这类文献观点普遍认为，银行信贷扩张、资产价格波动与金融系统稳健性之间存在密切关联，银行信贷扩张推升资产价格波动的典型事实酝酿了潜在的金融系统风险，对于金融结构安排以银行间接融资为主的发展中国家，这一点尤为明显，因此文献综述的最后部分落脚在中国。本章建议，鉴于中国资产价格膨胀与银行信贷扩张的"裙带"关系，有必要对中国资产价格成因、机制及风险扩展作深入探索，为下文论述提供翔实的理论基础。同时还认为构建包含金融监管制度在内的货币政策框架，将货币政策与金融监管置于央行货币政策全局考虑，具有深刻的现实意义。

第三部分是全文核心，主要围绕资产价格波动与货币政策的关系展开，包括第 3 章、第 4 章和第 5 章。资产价格波动与货币政策涉及的领域广泛，研究的角度和问题层出不穷，本书选取资产价格与货币政策的核心部分展开，从逻辑上层层深入推进。

第 3 章考察资产价格波动与宏观经济变量的关系问题，旨在回答货币当局关注资产价格的缘由。通过检验资产价格与通货膨胀、货币政策中介变量（利率和货币供给量）、产出波动等宏观经济变量的关系，发现它们之间存在长期协整关系；资产价格波动还具有金融指示器预测（预期通货膨胀）功能，对产出也有显著影响。因此，央行理应对资产价格波动给予关注（而非干预）。换言之，本章回答的是央行是否关注（干预）的问题。

第 4 章考察货币政策的资产价格传导机制。从理论上讲，传统的货币政策传导机制包括利率渠道、信贷渠道和汇率渠道，后来资产价格也成为货币政策传导渠道之一。上一章解决了货币政策关注（干预）资产价格的问题，本章承接第 3 章内容，论证资产价格货币传导的作用机制和传递效应，为货币政策干预资产价格的政策操作做好技术铺垫。本章的内容安排如下：首先，介绍货币政策的资产价格传导机制，其中重点论述货币市场和资产市场的连接机制；其次，详细分析了股票渠道、房地产渠道等货币政策资产价格渠道，通过财富效应、资产负债表效应、流动性效应等形式对居民或企业的消费、产出等实体经济产生影响；最后，重点考察中国股票市场、房地产市场的财富效应，通过实证检验，考察了居民财富效应在房地产价格、股票市场价格波动下的波动，实证结果显示，资产价格波动事实上对居民财富状况、消费支出有影响。本章研究的一个重要意义还在于，货政策的资产价格传导机制是资产价格与货币政策的联动机制，对于理解资产价格作用于实体经济的方式和机制，以及货币政策执行和效用的发挥具有重要意义。

第 5 章探索构建包括资产价格波动在内的货币政策框架的可行性，旨在回答货币政策"如何干预"资产价格波动的问题。事实上，在第 3 章、第 4 章内容基础上，货币政策当局对资产价格影响宏观经济变量的事实已了然于心，但中央银行在如何干预、是否存在最优货币政策的问题上还悬而未决。本章第一节对如何干预资产价格的两大主流观点进行了梳理，争论双方在关注资产价格、建立宏观审慎监管上达成了广泛共识；第二节探讨了通货膨胀目标制在现阶段尚不足以成为我国货币政策框架；但考虑到资产价格实际上包含了有关预期通货膨胀信息，笔者认为，中央银行应构建包含资产价格在内的广义价格指数。其中，金融状况指数被认为是现阶段的一种次优选择，且通过实证检验证实了，FCI 比现行 CPI 指数在预测通货膨胀上有更好的表现，能够为货币政策提供信息依据。

货币政策与金融稳定的关系，这是一个被忽略却在此轮危机中被重新审视并被重点关注的议题。资产价格周期波动反映了金融体系内生脆弱性和系统性风险，单纯的货币政策在系统性风险和金融稳定层面具有局限性，因此加强宏观审慎和构建宏观审慎政策框架，与货币政策相互补充能够实现物价和金融双重稳定目标。本部分内容是本书另一个重要层面，在文章结构安排上如下：

第 6 章从危机分析出发，论述了资产价格波动在引发系统性金融风险和金融体系稳定性方面可能造成的负面影响以及货币政策当局干预手段的局限性和事后干预效果的无效性，引出资产价格波动、货币政策与金融稳定的论题；在此基础上重新审视金融稳定和货币政策的关系，提出在金融稳定的目标下，宏观审慎政策作为货币政策的有力补充，能够更好地实现物价稳定和金融稳定目标。

第 7 章从系统性风险研究出发，剖析了传统关注单个金融机构稳健性的微观审慎监管思路局限性，提出强化宏观审慎政策及其监管框架。本章内容主要论述宏观审慎内在逻辑、基本内容、制度安排以及与货币政策的关系，在加强宏观审慎和推进金融监管体制改革国别经验上，重点介绍和梳理了西班牙、美国、英国等国家的经验及其启示。

第五部分为国别经验，介绍了美、日20世纪后半期资产价格与货币政策的历史过程和经验启示。世界许多发达国家都经历了资产价格过度膨胀而导致的资产价格泡沫事件，尤其是主要发达国家日本和美国，都曾经历过大规模的资产价格泡沫引发的泡沫经济，但两国在泡沫经济形成和崩溃的过程中实施的货币政策各不相同。通过考察日本和美国资产价格泡沫的形成与崩溃时期的货币政策运行情况，借鉴这两国的经验，对于中国政府正确把握目前国内资产价格上涨趋势、制定合理的应对措施，防范和化解我国的资产价格泡沫具有重要的启示作用。

最后为结论和展望。

第 2 章 理论综述

20 世纪 80 年代以来，交替发生在发达国家、新兴市场经济体的以房地产市场、股票价格为代表的多起资产价格的大幅起落，不但对金融体系的稳定性和实体经济造成了很大冲击，也使货币政策当局的政策操作面临严峻挑战。资产价格波动日益受到来自学术界和各国货币政策当局的关注。前欧洲央行行长特里谢（Trichet，2005）就曾说过，"资产价格泡沫和货币政策的关系问题，是 21 世纪以来现代中央银行面临的最大挑战之一"。有关资产价格泡沫和形成机制的文献浩如烟海，但尚未有令人信服的研究结论。本章主要介绍资产价格泡沫及其形成机制理论中具有代表性的观点和结论。

2.1 资产界定和资产定价理论

2.1.1 资产的概念

《企业会计准则》的规定，资产即"企业过去的交易或者事项所形成的、由企业拥有或者控制的、预期会给企业带来经济利益的一类资源"[①]。这是从静态角度对资产概念的描述，强调资产是能带来预期经济收益的思想。如果将市场交易过程存在的预期、风险等因素考虑在内，在内涵和外延上有所扩展的现代资产可定义为：出于对收益、风险的主观偏好或客观需求，经济主体所持有的财富组合。

按照上述定义，资产从广义角度涵盖了利率、股票、债券、汇率、房地产价格在内的许多有价资产。本书的讨论只局限在两类资产，即权益类（Equality）的股票价格和财产类（Property）的房地产价格的讨论上。选择

---

① 企业会计制度：基本准则，财政部，2001。

第2章 理论综述

股票价格和房地产市场价格作为论述的重点是基于世界主要发达经济体国家的现实依据。OECD国家上述两类资产占居民可支配收入和家庭净资产相当大的比重（OECD，2008），如表2-1所示。可以看到，在较为发达的OECD国家，股票等金融产品投资和较高的自有住房占有比例成为家庭拥有财富的主要形式。

表2-1　　　　　　OECD国家居民的金融资产占比　　　　　单位：%

	股票投资/可支配收入			房地产资产/家庭总资产		
	1990年	1995年	1999年	1990年	1995年	1999年
美国	52.4	96.8	174.1	27	23	21
日本	48.7	39.9	33.4	8	10	10
德国	11.6	42.5	77.6	34	34	32
法国	87.2	84.8	183.2	43	43	40
英国	56.9	76.2	110.6	44	44	34
加拿大	53.8	72.4	94.3	23	23	21

资料来源：OECD, Economic Outlook, *OECD Paris*, Dec, 2000.

按家庭金融资产和非金融资产的分类，美国家庭的财富构成呈现以下特点：如表2-2所示，在家庭金融资产构成中，退休账户是美国家庭金融资产最主要的持有形式，其占比持续上升；股票、投资基金等风险资产一直占有较高的持有比例，其中受次贷危机影响，股票持有比例在2010年略有回落。在非金融资产构成中，住房是美国家庭最主要的实物资产形式，占比达到60%左右，其中主要住房占比接近50%，其他房产比率约为10%（见表2-3）。

表2-2　　　　　　美国家庭金融资产构成　　　　　单位：%

项目	1995年	1998年	2001年	2004年	2007年	2010年
交易账户	13.9	11.3	11.4	13.1	10.9	13.3
储蓄	5.6	4.3	3.1	3.7	4.0	3.9
储蓄性债券	1.3	0.7	0.7	0.5	0.4	0.3
债券	6.3	4.3	4.5	5.3	4.1	4.4
股票	15.6	22.7	21.5	17.5	17.8	14.0
投资性基金	12.7	12.4	12.1	14.6	15.8	15.0
人寿保险折现值	7.2	6.3	5.3	2.9	3.2	2.5
其他托管资产	5.8	8.5	10.5	7.9	6.5	6.2

续表

项目	1995年	1998年	2001年	2004年	2007年	2010年
退休账户	28.3	27.8	29.0	32.4	35.1	38.1
其他	3.3	1.7	1.9	2.1	2.1	2.3
合计	100	100	100	100	100	100

资料来源：2001—2010年数据来源于Bricker et al（2012），1995年和1998年数据根据相应年度SFC数据整理获得。

表2-3　　　　　美国家庭非金融资产构成　　　　　单位：%

非金融资产种类	2001年	2004年	2007年	2010年
车辆	5.9	5.1	4.4	5.2
主要住房	46.9	50.3	48.0	47.4
其他房产	8.1	9.9	10.7	11.2
其他非房屋产权	8.2	7.3	5.8	6.7
自有企业	29.3	25.9	29.7	28.2
其他	1.6	1.5	1.3	1.3

资料来源：Bricker et al（2012）。

与美国不同的是，欧洲国家中非金融资产在家庭总财富中的占比较高，但其配置结构比较单一，主要由房屋和土地两部分构成。表2-4列出了欧洲主要国家各年度的非金融资产占比情况，可以看出，在法国、德国等国家非金融资产占据家庭总财富的60%以上。

表2-4　　　　　欧洲国家非金融资产占比　　　　　单位：%

	1996年	1999年	2002年	2005年
荷兰	36.7	33.1	44	42.7
英国	49.9	46.4	63.8	63.6
捷克	63.5	65.2	66.3	68.9
法国	57.1	54.5	61.7	67.3
德国	72.5	68.5	69.1	63.6
意大利	64.8	58.3	62.4	64.6
加拿大	47.5	45.2	50.9	51.1
美国	33.6	29.8	42.6	43.4
澳大利亚	71.6	71.4	77.9	77.7
日本	61.2	56.6	53.3	46.6

资料来源：Ynesta（2008）。

在非金融资产的构成中，具体来看，在捷克和法国，住房作为最主要的非金融资产在非金融资产中的占比超过50%（法国在2005年后，住房在非金融资产中的占比有所下降，加拿大居民住房占非金融资产占比在稳步增长，在2010年超过了50%，这可能与加拿大近年来房地产市场投资回报高有关；捷克住房占非金融资产占比一直居高不下，维持在70%以上），具体见图2-1。

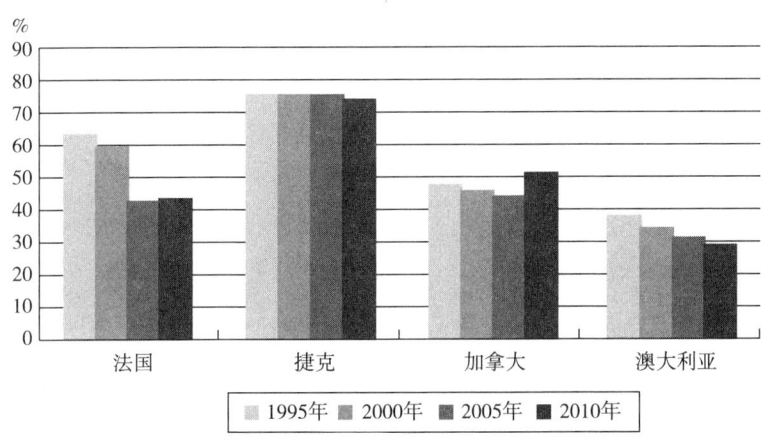

资料来源：OECD数据库。

图2-1　OECD国家住房在家庭非金融资产占比

另一方面，由于股票价格、房地产价格具有资金池的作用，容易受资本流动和市场预期等影响，因此波动幅度大而且容易出现泡沫—破裂周期性运动；一旦其价格波动，会通过多种渠道引起私人部门消费和投资的波动，并最终传递到实体经济。此外，资产价格与货币市场的联通作用，会部分将资产市场的波动传导至金融体系，对金融系统的稳定造成影响，因此政策当局干预（或密切关注）资产价格变动，往往是货币当局和金融监管制度的重点领域，这也自然构成本书讨论的重点。

2.1.2　资产定价理论的发展

资产定价是现代金融学的核心研究领域之一。这一问题的规范性研究可追溯至18世纪伯努利（1738）发表的论文。伯努利提出的边际效应递减概念为后来经济学家发展风险决策理论奠定了基础。

20世纪60~80年代是金融理论的繁盛时期,资产定价理论依托于金融理论的发展也迎来自己的黄金时期。这个时期最具代表性的成果研究包括夏普(Sharpe, 1964)、林特纳(Lintner, 1965)、简·摩森(Mossin, 1966)各自研究提出的资本资产定价模型(简称CAPM)。20世纪50年代马克维茨(Markowitz, 1952)提出了均值—方差模型(E—V Model),创建了现代投资组合理论。他通过经济学中的效用函数的概念解决了投资组合中的证券选择问题,使得金融投资过程中的证券选择问题变成数学上的效用函数最优化问题。马克维茨的学生夏普以E—V模型为蓝本,发展出资本资产定价模型(CAPM)。根据该模型,一项资产的期望收益率由无风险利率和风险收益率之和组成,其中风险收益率=(资产组合的协方差×期望收益率)-无风险利率。资本资产定价模型的意义在于,它首次解决了在不确定的条件下资产收益如何确定的问题,为金融市场收益结构的分析提供了理论依据,也是第一个可进行计量检验的金融资产定价模型。此后的研究很大一部分是针对该理论的实证检验结果。

到了20世纪70年代,金融理论无论从理论层面还是实证层面都有了突破性的创新,主要表现在两个方面:一是资本资产定价模型的理论拓展。CAPM模型的基本假设之一即每个投资者以相同的无风险利率借贷无风险资产,布莱克(Black, 1972)放弃了这一假设,推导了在风险利率条件下的CAPM模型;莫顿(Merton, 1973)引入了时间跨期理论,形成了跨期条件下的资本资产定价模型。该模型采用时间序列解决投资者的动态组合决策问题,相比较传统的静态比较模型,更具有可信度;布里登(1973)的理论步伐迈得更大,在莫顿跨期模型的基础上,他用投资者的消费取代了莫顿模型中的财富变量,开创了以消费为基础的消费资本资产定价模型(CCAPM);这一方程的结论是惊人的,跨期CAPM是基于消费的CAPM中,只需要用一个Beta(β)衡量证券的风险,这一模型在形式上与静态的CAPM模型是一致的。

二是推动资本市场实际金融决策的布莱克—斯科尔斯模型[1](Black—

---

[1] 布莱克和斯科尔斯(Black and Scholes)的期权定价模型以及莫顿(Merton)的资产定价模型一般化属于连续时间金融的范畴,这里作为理论发展脉络只简单提及,详尽的文献综述可见Sundaresan(2000)的文章。

Scholes Model)。该模型由诺贝尔经济学获得者迈伦·斯科尔斯与费雪·布莱克最先提出，也称为期权定价模型，是包括股票、债券、货币、商品在内的新兴衍生金融市场的各种资产价格与货币政策的国别经验变动定价的衍生金融工具的合理定价的基础[①]。

此外，20世纪70年代现代金融学第三个重要贡献则是法玛（Fama，1970）提出的有效市场假说理论[②]（Effective Market Hypothesis，EMH）。有效市场假说强调竞争的结果，指出在市场中不存在无风险的套利机会。法玛（1991）后期的研究指出，资本资产定价理论、布莱克—斯科尔斯模型等均是以"有效市场假说"理论为基础的，对有效市场的检验，实质上是对资本资产定价理论和有效市场假说的联合检验。

此外，Jensen（1972），Fama[③]（1991），Campbell[④]（2000），Cochrane（2000），Damson和Mussavian（2001）等人，对资产定价问题有精彩阐述，此处不再一一赘述。

2.1.3 资产定价的理论模型

资产定价问题，归根结底是研究金融资产的价格与预期收益现金流之间的关系问题，因此有关资产定价理论基本上围绕这一核心展开，只是在研究思路、侧重点等方面有所不同。

最基本的资产定价模型是资产收益的现值模型。该模型假定人们持有资产的目的是寻求在当期（t期）增加单位消费所获取的边际收益与放弃当

---

① Fisher Black and Myron Scholes 于1973年在《政治经济杂志》（*Journal of Political Economy*）首次发表了有关期权定价模型（简称B – S Model）的论文。该论文发表后，芝加哥期权交易所的交易商们马上意识到它的重要性，很快将B – S模型程序化输入计算机应用于刚刚营业的芝加哥期权交易所。现在该模型以及它的一些变形已被期权交易商、投资银行、金融管理者、保险人等广泛使用。衍生工具的扩展使国际金融市场更富有效率，但也促使全球市场更加易变。

② Fama. E. 1965年在 *Financial Analysts Journal* 上发表了文章 Random Walks in Stock Market Prices. 在该文章中首次提出"有效市场"（*Effective Market*）的概念。他在1970年的文章 "*Effective capital markets: a review of theory and empirical work*" 又进一步论述了这一个观点，为后续研究奠定了基础。

③ 在该文中，Fama围绕有效市场假说理论，对资产定价理论的发展进行了文献梳理。

④ Campbell. J., Asset Pricing at the Millennium, *Journal of Finance*, 55（4），2000. Campbell在该文中，将"随机贴现因子"作为研究的核心和起点，阐述了资产定价中的风险和收益。

期消费而将以单位货币投资于某种资产并在未来（$t+1$ 期）销售进行消费所能获得的边际收益相等的均衡点，于是就产生了该资产在未来风险调整预期收益与当前无风险利率之间的套利关系，继而形成了资产定价问题。由于在未来获取资产到期时的（溢价）收益和出让后的资本所得（即资本回报）存在差异，可以将上述思想用以下模型表示，这也是资产定价的基本模型：

$$Q_t = \frac{Q_{t+1} + D_{t+1}}{1 + R_{t+1}}$$

其中，Q_t 代表 t 期的购买价格，Q_{t+1} 代表资产在 $t+1$ 期的卖出价格，D_{t+1} 代表该种资产在持有期（t 期到 $t+1$ 期）内的资产收益，如股票分红或所得股票收益，R_{t+1} 则是持有人在 t 期到 $t+1$ 期持有资产的净报酬，也可理解为将来价格折现成现值的贴现比率。经过简单变形，可得资产净报酬的公式：

$$R_{t+1} = \frac{Q_{t+1} + D_{t+1}}{Q_t} - 1$$

假设预期资产报酬率等于常数，t 期资产价格的期望值可表示如下：

$$Q_t = E[\rho(Q_{t+1} + D_{t+1})]$$

其中 Q_t 表示 t 期资产价格的现值，在数值上等于资产在 $t+1$ 期预期价格与资产溢价和的折现值，$\rho = 1/(1+R)$，是折现因子。

将上式往后递延 K 期并反复迭代，即可得到如下公式：

$$Q_t = E_t(\sum_{i=1}^{k} \rho^i D_{t+1}) \times E_t(\rho^k Q_{t+k})$$

当预期未来资产价格现值不趋于 0 时，即 $\lim_{t\to\infty} E_t(\rho^k Q_{t+k}) \neq 0$，则意味着资产价格存在泡沫；如果 $\lim_{t\to\infty} E_t(\rho^k Q_{t+k}) = 0$，表示当前资产价格不存在泡沫成分。这里我们仅考虑资产价格不存在泡沫的情况[①]，于是以未来收益表示资产价格现值的公式如下：

$$Q_t = E_t(\sum_{i=1}^{k} \rho^i D_{t+1})$$

---

① 下节会专门讨论有关资产价格泡沫成因及形成机制，因此此处略过对这一内容的讨论，而只关注不存在资产价格泡沫时的资产定价问题。

这就是资产定价基本价值的决定公式。这一关系还可以继续简化：一种资产一段时期内的价格可以表示为它在该时期内所获取的收益与名义无风险利率和持有该资产的风险报酬率，以及资产名义报酬率的增长率之间的比率，这一比率就是戈登模型的资产定价公式，可由上式简化而来：

$$P_{st} = \frac{D_t(1+g)}{i+\rho-g}$$

其中，P_{st}代表未来股价，D_t代表t期股息，g代表股息增长率，i代表无风险利率，ρ代表股息风险报酬率。因为股息通常是以股票收益（E）的一个稳定份额δ的比例派发的（$D=\delta E$），将E移到方程左边，可得均衡市盈率（P/E）公式

$$\frac{P_{st}}{E_t} = \frac{\delta(1+g)}{i+\rho-g}$$

戈登模型中，市盈率的数值＝市场无风险利率＋风溢溢价（R）－股票利息增长率，以此作为衡量股息价值的代理指标；模型假定投资者对投资回报率或增长率存在短期预期，则R、g的任何微小变动都会引致资产价格的较大波幅。

莱因哈特（1998）就曾用该模型对美国的股票市场进行过估计。他认为美国在历史上发生过几次股价的高估和低估。Campel 和 Houben（1998）利用简单的戈登模型对荷兰股市进行分析，发现荷兰股价在 1997 年中期以后有膨胀存在。

消费的资本资产定价模型（CCAPM）是融合了跨期消费选择理论的资本资产定价模型，由 Lucas（1978）、Breeden（1979）、Grossman 和 Shiller（1981）分别提出。该模型假定整个生命周期为两期，消费者按照生命周期内消费的效用最大化为准则，在两期内分配消费和资产的跨期替代。由于持有期内的资产会带来收益，消费者在未来某一时刻通过出售资产来增加消费支出。如果跨期的边际替代率＝投资的边际回报率，此时即有

$$\frac{\delta U'(C_{t+1})}{U'(C_t)} = \frac{Q_t}{Q_{t+1}+D_{t+1}}$$

此时通过跨期消费替代，消费者既实现了消费支出和资本收益的平衡，同时达到消费效用的最大化。从最终结果看，资产未来收益的现值被确定，同时也隐含了预期资产回报和消费增长之间的关系。

以上列举的两种资产定价模型，构成资产定价的一般公式。理论上确定的资产价格均衡价值，并不意味着真实经济中的资产价格。模型的几点缺陷是造成均衡价值偏离实际价格的原因：第一，无论是现值模型还是消费的资产定价模型其假设都过于理想化。例如，模型中假设资产收益为 g，即保持某一个数值增长率，或给定某一个确定的主观贴现因子，可能这些数值并不符合实际事实。第二，模型局限在对某一国家或地区某一特定时期的状况描述，对资产价格确定事实的反映可能并不全面。尤其是主观贴现因子，它涉及市场风险和投资者预期经济活动和风险的判定，因此很难作为资产价格的参考。第三，模型排除了资产价格泡沫存在的可能性，然而要从资产价格波动中分离出资产基本价值和泡沫成分比率，显然是不真实的。正确估算资产的真实价值已是不易，一旦存在资产泡沫，对资产价格的确定变得更加扑朔迷离。

从这个意义讲，资产价格出现波动反被认为是种常态。伴随着金融自由化、全球化带来的制度化因素、预期转变、风险偏好等转变，信息不对称和银行信贷扩张等因素，使得资产价格脱离其基本面演变为资产价格泡沫，进而出现周期性反复态势，是造成 20 世纪后 20 年很多经济现象的源头。而"这些因素正成为推动资产价格上涨的主要动力"[①]。

2.2　资产价格泡沫（膨胀）及其形成机制

出于对通货膨胀危害的共识，在过去 20 多年里各国政府治理通胀效果显著，部分国家甚至出现了某种程度的通货紧缩。然而频繁发生的资产价格波动却似乎总是与一般物价稳定水平"并行"。以稳定物价为首要目标、以利率手段为工具、遵循泰勒规则的货币政策框架，显然对"低通胀高资产价格"束手无策。20 世纪后 20 年间，数次资产价格膨胀—破裂引发的系统性金融危机及经济衰退，使得货币政策当局面临严峻挑战。于是，围绕资产价格泡沫形成、影响及作用机制的研究应运而生，试图解读资产价格

---

① Borio 等，(1994)，Peek and Rosengren (1992, 1995)，Higgins and Olser (1997)，Bernanke and Gertler (1995)。

波动成因并思考货币政策应对之道。遗憾的是,既有研究对资产价格泡沫的识别和界定、作用机制和影响均未产生令人信服的公允结论,货币政策操作也因为缺乏理论解释,效果不佳。本章选取具有代表性研究,对资产价格泡沫形成、作用机制的文献进行梳理。

2.2.1 资产价格"理性泡沫"的假设

资产价格泡沫的早期研究大多基于传统的股票定价模型,以理性预期和市场套利均衡作为严格假设,称为"理性泡沫"(Flood and Garber, 1980; Blanchard and Watson, 1982)。该理论假设市场是完全信息的,理性的市场参与者在进行套利活动前,会尽可能地搜集更多的信息,众多套利行为必然导致市场套利均衡,即超额利润不存在。此外,理性泡沫理论还包含了对所持资本回报与风险的预期,因此资产价格由资产的基础价值风险预期共同构成,如果理性泡沫不存在(或等于0),则市场上资产的价格就是长期均衡价值。

当然,该理论也存在一些缺陷。以市场有效性和理性预期为前提条件的理性泡沫论,在现实情况中往往无效。一方面,真实的市场并不是完全有效的,同时投资者的非理性行为普遍存在(如"跟庄行为""羊群效应"),因此资产的"基础价值"难以确定。另一方面在解释历史上出现的资产价格泡沫的事实[1]和实证[2]结果上,也缺乏令人信服的证据,这些先天的不足最终导致该理论陷入绝境。不过有一点值得肯定,理性泡沫理论关于"资产价格持续偏离其基础价值"的论断还是相当有建树的(徐滇庆等,2000)。

2.2.2 资产价格的"非理性泡沫"研究

如前所述,"资产价格持续偏离其基础价值"的客观事实很难用理性泡

---

[1] 嘉伯(Garber, 1999, 2000)认为,早期历史上的三次泡沫——荷兰郁金香泡沫、法国密西西比泡沫和英国南海泡沫,尽管价格大幅起落事实存在,但并不存在过度上涨和非理性行为,因为它们可以由基本面变动来解释。

[2] 坎贝尔(Campbell and McKinlay, 1997)构建模型来实际检验资产价格泡沫,研究结论表明泡沫是否存在依赖于股息、股价和收益之间是否存在稳定关系;美联储的古卡亚纳特(Gurkaynak, 2005)对基于理性泡沫的实证研究进行了理论梳理,认为既有研究根本无法区分泡沫到底来自基本面的变动还是投机因素的存在。

沫理论加以解释，因此后续的研究尝试突破"理性泡沫"思维，从资产价格可能受非理性因素控制的角度入手，以非理性预期、市场不完全等因素为切入点，对资产价格"非理性泡沫"的形成机制展开研究。De Long 等（1990）建立了理性投资者与"噪音交易者"（Noise Trader）模型，来研究投资者的非理性行为如何使得资产价格偏离其基本价值。这些研究在思路上依然未能摆脱理性泡沫的桎梏，假设条件的放松并未带来新的理论思路，因此也就无法对实践中资产泡沫的基本特征作出有力的解释。

Tirole（1982）首先证明了在有限期限或有限数量的条件下泡沫的存在性，虽然这与理性行为不一致；Allen，Morris 和 Postlewaite（1993）则以离散时间序列为基础建立了有限期限模型，证明共同信息的缺乏导致资产价格泡沫；Mishkin（1997）等人将金融资产价格的泡沫与银行体系联系起来，说明银行体系的脆弱性容易引起资产价格泡沫；Kaminsky 和 Reinhart（1996a，b）的研究表明，由于各国金融自由化及银行信贷的扩张，以股价、房价为代表的资产价格高涨会引发泡沫破裂危险，对金融体系造成冲击。Allen 和 Gale（1999，2000）则从信息不对称下的委托代理角度切入，从银行信贷和资产价格关系展开研究，这一全新的角度无疑为后续的研究指明了方向。后续的研究沿着这一思路持续推进取得了很多研究成果。例如，货币政策的信贷观点强调信贷水平通过货币政策信贷传导机制，影响资产价格周期性波动，实证层面证实了货币政策、信贷供给与资产价格泡沫之间存在关系（kashyap and Stein，2000；Jimenez 等，2012，2014a）。国际金融危机后，有关资产价格、系统性金融风险的研究丰富了这一领域的研究，实证层面的研究也提供了很多佐证。Shin（2009）研究表明，信贷供给和杠杆率内生性的增加为资产价格泡沫提供了上涨基础（突出表现在房地产价格及其衍生资产价格飙升），但随着外部政策冲击，金融机构交叉风险敞口导致的资本匮乏和资产价格下跌相互加强最终导致资产价格螺旋式下降和金融系统重大风险。

关于资产价格泡沫与崩溃的测度，Mishkin 和 White（2002）给出了资产价格泡沫破裂的定义，他们通过对资产价格泡沫与崩溃的现象研究得出，在过去12个月内资产价格连续下降20%幅度即可称为泡沫破裂；Michael

Bordo 和 Oliver Jeanne（2002）则提出了新的测度方法①，并得出了具有启发性的结论，即资产价格出现泡沫并不必然导致泡沫破裂，房地产价格比股票价格更容易出现泡沫与破裂现象；IMF（2003）也有相应的研究报告，认为住房市场的崩溃低于股市崩盘发生的频率，但前者持续的时间相对较长，对经济的破坏作用也更大。关于泡沫破裂的原因和解释，一些观点认为是由于经济周期性波动造成的（Kindleberg，1978）；现代的观点则是由 Diamond 和 Dybvig（1983）等人提出的。他们认为资产价格泡沫有自我实现（Self-fulfilling）机制，宏观政策改变会刺破资产泡沫。此外，"套利者动态博弈理论"（Arbitrageurs Dynamic Game）、"交易者的过度信心论"（Over Confident Trader）以及"公司经理操纵说"（Manager Manipulating）代表了最新研究的方向和阶段性成果。

  迄今为止，虽然大量研究试图对资产价格泡沫及形成机制进行准确描述，但目前还缺乏具有信服力的成果。本书倾向于采用美国经济学家金德尔伯格（Kinderberg，1987）对资产泡沫的定义②，这一定义也被认为是最为全面和权威的解释。20世纪90年代以来，资产价格的数次波动及其后的调整，在多个国家引发了数次经济和金融体系的震荡，因此研究资产泡沫的形成机制对于揭示其中的奥秘，更好地发挥货币政策的作用效果上都是意义重大的。鉴于银行信贷扩张在资产价格波动中的作用和讨论金融稳定性的考虑，本书倾向于采用银行信贷扩张的视角来揭示资产价格波动膨胀的原因，也为后续的传导机制分析埋下伏笔。

---

  ① Michael Bordo 和 Oliver Jeanne（2002）给出了如下公式：$(g_{t,t} + g_{t,t-1} + g_{t,t-2})/3 > \bar{g} + xv$。如果计量模型出现以上结果，则判断资产价格存在泡沫。
  ② 金德尔伯格在《帕尔格雷夫经济学大辞典》中这样定义资产价格泡沫：泡沫状态这个名词，随便一点说，就是一种或者一系列资产在一个连续过程中陡然涨价，开始的价格上涨会使人们产生价格还要继续上涨的预期，于是又吸引了新的买主——这些人一般只是想通过买卖获得利润，而对这些资产价格本身的使用和产生盈利能力不感兴趣。伴随价格上涨的常常是预期的逆转，接着就是价格暴跌，最后以金融危机告终。通常繁荣的时间要比泡沫状态长些，价格、生产和利润的上升也比较温和些。以后也许是以暴跌或者恐慌形式出现的危机，或者以繁荣的逐渐消退告终而不发生危机。

2.3 资产价格泡沫：来自银行信贷扩张的角度

上一节内容梳理了资产价格泡沫形成机制中具有代表性的文献，然而这些理论在探究资产价格泡沫生成中往往忽略了一类重要的事实，即银行信贷扩张与资产价格膨胀的互推反馈的"典型特征"（Kindlegerber，1996）。纵观"泡沫"生成的演变历程，银行借贷扩张与资产价格上扬在很多国家呈现了互相支撑、螺旋上升的态势。因此，本节内容就从银行信贷扩张的角度，对有关资产价格膨胀的文献做一梳理。

Bernanke，Gertler 和 Gilchfist（1989，1996，1999）在"金融加速器[①]"理论中阐述了企业融资的精辟见解——企业外源性融资成本高低取决于作为抵押担保的企业资本资产的市场价格变动，因为企业融资数量在很大程度上受其抵押品价值的限制，当抵押品价值上涨，银行的借贷数量会增加。因此，资产价格波动与银行信贷扩张就联系起来。一般来说，这二者按照如下机制运行：一项宽松货币政策带来银行资本金增加，宽松的流动性引起资产价格上扬，此时，资产收益率也提高。如果资产价格继续上涨，投资人在价格预期的情况下，就会增加借贷资金以扩大投资。资产抵押贷款的初衷是筑起银行安全的一层屏障，此时却成为银行增加放贷的凭证。因为随着资产价格高涨，抵押品的价值也在上升，于是借款人获得了更多的资金，银行也会因为抵押品价值上升乐于放贷，因为如果出现借款人违约，在资产价格上扬情况下，通过出售抵押品很容易就能回收资金。因此银行信贷扩张—资产价格上涨的循环反馈积累机制，使得资产价格泡沫被越吹越大，只是在市场一片欣欣向荣的假象下却忽视了资产价格有可能下跌的危险。一旦资产价格下降，逆向反馈机制的力量也会同样被放大。此时，银行信贷收紧，投资人的资金紧张会出现还贷困难，进而会压低资产价格的下降，如此恶性的循环往复，资产价格可能降至基本价值以下，企业破

[①] Bernanke 和 Gertler 于 1989 年发表了著名的 Agency Costs，Net Worth，and Business Fluctuations 的论文，首先提出了"金融加速器"的思想，直到 1996 年这种机制才被他们正式命名为金融加速器理论。有关"金融加速器理论"的具体论述，参见 Bernanke. B，M. Gertler and S. Gilchrist 在 1999 年的论文 The Financial Accelerator in a Quantitative Business Cycle Framework 中的论述。

产引发银行呆坏账增加，如果大多数商业银行出现了问题，就会引发金融系统危机，并最终引起经济衰退。

基于代理问题的信贷约束角度解释了银行信贷与资产价格周期性运动的另一种视角。借贷约束源于代理问题的存在，Miyotaki 和 Moore（1997）对信贷问题建模建立在抵押资产的均衡价格内生化的基础上，任何市场失灵都将影响借贷约束。他们认为，借款方的贷款上限受其资产价格约束，而资产价格又受贷款规模影响，两者相互作用就会导致外部冲击产生负的外溢性。Mendoza（2010）通过构建基于内生性信贷约束的开放模型，以1995年墨西哥金融危机实证检验了内生性信贷约束在引发资产价格和实际经济负向冲击的有效性。

实证层面的一些检验研究能够为上述理论论述提供佐证。Kaminsky 和 Reinhart（1999a，b）对20个国家（5个发达国家、15个新兴工业化国家）发生的资产泡沫进行对比发现了一个共同特征，即在这些国家资产价格泡沫出现前，无一不伴随着金融自由化和信贷的明显扩张。突出表现为房地产市场价格的明显高涨，个别国家股票价格涨幅超过40%（这与Allen 和 Gale的检验结果一致）。Taylor（2007）的研究表明，美国的房地产市场需求对短期利率较为敏感，互联网泡沫破裂后为刺激经济，美联储长期实行的低利率的宽松政策推高了美国房地产市场需求，推高了房价。Adrian 和 Shin（2008）认为，国际金融危机前，美联储低利率政策降低了批发市场的融资成本，美国投资银行普遍地存在扩容资产负债表内生冲动，资金很多流向了房地产市场，从而造成了房地产市场及其衍生金融产品的繁荣。Merrouche 和 Nier（2010）研究结果显示，单个国家的宽松货币政策对银行业风险承担意愿影响有限，但当宽松性的货币政策全球联动，潜在的金融风险就会被忽视，进而对银行风险承担意愿产生影响。因此，在国际金融危机发生前一段很长时间里，全球性的宽松货币政策环境导致银行愿意承担的信用风险变大，银行信贷扩张成为资产价格泡沫的重要推动力。虽然有关资产价格与银行信贷扩张的关系研究，还存在许多问题，需待进一步推进探讨，但对银行信贷扩张渠道引致金融体系稳定性的思路，无疑是向正确的方向迈出的关键步伐，为货币政策规制给出了很多政策启示。

与此同时，通过一系列经济和金融领域的事实研究，学术界注意到，旨在稳定金融机构的一些措施同样会带来资产价格膨胀,即银行信贷顺周期性和监管非对称性会进一步推高资产价格泡沫—破裂周期性活动。Bernanke 和 Gertler（1999a）、Kiyotaki 和 Moore（1997）的研究指出,银行信贷具有顺周期性,他们解释金融周期放大了源于实际冲击的真实经济产出波动的研究被称为"金融加速器"理论。在他们研究的基础上,基于金融监管顺周期的研究也浮出水面。一般认为,产生金融体系顺周期性的根源源自借贷双方信息不对称——当市场比较繁荣时,资产价格的上涨会拉动抵押品价值的上升,这意味着银行潜在损失减少,因此银行乐于放贷,于是借款人投资增加、经济繁荣,进一步推动资产价格上涨。然而一旦市场受挫,一切又反转过来。不管是资产价格上升抑或下降,此机制都具有自我反馈加强的特性,因此资产价格波动会经数倍放大,威胁到金融体系稳定。Claudo borio 等（2001）承认"金融加速器"在经济周期性运动的作用,但不认可其实际产出波动效果。他们认为,金融顺周期性主要源于市场参与者无法有效测度随时间推移而不断变化的风险,因此导致经济繁荣时期,信贷供给过快增长导致的资产价格泡沫,而在经济衰退时期,风险和贷款违约又被人为高估,造成了资产波动数倍放大效果。Jose Ernesto N. Gonzales（2009）给出的风险难以测度的原因则在于,信贷损失与整体经济的相关性很难被预测,导致银行关注风险的短期测度而非基于长期考量。他指出,如果基于长期角度考察风险,不仅有利于金融机构的稳健性也有利于缓解经济活动的金融强化作用。此类研究的意义在于,银行信贷或金融监管的顺周期性[①]会强化信贷与资产价格的关系,带来资产价格更大幅度的波动。

从资产价格、系统性金融风险或者金融稳定关系来看,当资产价格达到一定高度,外生冲击在某一时点能够引发资产价格的泡沫破裂,继而引发银行危机或金融危机或两者兼而有之,历史经验似乎在一些国家总能找

---

① 英格兰银行经济学家 Goodhart（2005）、澳大利亚监管局的 Carmichael and Esho（2005）等阐述了金融监管规则的顺周期性（procyclical）在加剧资产价格泡沫形成中的作用机理。一般来说,在资产价格高涨时期常规的商业银行的资本充足率要求和损失拨备要求,并不足以有效预防金融危机的发生,也不能减轻或控制危机可能带来的损失和破坏程度;当面临资产价格大幅回落时,收缩信贷、强化资本金比率要求的措施,会因为急遽的紧缩效应,反而加大了银行风险监管。因此监管的顺周期问题实则是扩大了金融与经济的周期波动。

到注解。日本 20 世纪 80 年代的房地产泡沫破灭的直接导火线是央行隔夜拆借利率的提高；美联储提高基础利率点燃了美国 2008 年次贷危机的爆发。如果资产价格下跌引发的银行危机与汇率危机[①]同时发生，中央银行便会深陷两难境地：银行危机的缓解迫切需要降低汇率，而维持固定汇率制度则需加息。最终，资产价格的调整破坏金融稳定并损害长期生产力。瞿强（2005b）对历史上数次资产价格泡沫和信贷扩张的关系考量，也印证了顺周期性问题对金融稳定和经济增长的影响。

因此有建议认为，应该采取反周期或"相机抉择"的监管策略，即在资产价格上涨时，要求银行等金融机构增加损失拨备计提比例以弥补价格下跌时的监管资金要求；监管部门有必要开展虚拟冲击下的金融机构资产负债评估以保证其稳健性。然而，"允许银行在高杠杆水平运营，因监管不力而允许监管套利，以及缺乏对失败金融机构恰当有效的处置框架和工具"（Xavier, Freixas, 2015），暴露了微观审慎的传统监管框架严重偏失。此次美国次贷危机引发的国际金融危机广受诟病的缺陷之一，即是缺乏宏观审慎的治理视角和机制设计。换言之，单纯微观审慎监管关注于个体金融机构忽视了宏观经济周期中过度风险和内生金融失衡可能对实体经济的负向冲击；而金融自由化（及其衍生金融创新产品不断）和经济全球化使得金融风险通过资本跨境流动实现了风险外溢，只针对国内信用风险的资本充足率监管无法预防流动性风险可能带来的资产价格泡沫和跨国金融风险溢出。与此同时，货币政策和政治经济因素也影响审慎政策。货币政策关注于价格（通胀目标制的货币政策目标采用）一方面忽视了货币、杠杆、信贷总量等反映的金融稳定的系统性风险敞口，另一方面在现有货币政策框架下缺乏有效的政策工具缓解资产价格波动对金融稳定的潜在压力和真实周期的负向冲击。这是因为：第一，传统的微观审慎监管思想忽视了系统性金融风险的横截面维度和时间维度。尽管银行满足了资本充足率监管要求，但整体金融风险并没有减少反而可能因为金融机构之间的关联以及与

---

① 对实行固定汇率制度的国家，如果资产价格大幅滑落的同时，伴随着短期资金大量流出或国际游资冲击，极有可能诱发汇率危机。1997 年东南亚金融危机的上演，实际上就是美联储利率提高，引发泰国、马来西亚国内资产价格泡沫破裂，形成了本币贬值的压力。外来因素，如索罗斯等国际游资的冲击，催化并加剧资产泡沫破裂的严重后果。

实体经济的关联密切（这反映了系统性金融风险的横截面维度）或者过度顺周期性，特别是银行信贷顺周期性倾向在危机期间加速资产价格暴跌，引发系统性金融风险集中爆发和实体经济衰退进程（这反映了系统性金融风险的时间维度）；第二，货币政策当局或者金融监管当局在银行等金融机构的信贷管理、流动性创造中只具有有限的影响力；并且由于识别和测度整体风险水平难度很大（单个银行风险容易识别，可能造成的社会成本容易计算，但系统性的金融传染扩散、金融市场风险溢出效应以及难以区分好坏的资产价格泡沫，加重了识别难度和信息解读），政策当局在识别风险和修正工具上疲于应对；第三，分业监管的制度安排，使得中央银行和金融监管部门缺乏充分的信息互通，政策措施配合不当或协调机制受阻等因素。因此，为应对日益多变的资产价格波动，"鉴于系统性风险产生的过程复杂，而风险在整个金融体系里容易转移，所以亟须对包含金融机构（银行以及非银行机构）、金融工具、金融市场和基础设施在内的整个范畴予以广泛关注"（IMF，2011b），构建有效的宏观政策框架。对中国来讲，这一框架应该包含货币政策、金融监管双管齐下的宏观审慎管理的政策框架。有关建立宏观审慎的货币政策框架内容，本书在第 6 章、第 7 章会作出详细分析。

第3章 资产价格与宏观经济总量

20世纪80年代以来,交替发生在发达国家和新兴经济体国家的数次经济金融危机,其背后无不伴随着资产价格大幅波动的影子。日本在20世纪80年代后期就经历了房地产、股市泡沫破裂后经济增速一落千丈,目前尚未有明显的复苏迹象;2008年爆发的美国次贷危机演变成为全球性的金融危机,资产价格在其中扮演重要的"推波助澜"作用。这些事实使得学术界关于资产价格波动与货币政策关系的讨论再次被推到风口浪尖,资产价格是否应该纳入央行货币政策目标也日益进入宏观经济部门视野。本章从理论和实证两个层面,论证资产价格与宏观经济变量之间的关系,旨在回答央行货币政策应该干预资产价格波动的缘由,即解决"为什么干预"这一问题。通过实证检验资产价格与通货膨胀、货币政策中介变量、产出波动等宏观经济变量的关系,得出央行应对资产价格波动给予关注。

3.1 资产价格与货币政策的理论问题

国际金融危机前盛行的观点认为,货币政策只盯住通货膨胀率以维持一般物价水平的稳定,这种"善意忽视"货币政策更倾向于清理泡沫破裂之后可能带来的混乱局面而非控制金融失衡(如信贷和资产价格泡沫)(如Bernanke,Svensson,Greenspan的观点)。然而资产价格泡沫—破裂周期性运动对稳定物价的目标构成了挑战,在2008年以次贷危机为标志的国际金融危机造成了世界经济衰退的沉重结果、以物价稳定附带金融稳定的观点以及传统监管框架局限性受到了强烈批评,学术界和政策层面再次掀起有关资产价格泡沫与货币政策(特别是信贷供给)的讨论。此次危机揭示了以下几点:其一,货币政策以物价稳定为目标并不能自动实现金融稳定。金融市场具有自发脆弱性,货币政策在低利率、低通胀的稳健时期与信贷繁荣和资产价格泡沫并存，金融失衡和风险敞口在累积。在危机爆发前，在欧元区一些外围国家，房地产市场、主权债务市场普遍存在信贷繁荣和资产价格泡沫以及金融机构或非金融中介机构过度风险承担。其二，疏于管理信贷和资产价格泡沫的"善意观点"并不比事前刺破的做法高明很多，事实上可能带来严重的经济后果和社会成本。次贷危机后，发达国家普遍经历了剧烈的实际产出的大幅萎缩，世界经济被拖入了衰退的泥潭。其三，资产价格包含预期通胀信息，具有金融指示器的预测功能，货币政策目标是否应该纳入资产价格，成为政策操作层面的主要议题。因此，本节在内容安排上重点考察资产价格与货币政策的理论关系问题。从理论上来说，与资产价格密切相关的问题有3个：资产价格与宏观经济变量（如通胀、产出等）的关系问题，资产价格与货币政策的联结机制，以及资产价格是否应该纳入通胀的测算口径。对前2个问题的正面回答，也是对货币政策干预资产价格波动的正面回答[①]。至于干预的方式，即"如何干预"的问题，是对第3个问题的回答，是第5章讨论的问题。

3.1.1 资产价格与通货膨胀

价格稳定一直是央行首要的政策目标[②]。资产价格的剧烈波动会对一般物价水平的稳定造成影响，而稳定的物价水平被认为具有诸多好处[③]。因此资产价格波动与通货膨胀的关系研究的本质，是考察资产价格波动是否会对通货膨胀（或通胀预期）、产出、就业等实际变量产生影响。更具体地

---

① 宏观货币政策最主要的目标即维持一般物价水平稳定，部分地还包括保持适度的经济增长，因此当资产价格波动严重影响到上述目标实现时，央行必须将资产价格波动因素考虑在内，或进行事前干预，或在事后予以补救，因此当资产价格与宏观经济变量之间存在明显关联性时，资产价格已然超出了传统货币政策目标操作范围。对这一问题众说纷纭，目前尚无定论，但大多赞同货币当局关注资产价格波动。至于如何干预，是后续章节讨论的内容，本章节暂不涉及。

② 泰勒（1991）曾详细描述了物价稳定的好处：提高金融体系效率，减少经济预期不确定性；有利于经济福利的改进；低且稳定的通胀率改善经济周期表现。因此发达国家大多将物价稳定作为货币政策最主要的目标，甚至是货币政策单一目标。我国货币政策兼顾了经济增长、就业稳定等其他目标，因此通货膨胀在很多时候出于社会经济安全的考虑，并不是首要目标。

③ 泰勒（Taylor，1999）列举了物价稳定的3大好处。第一，能通过提高金融体系稳定性减少经济不确定性；第二，价格稳定有利于实现长期经济稳定；第三，一个较低且稳定的通货膨胀能改善一国经济周期的表现。

讲，即资产价格波动对未来的通货膨胀和产出是否具有预测作用。

按照货币主义的观点，货币政策总量对中长期的实际变量没有作用，在长期中货币总量增加会反映在一般价格水平上，短期内会对产出有影响。其传导机制遵循如下逻辑：在粘性价格假定下，货币政策经由总需求改变、产出改变，达到影响价格水平的政策效果。因此从20世纪90年代开始，发达国家货币政策转向以盯住通货膨胀率作为目标，在工具规则上实施泰勒规则，以减少货币政策时间不一致性和央行信用对央行货币政策从执行到最终起效的时滞影响，此时预期通货膨胀的作用就显得异常关键。这是因为，相对于其他市场，资产市场更依赖于信息获取和传递，因此资产价格波动本身即包含着大量的宏观经济信息；如果货币政策能够超前且谨慎地对资产市场的信息进行解读，能极大地扩展对未来经济走势的把握和预期，更好地维护物价和经济稳定。假定未来通货膨胀可能出现上扬或者下降的趋势，为避免一般物价水平大幅波动出现，货币政策应在通货膨胀真实发生前预先提高利率或者降低利率以达到既定通胀目标。从这种意义上来说，只要资产价格波动影响预期通胀，央行就有必要关注资产价格[①]，这种分析同样适用于资产价格对未来产出的影响。

然而观察各国货币政策操作实践，资产价格波动与通货膨胀、产出的关系却是复杂而不明确的。货币政策与实际宏观变量的有关争论大体可分为两类：

1. 资产价格与宏观经济变量"有关论"。这一派强调资产价格与通货膨胀、未来产出之间存在较强的关联性。代表性研究有：Modigliani（1971）生命周期理论的有关论点被认为是对资产价格与通货、产出等关系的最早论述。他强调作为资产的一部分的财富对消费者消费支出的影响。由于房价、股价波动会影响消费者财富，进而改变其消费，因此未来产出会随资产价格波动发生改变。Case，Quigley 和 Shiller（2001）的研究侧重对股价、房价波动的对比研究，他们支持房价对未来产出的影响比股价更为显著。Goodhart 和 Hofmann（2000）的研究表明，由于在其家庭资产结构中，股票、

---

① 严格来说，这一论断仅限于实行通货膨胀目标制的国家（美国也包括在内，虽然它表面上并不明确规定单一的通货膨胀目标）。这些国家在政策操作上事实上遵循着这样的规则：以控制通胀为目标，以调节利率为手段，同时强调货币政策的操作规则及泰勒规则。

房地产等资产占有相当的比重，因此股票、住房以及汇率价格发生变动后，其通胀水平会显著地受到影响。Cecchetti，Genberg，Lipsky 和 Wadhwani（以下简称 CGLW，2000）认为，资产价格泡沫扭曲了经济主体的消费和投资行为，直接的后果即是通胀和产出水平的大幅波动，因此资产价格对预期通货膨胀影响强烈，并且对美联储、英国的数据进行模拟研究佐证这一结论。因此他们甚至主张货币政策应直接干预资产价格，因为居民预期政府的干预行为会减少泡沫形成的概率，由此减少因资产价格泡沫膨胀—破裂带来的产出和经济周期性波动。

国际金融危机后关于资产价格与宏观经济实际变量的关系研究，主要是从金融危机对总产出和就业等实体经济的真实负冲击进行的。国际金融危机爆发前，受到信贷供给变化或贷款标准放松的影响，信贷繁荣与资产价格呈现双双暴涨。危机期间，信贷骤然紧缩也会诱发资产价格的剧烈波动，呈现反向螺旋下降的趋势，继而带来实际产出的剧烈波动，因此资产价格膨胀—紧缩的周期性波动与信贷呈现因果联系，同步走势可能基于抵押品下降（Kiyotaki and Moore，1997）或者市场流动性不足（Brunnermeier and Pedersen，2009）。Favara 和 Imbs（2011）通过观察 20 世纪 90 年代管制范围扩大之后信贷供给和房地产市场价格的因果关系，发现随着信贷管制放松程度高的州经历了更高的房价上涨。Adelino，Schoar 和 Severino（2012）实证检验显示，当作为更高信贷供给工具变量的常规贷款限制条件发生外生变化时，美国信贷可获得性增加与房价上升呈现同步变化。当然，信贷紧缩在危机发生时，可能通过企业或家庭的资产负债表传导效应，减少投资、消费等活动引发实体经济的下滑。Schularick 和 Taylor（2012）的研究具有启发性。他们的研究表明，资产价格和金融危机爆发的概率会随着事前加速的银行信贷供给大幅提升；当危机事实发生时，实际的负面影响将更为强烈。Ciccarelli，Modaloni 和 Peydro（2014）检验了欧元区货币政策冲击与 GDP 和通胀之间的关系，发现信贷渠道通过影响家庭、企业的资产负债表放大了对实际经济变量的影响。

2. 资产价格与宏观经济变量"无关论"。这一派的观点不支持资产价格与通货膨胀、未来产出存在关联关系，因此不主张货币政策干预资产价格泡沫，其代表性研究有：Stock 和 Watson（2001）梳理大量文献后得出，资产价格与通胀、未来产出之间的关系是不明确的①。Nakagawa 和 Oaswa（2000）通过分析美、德、英、日四国的实证数据后认为，资产价格具有部分预测通胀、产出的能力，然而缺乏强有力的证据支持金融资产波动能引起宏观经济变量的变动。Nuno Cassola 和 Claudio Morana（2004）研究认为，资产价格虽然是货币政策传导机制之一，但通胀并未受到资产价格的显著影响②。总体来说，资产价格波动以及对宏观经济变量的影响及其联结机制具有较强的复杂性，理论研究尚缺乏强有力的解释和分析框架，实证研究关于资产价格、通货膨胀以及实际产出在不同国家、不同市场结构以及不同时期的结果也呈现多种形式和实证结果（Stock and Watson，2003）。

国内相关研究大多证实，资产价格与实体经济之间存在较弱的相关性或负相关关系。易纲、王召（2000）的结论肯定了资产价格对长期产量有实质影响；王虎、王伟宇和范从来（2008）则认为，虽然资产价格具有预测未来通货的能力，但与产出不存在正向关联关系。其他学者实证研究显示，股票价格、房地产市场价格、消费者指数等变量对通货膨胀、产出具有实际影响。黄益平（2010）实证研究支持了过剩流动性、房价和股价对通货膨胀具有推动作用；段忠东（2012）研究房价与通胀、产出时间存在非线性关系；陈继勇（2013）实证检验了股价、房价价格波动隐含一定程度的未来产出和通胀的信息，但股票价格和房地产价格对未来产出缺口、通胀的影响效用不一致，房价具有更稳定的联系，且房价对未来产出缺口的预测效力侧重于长期。

综合国内外文献研究结论，有关"资产价格波动与宏观经济变量"的关系研究，还存在比较大的争议。部分原因可能归结于金融创新改变了金融市场的结构，特别是在资产证券化金融创新产品及其衍生产品的发展，模糊了不同市场之间风险定价和基于此的投资收益和行为模式，打破了传

---

① 资产价格何时何地发生、效力如何，在不同国家的表现是不一的，因此很难得出确定结论。他们的研究还发现，股票价格几乎没有预测未来产出的能力，而资产价格预测预期通胀的能力也很差。

② 他们的研究还发现，长期中旨在维持长期稳定的资产价格有利于资本市场的稳定。

统货币理论奉行的关于货币、物价与产出间的稳定关系①，货币政策有效性因而大打折扣，继而引发了关于货币政策对资产价格波动是否应该干预、如何干预、何种程度干预、干预的成本收益以及何时干预等问题的争论。但流动性充裕，特别是银行信贷扩张与资产价格飙升的关系，在危机后得以强化并得到进一步拓展，因此央行在制定和执行货币政策目标时应关注资产价格已成为理论界和政策操作层面的共识，但央行是否需要干预或者实践层面如何开展干预，将是后面几章讨论的重点，也是理论和各国央行操作实践的争论所在。

3.1.2 资产价格与货币政策

资产价格与货币政策的关系，是一个硬币的两面。首先，20世纪90年代开始，发达国家纷纷转向以物价稳定作为货币政策目标。以美国为例，美联储在实践中采用泰勒规则作为联邦基金利率目标代替自主权衡的货币政策框架，其利率决策因素只取决于经济增长与通胀法定目标，不受金融市场和外部因素影响。其理论依据和特点在于：物价稳定是金融稳定的前提，货币政策与一般物价水平之间存在稳定的关系以及货币政策存在重要且相互制衡的传导机制，能够消除资产价格泡沫。然而资产价格泡沫引发的次贷危机现实对这一框架提出了严峻挑战。理论界批评这一基于宏观经济模型的利率政策制定看似科学，却忽视了金融市场的脆弱性和对信贷市场不完美性［并没有像一些新兴市场国家更多关注信贷市场指标和对整体金融市场条件改变作出反应，Rogoff（2013）］。在危机中，信贷渠道增加的信贷供给和金融市场复杂的合同网络（金融衍生市场发展及其衍生金融创新产品和工具的繁荣）支撑了资产价格的飙升，传统政策框架"善意忽视"或者缺乏有效的政策工具予以干预；当外部冲击导致信贷供给下降进而引发信贷紧缩，资产价格非对称性效应（资产价格泡沫的负面冲击远大于正

---

① 例如，资产价格的上扬会改变人们的货币需求偏好，可能使货币流动性加快，因为一些存款会转化为资产转而进入资本市场逐利，最终导致货币供应量和结构的剧烈变化。如果资金需求引发的货币数量增加，没有被生产部门吸收反而流向金融领域，可能会造成资产价格飙升或者金融风险累积；在某一时点，当外部冲击（例如，货币政策转向导致银行信贷供给数量下跌）引发资产价格下跌，金融加速器等金融摩擦因素存在将放大系统性金融风险与实体经济的周期性关联，引发经济产出水平缩水。

向冲击,且泡沫—破裂周期性运动对实际产出的损害作用远大于通胀带来的实际产出损失)带来的紧缩作用会由金融部门向实体经济部门迅速蔓延,破坏金融系统的资金优化配置功能,"造成家庭和企业的资产负债表恶化或债务积压损害实体经济基础,最终引起总产出、就业和福利的减少"(Xavier Freixas,2015)。其次,资产价格波动也会对货币政策产生影响,主要表现在资产价格影响货币政策最终目标、中介目标以及引发系统性金融风险。资产价格泡沫—破裂的周期波动影响货币政策维持物价稳定的最终目标,特别是在低利率、低通胀稳定环境中,信贷繁荣支撑下的资产价格飙升与物价稳定的货币政策背离,一方面凸显了货币政策维持物价稳定自动实现金融稳定的悖论,另一方面也反映出央行干预手段和工具的匮乏;与此同时,伴随金融创新、金融脱媒以及非金融中介机构与实际经济密切联系,资产价格泡沫究竟是受信贷需求(经济基本面支撑)还是信贷供给的影响难以辨识,如果资产价格是由经济基本面需求支撑,尽管也会表现为资产价格上涨,但一般不会引发价格泡沫和金融危机;这与由信贷供给支撑的价格泡沫作用机制完全不同,货币政策中介目标受到挑战,来自杠杆(信贷)支撑的资产价格泡沫经过非金融中介结构等扩散传染很容易诱发金融失衡和系统性金融风险,对实体经济变量造成负向冲击。

1. 货币政策对资产价格的影响分析。有关货币政策影响资产价格的理论论述,最具代表性的人物是 Meltzer。Meltzer(1995)用货币主义的模型论述了货币政策产生资产价格泡沫的机制[①]。他分析,当央行的货币政策不通过利率传导机制[②]被货币持有者吸收,而是流入资本市场,引起资产价格的膨胀或泡沫,此时,货币政策在资产价格泡沫的形成机制中具有重要作用。如果货币增长继续增加,就会产生长期的资产价格效应,特别是当过量流动不能被实体经济吸收,在投机性驱动下,过剩流动性极容易涌入股票市场和房地产市场,最终造成经济扩张繁荣的局面,而后政府大幅提高利率的货币干预手段,在刺破泡沫的同时,也会导致经济的萧条和社会的动荡。日本在 20 世纪 80 年代末的泡沫经济就是一例真实的写照。

---

① 详细论证部分,参见 Allen Meltzer 在 Money, Credit and Policy(1995)一书中的论述。
② 所谓利率传导机制,即传统的货币主义传导机制,按照"扩张性货币政策—降低利率—促进投资、消费增长—产出、就业增加",对消费者的消费和实体经济产生影响。

实证层面的研究，Sellin（1998）证实了宽松的货币政策成为股价高涨的幕后推手，但对其作用机制缺少讨论；Bernanke 和 Gertler（1995）解释了货币政策的银行资产负债表效应通过减少银行净值从而降低其流动性以达到降低家庭和企业信贷的效果。与"资产负债表渠道"一致，Kiyotaki 和 Moore（1997），Gertler 和 Gilchrist（1994）揭示了紧缩的货币政策可能加速流动性约束（通过减少企业和家庭净值和抵押品价值，如房地产、股票价格等），放大信贷周期，进而引起资产价格更大程度地下跌和产出紧缩。Kashyap 和 Stein（1997）的研究支持货币政策通过银行贷款传导至资产价格的作用机制。在宽松的货币政策环境下，如果实体经济收益率低或监管不严，此时资金会流向具有高杠杆率的房地产市场或股票市场，形成地产泡沫、股市泡沫。Kashyap 和 Stein（2000）揭示了货币政策银行信贷渠道在货币政策与资产价格波动中扮演了重要角色——央行提高法定存款准备金率造成了对银行依赖型借款人的资金成本上涨。Cecchetti 和 Stenfan Krause（2001）强调了银行等金融机构在货币政策传导至虚拟经济方面的重要性[①]。真实的经验证据支持资本市场不完全和公司依靠银行融资的重要事实。国际金融危机后关于流动性，特别是银行信贷扩张对资产价格推动的研究进一步加强，实证层面几乎达成了一致看法并得以充分佐证。针对货币流动性的研究支撑货币供给量对资产价格具有显著影响（李建，邓瑛 2011），银行信贷渠道的研究表明，信贷繁荣支撑房地产资产泡沫（房地产价格泡沫又通过金融衍生创新工具支撑了太多过高估值的房地产抵押证券），当货币政策转向将引发资产价格暴跌，金融体系关联风险敞口产生的债务积压将数倍放大紧缩，产生巨大的信贷周期和系统性金融风险，造成实际产出损失（Maddloni Peydro, 2011; Gourinchas and Obstfeld, 2012; Jorda, Schularick and Taylor, 2013; Laeven and Valencia, 2013; Barlevy, 2014; Jimenez 等, 2012, 2014a）。

综上所述，流动性是推动资产价格膨胀的重要诱发因素，货币政策与资产价格周期性运动具有明显的关联。然而并非所有的资产价格泡沫都是基于货币供给（信贷市场信贷繁荣功能以及金融市场等流动性创造等因

---

① 利率对产出和价格传导作用的发挥有赖于这个国家的银行体系和金融市场结构。更重要的是一些公司依赖银行融资，因此货币政策影响银行贷款供给，进而对资产价格产生影响。

素），来自经济基本面的（主要表现为货币需求）资产价格泡沫被认为是有效率的（Martin and Ventura，2012），也不会造成经济危机。因此，货币政策干预资产价格波动不总是那么有效，因为需要首先判断资产价格泡沫是基于货币政策供给支撑还是基本面的有效需求，或者是非货币政策因素引起的资产价格波动（如果实施货币政策，其效果会受到严格限制甚至起反作用力①），而对资产价格泡沫原因的准确判断（Kerstin Hessius，1999）认为，"事实上央行并不比市场了解得多"（Greenspan，1999）；更进一步的，即便它能够正确判断，其调控手段、工具对资产价格波动的方向和程度的判断也是悬而未决的，也难以保证刺破泡沫的同时不会带来金融稳定和经济发展的负面影响。Bernanke 和 Gertler 等人坚决反对干预资产价格正是基于上述原因，因为货币政策被认为是一种"钝的工具"（Bernanke，2002）。还有一种观点认为，"货币政策利率并不是治理此次国际金融危机前金融失衡和金融机构过度风险承担的最佳工具"（Blanchard，2013），对此可能的解释是货币政策作为宏观政策手段，其作用发挥影响面太广以至于成本太高，因为并不是所有金融部门或实体经济部门都会受到金融失衡影响。

2. 资产价格波动对货币政策的影响分析。资产价格影响货币政策，是资产价格与货币政策关系分析的另一面。在这里我们重点论述资产价格波动对货币政策目标、中介目标及金融稳定的影响。

第一，资产价格波动影响货币政策最终目标。在成功解决了困扰资本主义经济长达 20 年之久的通胀后，20 世纪 90 年代开始，发达国家的货币当局受主流经济理论的影响，以真实商业周期和新凯恩斯理论为基础构建宏观经济模型，实现了货币政策的目标由数量调控向追求价格稳定②（促进金融体系的稳定也被

---

① 以股票市场为例，如果整个股票价格的上扬是基于行业生产率提高或整个产业、公司新的盈利增长点的发现等原因，此时央行对可能出现的资产价格膨胀采取提高利率的政策，显然是不合适的（Kent and Lowe，1997）；但如果股票价格飙升是来自非经济基本面的因素，由于股票上升会通过财富效应或者投资效应引起总需求增加，对未来的通货膨胀和产出等实际经济变量产生压力，这时央行应该果断采取紧缩性政策措施以避免经济陷入由于资产价格急速膨胀—破裂后的衰退危险。

② 德国央行是长期实施这一目标的典范，这与德国历史上几次恶性通胀的惨痛教训有关；日本、法国也在其银行法案中明确规定将"物价稳定"定为其首要任务；中国人民银行也宣传，保持币值稳定，既包括对内币值的稳定，也包括对外币值的稳定；美国虽没有明确规定单一货币目标，但是在长期中控制通胀始终是其关注的焦点。

隐含在这一新的政策目标中①）的转变。形成的共识即认为金融市场是完美运行的，基于物价稳定的货币政策能够自动实现金融稳定，货币政策既不应该关注资产价格（信贷繁荣引起的资产价格泡沫和金融失衡），也难以实时识别泡沫②（Bernanke and Gertler，2002）。然而金融市场上资产价格大幅波动的事实屡屡上演，货币政策维持一般物价稳定和金融稳定的政策目标已很难同时实现，资产价格波动对货币政策目标实现提出了挑战。

以通货膨胀为目标的货币政策框架安排，包含三要素：以控制通货膨胀为最终目标③（兼具金融稳定的目标），以利率调节为货币政策手段，以"泰勒规则"为货币政策规则。这意味着，利率是央行最有效的货币政策手段④，而政策操作需要遵循一定规则（泰勒规则实际是单一规则的演进，有利于树立央行信誉和解决动态不一致问题），是否干预利率取决于一般物价水平稳定与否。这样一套貌似运作精准的货币政策安排，却在资产价格波动下为央行货币政策的操作选择设置了难题。如果货币当局对资产价格进行干预，由于资产价格大幅波动并未带来一般物价水平的上涨，旨在刺破泡沫的干预型政策的"正当性"会遭到质疑；同时央行在关于识别是否泡沫、产生泡沫的根源以及什么样的政策工具等方面都存在较大的争议和不解⑤；因此当资产价格波动并未影响预期通胀时，货币政策不应干预资产价

---

① 从理论上来说，通货膨胀目标制是以货币数量论为理论基础的。而按照货币数量的标准解释，货币供给量的增加，最终会带来物价和工资的同比例上升，如果上升的速度与产出、要素市场同步，股票价格也将上升。因此施瓦茨等人的结论是："能够保证一般物价水平稳定的货币政策，相应地也能促进金融体系的稳定。"（Schwartz，1995；Bordo and Olivier，2002）但是 Allen 和 Gale 并不认同，他们批评"这一理论对于货币政策如何应对资产价格没有提供指导意见"（1999），而且很多事实并不支持这一论断。

② 中央银行可能不知道资产价格大幅波动是由于强大的基本面还是仅仅是泡沫，因此难以作出迅速反应（Blanchard，Dell'ariccia and Mauro，2013）。

③ 套用 Bernanke 的话，"短期的货币政策操作，中央银行应该将价格稳定和金融稳定看作是高度互补的两个目标，……因此实现此的最好政策框架是有弹性的通货膨胀目标制"（Bernanke，2002）。

④ 利用利率对经济的调节要综合考虑通货膨胀缺口和 GDP 缺口与潜在产出水平之间的偏离，并考虑其各自的偏离代表的水平对经济影响的相对重要性，从而通货膨胀目标方法是实现货币稳定和金融稳定的最好框架。

⑤ Goodfriend（2005）认为，利率和资产价格之间不存在直接联系，因此央行不应对资产价格作出反应。他通过对比美、日的实际案例得出了以上结论；英格兰银行经济学家 Bean（2004）认为，央行在干预中存在实际困难，例如无法判断资产价格上涨是否由经济基本面引起；提高利率的政策，由于政策时滞效应，会形成经济系统内两种紧缩力量，对经济体不利；此外利率政策的实际效应也很难把握。

第3章 资产价格与宏观经济总量

格,而央行在资产价格的波动时期遵循"善意忽视"的政策选择,最终造成数次资产价格泡沫膨胀—破裂的周期性波动带来的经济衰退。

第二,资产价格波动影响货币政策中介目标。有关货币政策中介目标的争论由来已久。以利率还是以货币供给量作为中介目标,其权衡的基本条件是判断谁更满足可控性、易操作性和可测性的要求。货币供给量为中介目标的制度安排,在很长一段时间内被广泛采用。然而伴随着金融自由化和金融深化过程,货币需求、供给数量和结构都在悄然发生着变化,因此以货币供给量作为中介目标的货币制度安排也在发生变化。从货币需求层面看,资本市场对货币需求激增,投资主体和投资工具更加多元化,货币替代弱化了货币需求与宏观金融变量间紧密联系;在货币供给层面,中央银行、金融机构、微观主体共同决定经济体的货币供给的格局缓慢发生改变。商业银行超额储备、储户存款额、贷款数量以及证券市场的资金在信用创造中的作用凸显,而中央银行在货币创造上日渐式微,通过货币供给量干预实际经济的力度下降。总体来说,在资产价格波动影响货币政策当局判断的同时,其传导渠道多样化、传导机制复杂化和模糊化也干扰了货币政策中介目标实现及其效果。

第三,资产价格波动影响金融稳定。历史上数次金融危机的爆发,几乎都伴随着资产价格大幅起落的身影。其中,低通胀与高资产价格并存被认为是近年来危机发生的典型事实,学者们研究发现,低通胀情况下的资产泡沫破裂更容易引发金融的系统性危机。Kent和Lowe(1997)指出,源于非基本面因素导致的资产价格膨胀,最终要以泡沫的破裂进行调整。而资产价格的实际调整必须通过名义价格的大幅下降来完成,由于家庭、企业财富中很大一部分来自资产价格,因此资产价格的急剧下降会对家庭、企业和金融部门的资产负债状况产生严重冲击,进而危及金融体系和实体经济的安全。Bernanke和Lowe(1997)针对银行信用扩张的研究也证实了资产价格波动通过银行系统向外传导对金融系统安全性和宏观经济的巨大破坏力。他们以资产价格的资产负债渠道作为分析工具,通过对信息不对称假定下的抵押品价值证明了,资产价格大幅下跌会导致银行和借款人的资产负债状态恶化,进一步造成银行信贷能力收缩和资金借贷者偿还能力恶化。这里特别强调银行系统性风险在资产价格波动中的形成机制。如果资产价格下跌程度不足以弥补其所持的抵押品价值,就会成为银行的呆坏账,进而将银行暴露在风险中。进一步的,如果风险中的银行资产比重随着资产价格下跌恶化加剧,则整个金融体系就变得异常脆弱。日本20世纪80年代后期的资产泡沫造成对银行系统的沉重打击,就是金融体系系统性风险充分暴露的结果,也是以间接性融资为主的金融系统无法在资产泡沫与实体经济之间架起缓冲带的一个根本原因。当然,泡沫破裂之后是否造成不利影响及程度如何,取决于多种条件的综合反应。澳大利亚经济学家Kent和Lowe(1997)对比研究了该国20世纪七八十年代两次地产泡沫,发现80年代的房地产价格泡沫破裂对经济的负面影响更为严重。其原因正是"低通胀、高资产价格"下,相同跌幅在较低通胀率下,产出实际下跌幅度更大,因而经济衰退时期持续更长。世界银行的经济学家Herrera和Perry(2005)在对拉美国家各国的研究中也得出了相似结论。2008年国际金融危机的爆发,正是在主要经济体央行(美联储、英格兰银行、欧洲央行等)实现了空前的低利率、低通胀与稳通胀的"大稳健"时期,这一时期存在信贷扩张和资产价格泡沫(包括不动产和股权价格在内的资产价格泡沫)共同繁荣。这可能是基于资产大多通过杠杆(信贷)获得融资,因此当信贷条件放松时,会带来资产价格飙升,特别是房地产价格暴涨,可能诱发信贷和资产价格的双重暴涨。当外部出现负向冲击(例如,次贷危机前美联储提高利率或者信贷紧缩政策)导致资产价格暴跌,其中信贷融资和资产价格的螺旋走势可能基于抵押品价值下降(Kiyotaki and Moore,1997)或者市场流动性不足(Brunnermeier and Pedersen,2009)。这些最新的研究表明,金融中介市场在金融失衡、系统性金融风险以及其溢出传染效应在资产价格与金融稳定中的重要性愈发明显和重要,对资产价格波动、系统性风险以及金融稳定性的研究有待进一步深入探讨。总体来讲,有关两者关系的研究存在诸多争论,但在资产价格影响金融系统安全的认识还是达成了共识,而且也广泛认同采用宏观审慎监管(金融监管)加以防范以确保金融体系的安全。有鉴于此,本书在下一章会就这两者之间的关系及应对措施等进行更为深入的论述。

3.1.3 资产价格与金融指示器预测功能

传统货币理论认为,一般物价水平仅表现为商品、服务等的价格,因此消费物价指数被认为是测度通货膨胀率的金科玉律；然而伴随着金融结构的变迁，资本市场中各类金融创新产品不断涌现，金融资产的可交易性和流动性不断增强，以股票价格、房地产价格和汇率价格变动为首的资产价格波动已经对传统的以物价稳定为首要目标的货币政策提出了挑战。因此仅仅监控传统物价指数已远远不能满足货币政策稳定目标。由于资产价格本身具有越来越多的信息内涵，使得资产价格成为商品、劳务未来价格波动的一个重要的预测指标，从而为货币制定者提供了有关通货膨胀、产出的有用信息。因此有学者研究认为，资产价格可以很好地发挥央行金融指示器的预测功能，借以提高货币政策的操作效率。在实践操作层面，由于资产价格包含未来通货膨胀水平的信息内涵，许多国家中央银行[①]已经将资产价格纳入通货膨胀测度的结构性宏观模型中，并发挥了不同程度的作用。这是央行货币政策考虑资产价格变化的实用性目的。在理论研究层面，研究者从动态角度对扩展物价指数作出了有益的尝试，并取得了阶段性成果（Alchian and Klein，1973；Shibuya，1992；Shiratsuka，1999；Goodhart，1995；Bryan and Cecchetti，1993）。下面就其中具有代表性的研究做一简单梳理评述，详细论述可见本书第 5 章关于构建动态物价指数的可行性的阐述。

Fisher（1911）最早论述了扩展通货膨胀测度的可行性，建议将资产价格波动纳入通胀[②]。他指出，政策制定者应致力于构建一种更为稳定的广义价格指数，该指数既包括一般物价指数（生产、消费和服务价格指数），也应将股票、房地产、债券等资产价格波动反映进来，即建立广义价格指数更好反映价格波动；Alchian 和 Klein（1973）发展了费雪的思想，认为传统的物价指数不够全面，应该构建动态的物价指数，即以跨期视角，构建包含现时消费和将来消费的跨期生活消费指数（由于未来消费数据无法得到，资产价格被视为未来价格的近似替代）。因此纳入资产价格指数和现时消费的跨期生活成本指数（Inter‐temporal Cost of Living Index，ICLI），能够为中央银行制定货币政策提供信息，被认为是构建广义价格指数的首次尝试。

---

① 如加拿大中央银行、英国货币政策委员会和 OECD 部分国家都已经将资产价格纳入通货膨胀测度的结构性宏观模型，并定期发布有关报告，报告资产价格波动的有关数据。

② 费雪认为，资产价格的变化会对未来购买力产生影响，因而部分地决定了未来商品和劳务的价格水平，他建议将资产价格波动纳入通胀的测度。

他们关于广义价格指数的尝试，在学术界掀起了研究热潮。许多学者开始沿着他们的研究思路继续开展这方面研究，其研究大体沿着两种思路进行：

第一种研究是继续推进 Alchain 和 Klein 的研究，不断探究动态价格指数的合理形式，以 Pollack（1975），Shibuya（1992），Shiratsika（1999），Goodhart 和 Hofmann（2000）的研究最具代表性。Pollack（1975）对跨期生活成本模型的具体形式进行了扩展，提出了跨期生活成本指数的期货价格和未来即期价格表达式；Shibuya（1992）在跨期生活消费指数基础上，提出了动态均衡价格指数（Dynamic Equilibrium Price Index，DEPI）。Goodhart 和 Hofmann（2000）改进了货币条件指数（MCI），并在 MCI 的基础上加入房地产、股票价格指数，构建出广义金融条件指数（Financial Conditional Index，FCI），被认为是目前研究的阶段性成果。FCI 的本质含义是：广泛的价格指数中包括资产价格，可以反映资产价格的预期通胀含义；这意味着中央银行应该以更为广泛的价格指数作为控制目标。Goodhart 等人运用 FCI 实证检验结果也支持，包含资产价格在内的 FCI 反映了未来通货膨胀的重要信息。沿着这一思路最激进的研究是国际清算银行的经济学家 Bryan，Cecchetti 和 Sullivan（2001，2005）。他们认为传统的 CPI 只反映了当期的生活成本，因而存在"跨期替代偏差"（Intertemporal Substitute Bias），引入金融资产价格后能够形成反映长期的"生命周期成本"的新指数。这一看法受到了来自日本经济学白冢重典（1996，1998，2001）和 Filardo（2001）的批评。他们认同资产价格具有金融指数器的预测功能，但认为"货币政策盯住资产价格是一个坏主意"（Trichet，2005）。白冢重典更强调保持经济增长和稳定的预期通胀。换言之，货币政策最关键的是保持未来物价预期的稳定性，因此从这个意义来看，货币政策需要关注资产价格，并对资产价格波动在货币政策决策中的地位予以研究。

第二种研究则是沿着考察资产价格是否能够准确衡量通货膨胀的思路展开的，其中具有代表性是 Bernanke，Gertler 和 Smets 等人的研究。Bernanke 和 Gertler（1999b，2001）构建了一个宏观模型[①]，模拟了"激进"

[①] 具体的模型及讨论过程，参见 Bernanke 和 Gertler 在 Monetary Policy and Asset Prices Volatility（1999）论文中论述。

和"消极"两种政策规则，结果显示资产价格作为经济信息内涵应该予以关注，但不宜纳入通胀的统计口径①。

Smets（1997）构建了一组经济结构模型，证实资产价格具有金融指示器的预测作用。其模型具体描述如下：

方程（3.1）至方程（3.4）描述了整个经济情况：

$$E_t P_{t+1} = P_t + \gamma(\gamma_t - \varepsilon_t^s) \tag{3.1}$$

$$y_t = -\alpha \gamma_t + \beta f_t + \varepsilon_t^d \tag{3.2}$$

$$f_t = \rho E_t f_{t+1} + (1-\rho) E_t d_{t+1} = r_t + \varepsilon_t^s \tag{3.3}$$

$$r_t = R_t - \pi^e \tag{3.4}$$

除了利率，模型中所有的变量均为对数形式。为了方便分析，常数项被假设为零。方程（3.1）代表菲利普斯曲线。模型假定商品价格具有粘性，预期 $t+1$ 期的价格水平有赖于上一期 t 期的信息，数值上取决于 t 期价格水平和产出缺口（$y - \varepsilon_t^s$）。方程（3.2）代表总需求方程，实际利率的符号为负，表示对产出负向波动；资产价格 f_t 符号为正，对产出影响为正。方程（3.3）代表套利方程，方程左边为实际资产收益，中间部分代表预期分红收益和预期资本所得的加总值，最右边为无风险利率加风险溢价，三者满足等式约束，其中资产分红收益与产出正相关。方程（3.4）代表实际利率，等于名义利率－预期通胀率。假定需求冲击满足一阶自回归、供给冲击服从随机游走，来自金融的冲击则服从白噪音，此时有 $\varepsilon_t^s = \varepsilon_{t-1}^s + \xi_t^s$，$\varepsilon_t^d = \delta \varepsilon_{t-1}^d + \xi_t^d$，$\varepsilon_t^f = \xi_t^f$，各冲击之间互不相关。

根据四个方程可得：

$$R_t = \pi^e + \frac{\beta}{\alpha} f_t + \frac{1}{\alpha}(\varepsilon_t^d + \varepsilon_t^s) - \frac{1}{\alpha\gamma}(E_t P_{t+1} - P_t) \tag{3.5}$$

央行通过调节名义利率来达到充分就业和物价稳定的目标。假设央行的

---

① Bernanke 认为，资产价格的波动，货币政策框架的设计构想应该是"用合适的工具处理合适的政策目标"。而主流观点之所以支持中央银行不干预资产价格波动，其困难在于第一，中央银行并不比私人具有更多的信息识别资产价格泡沫，即央行无法判断资产价格的波动是由基本面引起的，还是由非基本面引起的，抑或是由二者共同引起的；第二，即使能够识别，央行在干预泡沫时缺乏有效工具。换言之，货币政策在干预资产价格中是种"钝的工具"（Bernanke，2002）。

通货膨胀目标为零，此时经济主体的通货膨胀预期为零，而在央行最优的货币政策操作下，价格水平应等于其目标值。因此，中央银行的利率目标为

$$R_t = \frac{\beta}{\alpha}f_t + \frac{1}{\alpha}E_t(\varepsilon_t^d - \varepsilon_t^s) = \frac{\beta}{\alpha}f_t + \frac{1}{\alpha}(\delta\varepsilon_{t-1}^d - \varepsilon_{t-1}^s) + \frac{1}{\alpha}E_t(\xi_t^d - \xi_t^s)$$

(3.6)

由此可看出，央行对利率的调整由三部分组成，$\frac{\beta}{\alpha}f_t$，$\frac{1}{\alpha}(\delta\varepsilon_{t-1}^d - \varepsilon_{t-1}^s)$ 和 $\frac{1}{\alpha}E_t(\xi_t^d - \xi_t^s)$。公式（3.6）反映资产价格对总需求和对通胀的影响；第二项为 $t-1$ 期的信息，对 t 期的央行是已知的。第三项涉及当期的总需求和总供给的冲击。

Smets 认为资产市场的参与者比央行拥有更多的信息，这是因为资产市场参与者的投资利润很大程度上依赖于他们对当前以及未来收益的预测，他们更有动力去获取信息。例如，股票市场的投资者更有动力去收集关于各家公司的具体信息，从而预测公司收益。由于资产价格相对商品价格更易调整，资产市场参与者拥有的信息就可以迅速反映在资产价格上。这样，资产价格就包含了关于产出和通货膨胀的信息。资产市场参与者越理性，资产市场本身越健康，资产市场就越有效，资产价格包含的信息也就越丰富。由此得出，资产价格具有金融指示器的预测功能。可从两方面对上述结论加以说明：第一，通过各种效应（如资产负债效应、财富效应等），资产价格波动影响总需求，进而影响通货膨胀；第二，预期收益决定资产价格走势，而影响预期收益的因素通胀率、未来经济走势和货币政策，由此可以推出，资产价格事实上包括了当前与未来经济状况的有用信息，这些信息显然具有预测产出和通货膨胀的信息功用。

3.2 资产价格与宏观经济变量的实证检验

2009 年为应对美国次贷危机可能对国内经济的冲击，我国通过"4 万亿"经济刺激计划向实体经济注入流动性以缓解外需萎缩和外部环境恶化对增长的负向冲击。在此背景下，以股票、房地产价格为代表的资产价格经历了一轮持续、大规模的上涨和周期性波动（此轮资产价格膨胀—收缩

周期性运动背后驱动力量正是充裕的流动性，参见李健、邓瑛，2011），增大了货币当局调控的难度和效果，很大程度也影响了宏观经济增长的质量和稳定性。与此同时，伴随中国资本市场发展以及金融市场创新和结构转变，货币政策当局在权衡多重目标、信贷总量、结构和资金流向及指标监测、货币政策工具运用及执行效果以及货币政策与金融稳定性、实体经济关系等方面作用的基础正在悄然改变，其带来的影响将是深刻的。国际金融危机后的研究尽管在货币当局是否干预资产价格尚存争议，但货币政策关注资产价格在理论和实证层面均取得了广泛共识——央行密切关注资本市场的反应，兼顾物价稳定目标和金融稳定目标。国内已有实证研究（伍戈，2007；王虎、王伟宇和范从来，2008；黄益平，2012；陈继勇，2013）证实了资产价格波动隐含了许多货币政策决策所需信息（伍戈，2007），对产出、通货膨胀等实际经济变量也具有深刻影响，因此在数量管理为中介目标的货币政策框架、以银行为主导的金融结构，关注资产价格周期性波动和资产价格隐含信息具有重要意义。

本节在结构安排上，在前述资产价格波动与宏观经济变量理论研究的基础上，实证检验中国的股票价格、房地产市场价格波动与宏观经济变量之间是否具有长期协整关系和金融指示器预测功能，为货币政策关注资产价格波动提供事实依据，并为后续章节有关"央行是否干预"以及"如何干预"资产价格问题的论述做好铺垫。

3.2.1 股票价格波动与宏观经济变量：中国数据的研究（1999—2017）

1990 年，上海证券交易所正式挂牌成立，标志着我国证券市场的形成；随后一年，深圳证券交易所在深圳正式成立，南北呼应，进一步完善了我国资本市场。目前，沪深两市已成为企业直接融资的主要渠道，发挥着重要的金融"造血"功能。数据显示，截至 2018 年 2 月 28 日，沪、深两市中共有 3494 家 A 股上市公司，总市值达到 56 万亿元。2005 年实行股权分置改革后，从流通转让、盈利分红、信息披露和外部监督等方面进一步规范了股票市场运行；2009 年 10 月 30 日，酝酿已久的创业板终于推出，第一批 28 家中小企业齐上市，标志着我国股票市场进入一个新纪元。从投资者层面看，中小股民和机构数量节节攀升，在最为火爆的 2008 年，上证单天开户数峰值达 5000 户。

1. 中国股票价格波动的描述统计

图 3-1 显示了 1990—2017 年上证综合指数的月末收盘指数，从中可对我国资产价格波动管窥一二。以下我们分阶段对股市出现的几次波动进行描述。

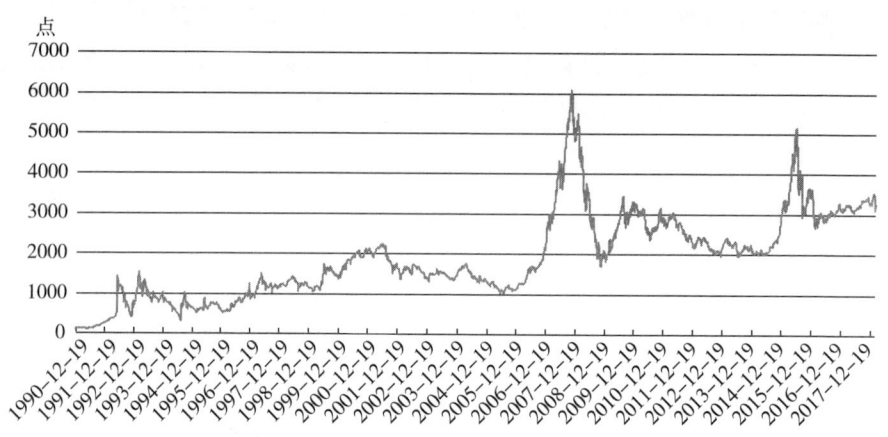

数据来源：国泰君安数据库。

图 3-1 1990 年 12 月—2017 年 12 月上证综合指数（收盘价）

第一阶段：股权分置改革前，以 2005 年中期为分割点。2005 年之前，股市存在大量非流通股，如同悬在中国证券市场上的达摩克利斯之剑，严重阻碍了中国股票市场的市场化运作，因此股票市场徘徊不前，且从 2004 年起股市一蹶不振，跌入一轮熊市状态。2005 年酝酿已久的股权分置改革终于推行——将以前不可以上市流通的国有股及其他各种不能流通的股票拿到市场上流通，通过引进市场化的激励和约束机制，解决了 A 股相关股东之间的利益平衡问题，也有利于形成良好的自我约束机制和外部监督机制，进一步完善了公司法人治理结构。然后从 2005 年底，股市一路上扬，从 2005 年最低谷的 1060 点蹿升至 2006 年 12 月的 2675 点。

第二阶段：2007 年的单边牛市。从 2007 年开始，上证股指承接 2006 年的良好态势，开始了一轮高速增长时期。短短 10 个月的时间，上证综指就由 2007 年 1 月的 2786 点飙升到 2007 年 10 月的 6000 点，并在 10 月 31 日达到最高点 6124.04，增幅达 120%，最大涨幅为 513.6%。这一轮中国股票

第3章 资产价格与宏观经济总量

历史上最大的牛市只持续了10个月就寿终正寝。2007年11月开始股价大幅回落。这一轮的大牛市伴随深刻的国内外宏观经济背景。流动性全球过剩，国内宽松的货币政策成为推动这一轮大牛市的共同推手，以股市作为资金池，也成为央行吸纳多余资金的有效手段。只是2008年爆发的次贷危机开始从美国向全球蔓延才最终终止了这场疯狂的游戏。

第三阶段：2008年单边熊市。受美国次贷危机和国内经济形势变化影响，从2007年11月起，A股一路狂泻，一年时间里，股市就从6000点高位急挫至2000点以下，最低跌破1700点，股票市值蒸发在达10万亿元以上。一般的解释认为，这主要受美国次贷危机恶化且演变为国际金融危机、加之世界经济前景不明等悲观预期催生了这一时期的股市震荡。受经济前景不明、进出口下滑、就业率下跌等不利因素影响，A股加速探底的担忧引发了各方关于"救市"的激烈争论。

第四阶段：2008年11月至2009年7月。受国际金融危机影响、中国经济增速在2008年下半年明显放缓，为防止经济下滑，我国政府部署了一系列旨在扩大内需、保增长的一揽子财政货币措施，史称"4万亿"经济刺激计划。为配合国家经济刺激计划展开，适度紧缩的货币政策在施行大半年之后转为宽松性政策。来自政府的干预刺激的利好消息一经释放，上证综合指数即由1871点（2008年11月）一跃上升至3412点（2009年7月）。这是典型的经济刺激和宽松货币双重激烈下的小牛市。

第五阶段：2009年8月至2014年初。"4万亿"经济刺激计划在挽救经济下滑趋势的同时，也留下了一系列并发症。由于一部分资金流向房地产和股票市场，直接导致楼市价格飙升、股票市场延续"牛市冲天"；此时，通货膨胀不断攀升，政策层面和理论界开始反思刺激计划的利弊权衡。2011年货币政策转向稳健偏紧，我国股市各板块轮番震荡。2009年8月上证综合指数在2667点，2010年上证指数走势疲弱，却在年底众多各股打出了一波小高潮，大有追赶2008年政府刺激中"小牛市"的趋势；只是好景不长，2011年上证综指下滑，一时间竟被媒体戏言"A股走势熊冠全球"。截至2012年12月底，上证综合指数收于2199.42点，期间小幅波动不断。受欧债危机影响外部经济进一步恶化，国内刺激政策退出以及紧缩货币政策和楼市调控政策使经济蒙上了一层悲观预期，上证综合指数一直在2000点附近波动,二级市场的低迷一定程度影响了一级市场,新股发行基本处于暂停状态。

第六阶段:2014年中期至今。2013年底,党的十八届三中全会提出要"提高直接融资比重","推进股票发行注册制改革"和"多渠道推动股权融资"。随后国务院出台《国务院关于进一步促进资本市场健康发展的若干意见》(俗称"新国九条")。这些政策层面的利好与资本市场全面深化改革推进以及主流媒体在市场预期引导的相互叠加,为A股奠定了良好基础。2014年6月底,受"沪港通"、国企改革、军工资产证券化等一系列利好推动,指数开始一路攀升,开启本轮牛市之旅;11月21日,央行两年来首次宣布降息,成为点爆市场的导火索,股市进入"疯牛"模式——上证指数从2014年11月的2400点快速飙升至2015年6月15日的5178点,其间无论是上证指数还是中小板指数及创业板指数的最大上涨幅度都超过了100%,上涨的速度及幅度都超过了2009年上半年,可以与2006—2007年的大牛市相媲美。暴涨之后随即出现暴跌——2015年6月15日至7月9日的17个交易日的时间里,股市连续暴跌,上证指数跌幅32%,8月中旬股市再次出现持续1000点的暴跌,并多次出现上千只股票跌停的现象,其下跌速度刷新近20年国内股市纪录①。目前来看,股市还在3200点左右徘徊,市场观望情绪严重,震荡筑底还将持续一段时期,防范危险成为投资者的主要任务。此轮股市行情最重要的特征是暴涨暴跌,而暴涨暴跌行情背后呈现出典型的"政策市"特点。这里特别需要强调的是,股市大幅波动背后的政治因素和货币政策,在稳增长的政策基调下,政府希望引导资本市场"慢牛"行情支撑实体经济回暖,央行执行流动宽松向银行体系注入流动性,然而充裕的资金没有流入实体经济,反而通过场外配资、融资融券等金融创新突破监管限制等加杠杆方式进入股市,直接导致了股市行情的大幅震荡,并对实体经济造成了困局。宽松货币环境、信贷繁荣以及高杠杆成为这轮股市波动最明显的诱发因素。

2. 我国历次股票价格与央行货币政策描述。中国处于改革转轨时期,因此与发达国家相比较,我国的货币政策无论是从宏观层面的政策目标选

---

① 部分内容援引自金融蓝皮书:中国金融发展报告(2016),社会科学文献出版社。

择、微观层面的传导机制和渠道,抑或是政策操作层面和实体经济影响等方面都存在较大差异。可以说,中国的货币政策有其自身的特点(周小川,2006)。纵观股票市场的发展,其价格波动受政府政策冲击严重(邓瑛,2010),特别是伴随着流动性充裕或过剩出现,股票市场价格、货币政策与一般物价水平之间的密切关系更是日益引起了学术界和货币当局的关注。在这里,我们以上证指数为例,测度其与广义货币供应量、存款准备金和国内信贷规模等密切关联。

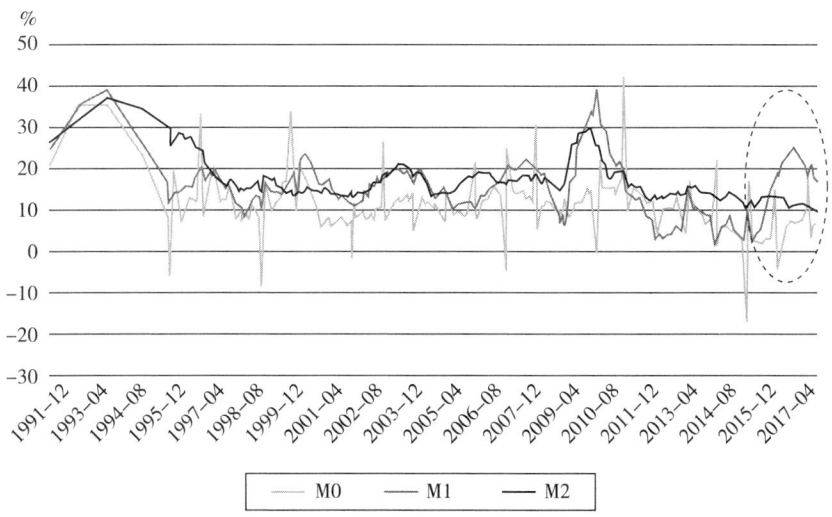

数据来源:中国人民银行网站。

图3-2 我国货币各层次货币供给量同比增长情况

图3-2为我国货币各层次供应量同比增长情况。对比图3-1股票市场波动情况可知,中国人民银行通过调节货币供应量增速对国内股票价格波动产生影响,但股票价格波动一般滞后M2两个月左右。2008—2009年中国股市逆向上扬,经历了一轮小牛市,明显属于政策调控和宽松型货币的政策产物。值得注意的是,货币供给结构自2006年起有所变化,货币投放量也呈现起伏,明显是受资产价格波动影响:增长率加快的M1,增速趋缓的M2在时间上与同一时期的股票价格指数路径一致。这主要是居民自主调整其金融资产结构,表现为银行储蓄存款下降和企业存款上升。由于储蓄存款的下降主要同股市有关,因此就出现了如上情景:股市市场热火朝天,

储蓄存款悄然搬家；同期 M1 加速上行的同时，M2 却在增速下降。美国在 20 世纪 80 年代也遭遇相似情形①。这一现象自 2015 年以来达到了白热化——2015 年 6 月，国内 M1 增速明显超过 M2 增速且差距持续扩大，在 2015 年 7 月达到历史最高。持续存在的 M1、M2 增速"逆剪刀差"问题（盛松成，2016），很大程度是因为资产价格波动（股市和房地产价格）改变了货币供给量并直接影响了货币政策及宏观经济：2015 年 7 月股灾之后，万亿"救市"资金形成了在非存款类金融机构的存款；同时，个人新增住房贷款增速大大超过总体贷款增长率②，很大程度造成 M2 下滑。尽管家庭购房支出总额增大并导致定期存款下降明显，但这部分房地产销售收入并没有成为房地产企业再投资而是成为房地产企业的活期存款，导致 M1 激增。货币供给量的结构改变影响了央行货币政策传导机制及其政策有效性的发挥。

银行存款准备金利率和存贷款基准利率的调整，也会对资产价格产生影响。一般来说，当中央银行调高存款准备金率，股票价格会应声而落；而下调存款准备金率，股票市场会上扬。表 3 – 1 为中央银行数次存款准备金率调整及其后股市表现。

表 3 – 1　　　　　　　历次存款准备金率调整后的股市表现　　　　　单位：%

次数	公布日	大型金融机构			中小金融机构			沪指
		调整前	调整后	幅度	调整前	调整后	幅度	
40	2016 年 2 月 29 日	17	16.5	-0.50	13.5	13	-0.50	1.68
39	2015 年 10 月 23 日	17.5	17	-0.50	14	13.55	-0.45	1.21
38	2015 年 8 月 26 日	18	17.5	-0.50	14.5	14	-0.50	5.34
37	2015 年 6 月 27 日	18.5	18	-0.50	15	14.5	-0.50	-3.34
36	2015 年 4 月 19 日	19.5	18.5	-1.00	16	15	-1.00	-1.64
35	2015 年 2 月 4 日	20	19.5	-0.50	16.5	16	-0.50	-1.18
34	2012 年 5 月 12 日	20.50	20.00	-0.50	17.00	16.50	-0.50	-0.59

---

① 货币量作为货币政策中间目标的价值在进一步下降，这预示着主动性的货币政策将愈发艰难。

② 这与房价飙升引致的恐慌性购房和家庭总体杠杆率增高有关，2004—2008 年我国家庭总体杠杆率稳定在 17% ~ 19%，2009 年之后，房价上涨的同时，家庭总体杠杆率持续走高，因此个人住房贷款大幅上涨。

续表

次数	公布日	大型金融机构			中小金融机构			沪指
		调整前	调整后	幅度	调整前	调整后	幅度	
33	2012年2月18日	21	20.50	-0.50	17.50	17.00	-0.50	0.27
32	2011年11月30日	21.50	21	-0.50	18	17.50	-0.50	2.29
31	2011年6月14日	21	21.50	0.50	17.50	18	0.50	-0.95
30	2011年5月12日	20.50	21	0.50	17.00	17.50	0.50	0.95
29	2011年4月17日	20	20.50	0.50	16.50	17.00	0.50	0.22
28	2011年3月18日	19.50	20.00	0.50	16.00	16.50	0.50	0.08
27	2011年2月18日	19.00	19.50	0.50	15.50	16.00	0.50	1.12
26	2011年1月14日	18.50	19.00	0.50	15.00	15.50	0.50	-3.03
25	2010年12月10日	18.00	18.50	0.50	14.50	15.00	0.50	2.88
24	2010年11月19日	17.50	18.00	0.50	14.00	14.50	0.50	-0.15
23	2010年11月10日	17.00	17.50	0.50	13.50	14.00	0.50	1.04
22	2010年5月2日	16.50	17.00	0.50	13.50	13.50	0.00	-1.23
21	2010年2月12日	16.00	16.50	0.50	13.50	13.50	0.00	-0.49
20	2010年1月12日	15.50	16.00	0.50	13.50	13.50	0.00	-3.09
19	2008年12月22日	16.00	15.50	-0.50	14.00	13.50	-0.50	-4.55
18	2008年11月26日	17.00	16.00	-1.00	16.00	14.00	-2.00	-2.44
17	2008年10月8日	17.50	17.00	-0.50	16.50	16.00	-0.50	-0.84
16	2008年9月15日	17.50	17.50	0.00	17.50	16.50	-1.00	-4.47
15	2008年6月7日	16.50	17.50	1.00	16.50	17.50	1.00	-7.73
14	2008年5月12日	16.00	16.50	0.50	16.00	16.50	0.50	-1.84
13	2008年4月16日	15.50	16.00	0.50	15.50	16.00	0.50	-2.09
12	2008年3月18日	15.00	15.50	0.50	15.00	15.50	0.50	2.53
11	2008年1月16日	14.50	15.00	0.50	14.50	15.00	0.50	-2.63
10	2007年12月8日	13.50	14.50	1.00	13.50	14.50	1.00	1.38
9	2007年11月10日	13.00	13.50	0.50	13.00	13.50	0.50	-2.40
8	2007年10月13日	12.50	13.00	0.50	12.50	13.00	0.50	2.15
7	2007年9月6日	12.00	12.50	0.50	12.00	12.50	0.50	-2.16
6	2007年7月30日	11.50	12.00	0.50	11.50	12.00	0.50	0.68
5	2007年5月18日	11.00	11.50	0.50	11.00	11.50	0.50	1.04
4	2007年4月29日	10.50	11.00	0.50	10.50	11.00	0.50	2.16
3	2007年4月5日	10.00	10.50	0.50	10.00	10.50	0.50	0.13
2	2007年2月16日	9.50	10.00	0.50	9.50	10.00	0.50	1.41
1	2007年1月5日	9.00	9.50	0.50	9.00	9.50	0.50	2.49

数据来源：www.hexun.com。

中央银行存贷款基准利率的调整会对股票价格形成影响进而冲击股票市场。在市场表现过热或者投机情绪较高时，中央银行通过提高存贷款基准利率会抑制市场过热表现，调控的直接结果则是股票价格下落；而当市场不景气或者经济基本面下滑时，中央银行通过下调存贷款基准利率引导市场资金流向，会带来股票市场价格上升。

表3–2　　　　　　　中国人民银行利率调整及股市反映

次数	调整时间	调整内容	公布第二交易日股市表现（上证指数表现）
25	2015.10.24	↓0.25	↑0.50
24	2015.8.26	↓0.25	↑5.34
23	2015.6.28	↓0.25	↓3.34
22	2015.5.11	↓0.25	↑1.56
21	2015.3.1	↓0.25	↑0.79
20	2014.11.22*	↓0.25	↑1.85
19	2012.7.6	↓0.25	↓2.37
18	2012.6.7	↓0.25	↓0.51
17	2011.7.6	↑0.25	↓0.58
16	2011.4.5	↑0.25	↑1.14
15	2011.2.8	↑0.25	↓0.89
14	2010.12.25	↑0.25	↓1.9
13	2010.10.19	↑0.25	↑0.07
12	2008.12.22	↓0.27	↓4.55
11	2008.11.26	↓1.08	↑1.05
10	2008.10.30	↓0.27	↓1.97
9	2008.10.9	↓0.27	↓3.57
8	2008.9.16	↓0.27	↓2.9
7	2007.12.20	存↑0.27，贷↑0.18	↑1.15
6	2007.9.15	↑0.27	↑2.06
5	2007.8.22	存↑0.27，贷↑0.18	↑1.49
4	2007.7.20	↑0.27	↑3.81
3	2007.5.19	存↑0.27，贷↑0.18	↑1.04
2	2007.3.18	↑0.27	↑2.87
1	2006.8.19	↑0.27	↑0.2

注：数据来源于 www.hexun.com。"调整内容"栏表示一年期基准利率上涨（↑）或下跌（↓）的百分数，"存""贷"分别指一年期存款、贷款基准利率；未明确的指二者调整幅度一致；"上证指数表现"栏指上证指数上涨或下跌的百分数。*表示自2014年11月22日起，金融机构人民币贷款基准利率期限档次简并为一年以内（含一年）、一至五年（含五年）和五年以上三个档次。

第 3 章 资产价格与宏观经济总量

以 2010 年央行对冲的货币政策具体分析对股票市场的影响以及货币政策传导机制如何发挥作用。为防止房地产市场价格过快上涨，2009 年 12 月 14 日，国务院出台了"国四条"，而后又于 2010 年 4 月 27 日，再次加码房地产市场调控政策，颁布了《国务院关于坚决遏制部分城市房价过快上涨的通知》（简称"国十条"），当时被称为"史上最严调控政策"。房地产调控出台后对经济下行压力明显加大，央行于 2010 年 6 月 10 日通过增加公开市场净投放量对冲调控政策可能对宏观经济带来的影响，并在随后的 6—9 月通过"暂停上调存款准备金率"①"超过市场预期增大信贷投放"② 等一系列政策，对冲房地产调控带来的资金紧缩问题，由此完成货币政策由紧转松的切换。市场在经历了短暂的政策时滞后，7 月初开始意识到货币政策转化并迅速做出反应，作为政策利好最直接体现的股市在实体经济继续下滑的大背景下逆势上扬，开始一轮长达 4 个月、涨幅超过 30% 的反弹，其反应时滞距央行政策出台不超过 1 个月，具体可见图 3-3 和图 3-4。

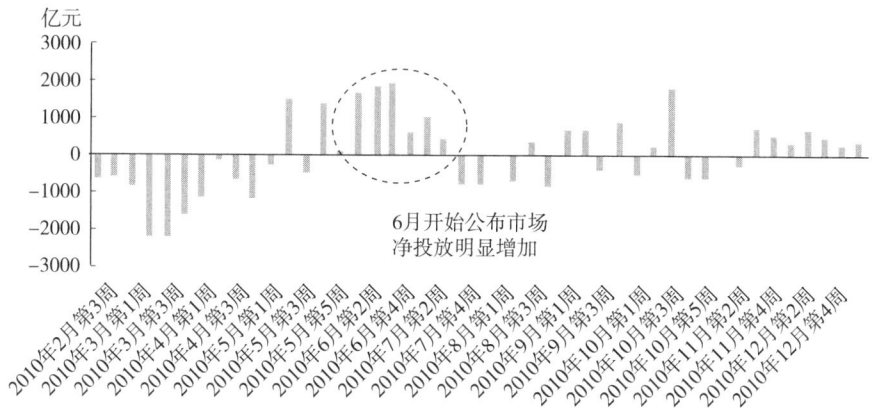

资料来源：广发证券发展研究中心。

图 3-3　央行公开市场操作每周净投放量

---

① 2010 年 1 月、2 月、5 月，央行在不到半年时间内连续三次上调存款准备金率，是 2008 年国际金融危机后的首轮上调。但 6 月开始连续四个月未进一步上调，直到 10—12 月则四次上调存款准备金率（包括一次定向上调）。

② 除了针对房地产领域的信贷维持收紧态势之外，其他领域信贷已放松。市场此前预计 2010 年下半年信贷投放规模不会超过 3 万亿元，但实际投放 3.3 万亿元，实际信贷投放高于预期。

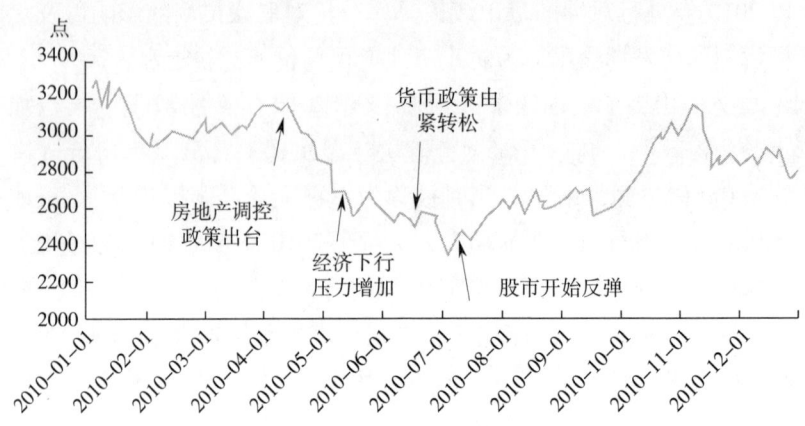

图 3-4　2010 年上证综指走势

　　综上所述，中央银行通过数量型（如货币供给量）、价格型（如短期利率）货币政策工具，能够对货币供给量和预期产生直接影响，从而达到调节股市资金数量和股价干预的效果。但也应注意到，股票市场对利率的反应并不十分敏感。这里仅就货币政策影响股票价格的作用简单描述，具体的传导机制和影响程度在下一章有专门论述。

　　3. 股票市场价格与宏观经济变量的关系。国内关于这方面的研究还比较少，主要集中在股票价格对通货膨胀、产出等实体经济变量的影响上。具有代表性的研究主要有：瞿强（2001）是国内较早对资产价格波动和货币政策的关系进行全面研究的学者，后续研究（瞿强，2005，2007）进一步对国内外研究热点进行了文献梳理；吕江林（2005）的实证检验显示，股价指数对通货膨胀、产出等有事实上的影响，建议中央银行应该干预股市波动；郭田勇（2006）认同股票价格对实体经济的影响，但认为存在诸多困难，并不赞同现阶段将资产价格纳入货币政策目标。实证检验方面，王虎（2008）的研究着重强调资产价格金融指示器的功能，他用 VAR 模型对股票指数、消费物价指数（CPI）、批发物价指数（WPI）进行回归，检验结果支持资产价格对未来 CPI、WPI 走势有预期影响，建议货币当局密切关注资产价格，并适时搜集信息发挥资产价格的通胀指示器作用；戴国强、张建华（2009）构建了包含资产价格的金融状况指数（FCI），通过对 FCI 和 CPI 的数据对比和预测能力检验，发现 FCI 对通货膨胀有预测功能。陈继勇、袁威、肖卫国（2013）实证检验证实了股价、房价波动隐含了一定程度的未来产出和通胀信息，提出货币政策应该关注资产价格，但在是否干预资产价格上持谨慎态度，主要是由于资产价格预测精度尚未明显提升，二则影子银行和利率调节存在加大局限，货币政策干预实际效果有限。

（1）股票市场价格与通货膨胀的统计描述。从图3-5中反映的趋势来看，中国的股票价格指数在相当长一段时间里与消费者物价指数的变化趋势是一致的。但从2009年开始，两者出现背离趋势，而且两者具有明显的阶段倾向。随着资产价格重要性日益凸显，从理论上研究股票价格指数与通货膨胀之间的关系，从实证层面验证两者在各个阶段具有的动态关系，对于货币当局制定宏观经济政策具有重大的理论和现实意义。

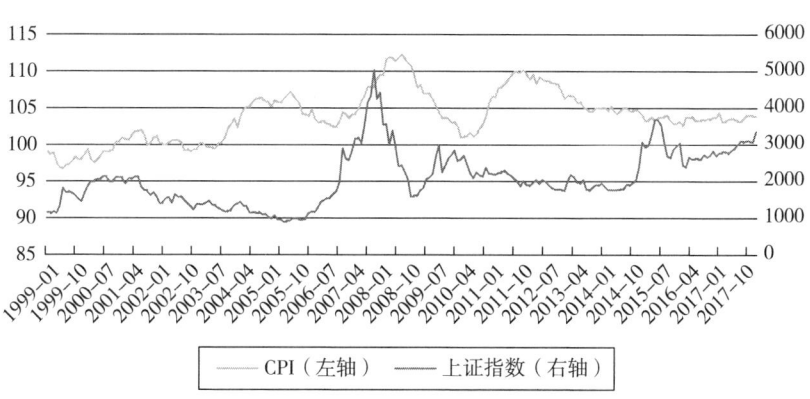

数据来源：根据国家统计局数据整理。

图3-5 消费物价指数与股票价格变化

（2）股票市场价格与GDP的统计描述（1993—2017）。

从图3-6中反映的趋势来看，中国的股票价格指数与GDP增长率关系呈现阶段性、相关性。尽管从长期看，二者之间的关联似乎不同步，但股票市场几轮大的波动与GDP增长表现出同步性，特别是在2008年国际金融危机前后表现尤为明显。这可能和我国股票市场不完善、"政策市"的特点相关。国内针对股票价格与产出关系的研究目前还比较少，结论也缺乏统一意见。吕江林（2005）的实证结果表明，上证综指与国内实际GDP之间存在动态关系，他认为资本市场发展到一定阶段，股票指数与实体经济之间确实存在双重协整关系和单向因果关系。王虎（2008）等人的研究表明，

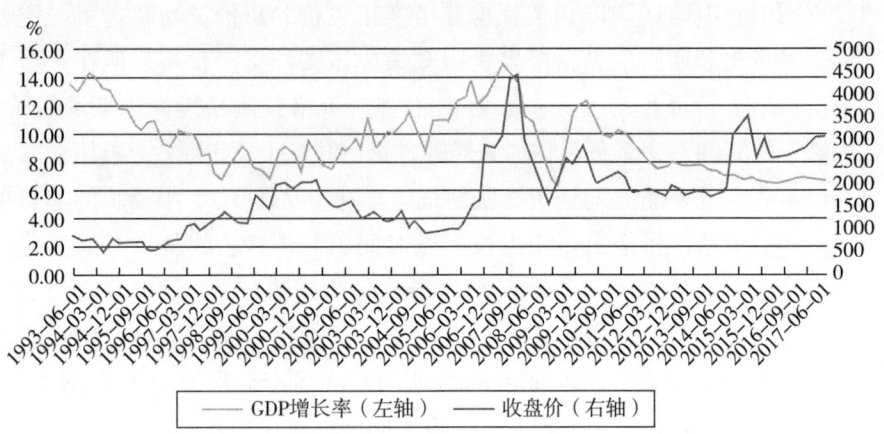

数据来源：根据国家统计局数据整理。

图 3-6　股票市场价格与 GDP 增长率关系图

我国股票价格对产出缺口有微弱的正效应，这与吕江林（2005）的结论类似。然而也有一部分学者不支持股价与产出之间存在关系或关系不确定。易纲、王召（2002）讨论了一个存在股票市场的经济，认为扩张性货币政策通过股票财富效应等会带动产出扩张，但这种关联并不可靠，需要借助结构调整实现经济平稳运行。吴晓求（2006）考察了美、英、法、中四国股票价格指数与国内生产总值绝对值，发现前三个国家的资产价格变动与实体经济之间存在基于短期发散的"剪刀差"关系，而中国则表现为无规则反复波动，因此不支持两者之间存在高度相关关系。

4. 股票价格与货币政策内在关联性的检验。前面几节从文献和宏观数据两方面，对我国资产价格波动与通货膨胀、产出等宏观经济变量的关系进行了概括描述。事实上，我国股票价格与通胀、产出之间是否存在长期协整关系？股票价格是否具有货币政策先行指示器功能并准确预测未来通货膨胀？中央银行是否应该关注资产价格并将其纳入货币政策目标函数？这些问题目前尚未形成统一的意见和统一的分析框架。本小节内容试图运用向量自回归模型（Vector Auto - Regression Model，VAR 模型）、脉冲响应函数等，实证检验我国股市价格对货币需求影响、通货膨胀指示器功能以及股票市场价格对宏观经济变量关系，为后续章节的论述做好铺垫。

衡量资产价格波动与货币政策的关系，经常利用向量自回归模型。该

第3章 资产价格与宏观经济总量

模型由 Sims（1980）提出，被认为是研究此类问题的较好方法①，并被很多学者用来检验资产价格波动与货币政策之间的关联关系（Lee，1992；Thorbecke，1997；Neri，2004；王虎，王伟宇，范从来，2008 等）。

（1）模型的建立。这里建立非限制性向量自回归模型，用于检验资产价格波动、货币政策冲击对实体经济的效应。该模型包含 p 期滞后的 N 个变量。模型具体形式如下：

$$Y_t = C + \Pi_1 Y_{j-1} + \Pi_2 Y_{j-2} + \cdots + \Pi_j Y_{j-p} + u_t, u_t = 1, \cdots, T \quad (3.7)$$

其中，$Y_t = (y_{1,t}, y_{2,t}, y_{3,t}, \cdots, y_{N,t})$，$C = (c_1, c_2, \cdots, c_N)$，$u_t = (u_{1t}, u_{2t}, \cdots, u_{Nt})$，$\Pi_j = (\pi_{11j}, \cdots, \pi_{1Nj}, \pi_{Nij}, \cdots, \pi_{NNj})$，$j = 1, 2, \cdots, k$。$Y_t$ 是 $N*1$ 阶时间序列列向量，u 是 $N*1$ 阶常数项向量；$\Pi_1, \cdots, \Pi_j$ 是 N 阶参数矩阵；$u_t \sim \Pi D (0, \Omega)$ 代表 N 阶随机误差序列，其中 Ω 服从 $E(u_t, u'_t)$。u_t 中每一个元素都是不存在自相关关系，但不同方程对应的随机误差量之间的相关关系，与脉冲响应函数的基本假定矛盾（u_t 中某个元素的变化并不能改变其他元素），需要运用 Cholesky 分解对回归残差正交处理。Cholesky 分解技术在处理时，将存在相关性的误差项归因第 1 个变量的随机扰动项（Sims，1980），因此非限制 VAR 模型的变量顺序尤为关键。

在变量的选取上借鉴 Hoffmaister、Schinasi（1995）和 Ray、Chatterjee（2000）的变量选择。他们在对日本和印度进行实证检验时，分别选取了名义利率、货币增长率、产出缺口、通货膨胀率以及资产价格变动率等变量②。有鉴于此，下面的 VAR 模型将顺次包含实际产出、名义利率、股价变动率、通胀率、货币增长率五个变量。因此 VAR 模型估计形式如下：

$$\begin{Bmatrix} ygap_t \\ \pi_t \\ \pi_t^s \\ M2_t \\ i_t \end{Bmatrix} = \begin{bmatrix} a_{11}(L) \cdots a_{15}(L) \\ \vdots \quad\quad \vdots \\ a_{51}(L) \cdots a_{55}(L) \end{bmatrix} \begin{Bmatrix} ygap_t \\ \pi_t \\ \pi_t^s \\ M2_t \\ i_t \end{Bmatrix} + \begin{bmatrix} u_{1t} \\ u_{2t} \\ u_{3t} \\ u_{4t} \\ u_{5t} \end{bmatrix}$$

---

① Sims 提出的向量自回归模型，是基于数据的统计性质建立的，并不以经济理论为基础，形式上也多以联立方程的形式出现。在联立方程的每一个方程中，内生变量对模型的全部内生变量的滞后值进行回归，从而估计全部内生变量的动态关系。

② 认为资产价格膨胀可以通过名义利率、产出缺口以及货币增长率来影响通货膨胀率。

之所以有这样的顺序是因为：

第一，将代表产出缺口的变量放在第一位，主要是因为当期的产出对当期的通货膨胀有较大影响，Gerlach 和 Peng（2006）利用中国数据证实了这两者之间的关系。

第二，已有研究表明，金融资产价格具有金融指示器的作用，即资产价格中包含了通胀信息，并通过多种效应（如财富效应、资产负债效应、流动性效应等）影响总需求，并最终带来一般物价水平上升。基于此模型中将通货膨胀置于资产价格波动的前面。

第三，通货膨胀率先于货币供应量放在模型第三位，主要是因为实证研究发现，通货膨胀通常滞后货币供应量影响 2 期，即货币供应量增加并不会带来当期通货膨胀率的最终，而是滞后 2 期表现出来，这与 Friedman 研究美国货币政策的结论一致，很多相关的研究也揭示了这一规律。

（2）样本数据说明及来源。本书选取 1999 年 1 月至 2016 年 8 月的月度数据作为样本数据，具体数据说明如下：

通货膨胀率（cpi）。一般物价水平通常用消费物价指数、企业商品价格指数来衡量。我国在 2000 年以前主要使用零售物价指数作为测度通胀的指标，2000 年后开始主要以消费物价指数作为通货膨胀的基本指标。除此之外，中国人民银行定期公布具有先行指标性质的企业商品价格指数 CGPI[①]。CGPI 指标领先于 CPI 指标的变化，其滞后期的相关系数与 CPI 高度相关，如图 3-8 所示。因此实证检验中同时利用消费物价指数和企业商品价格指数的月度数据来测度通货膨胀变化率。CPI 数据来源于中经网统计数据库，CGPI 数据来自中国人民银行各季度统计季报。

股票价格指数（sto）。本书选用上证综合指数的月度数据作为金融资产价格的代理变量。月度数据选取每月最后一个交易日的收盘价替代。

短期利率（i）。选取全国银行间同业拆借利率作为短期利率水平的代表，该利率是公认的目前最能代表中国市场利率化的指标。本书选取 7 天期

---

① 由于企业商品价格指数反映了不同时期生产资料和消费品批发价格的变动趋势与幅度，因此领先于最终消费品价格指数并对商品流通比较敏感。

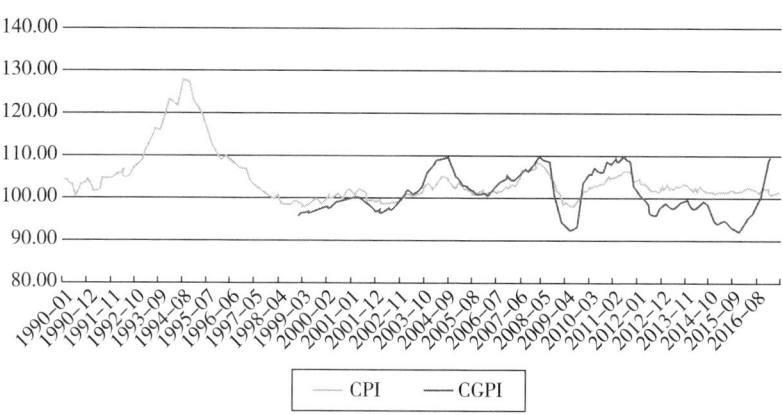

数据来源：中经网统计数据库、中国人民银行。

图 3-7 中国的 CPI 和 CGPI：1990—2016

银行间同业拆借利率的月度数据（月平均值）作为短期利率的代理变量。数据来源于《中国人民银行统计季报》中的各期数据。

真实产出（gdp）。由于《中国统计年鉴》并不公布月度 GDP 数据，在这里用月度工业增加值作为产出的替代变量。为得到真实产出值，首先用 CPI 指数（2000 年为基期）对工业增加值进行平减处理，从而得到实际工业增加值。

货币供应量增长率。我们采用经季节调整后的货币供应量的月度增长率作为货币增长率的代理变量。这里我们分别选取了 M1、M2 作为货币供给量的代理变量。

（3）模型的动态估计结果。首先对各数据进行平稳性检验、Granger 因果检验和协整检验，由此确定出向量误差模型；然后进行脉冲响应函数与方差分解，确定资产价格对利率、货币供给量、工业增加值等的影响以及利率、货币供给量对资产价格波动的具体作用。

（i）平稳性检验。做协整检验之前，需要检验时间序列变量及其差分序列的平稳性，以确定其单整阶数。ADF 检验结果如表 3-3 所示。

表 3-3　　　　　　　　　　ADF 检验结果

序列	(c, t, k)	ADF 值	临界值
cpi	(0, 0, 1)	-5.72***	-2.58
cgpi	(0, 0, 1)	-5.50***	-2.58
est	(0, 0, 1)	-8.27***	-2.58
gm2	(0, 0, 1)	-5.92***	-2.58
i	(0, 0, 1)	-11.01***	-2.58
pogdp	(0, 0, 1)	-4.03***	-2.58
sto	(0, 0, 1)	-8.07***	-2.58

注：(c, t, k) 表示常数项、时间趋势项，k 表示滞后阶数；"*""**""***"分别表示在 10%、5%、1%下的显著性水平。

结果表明，各指标均通过 1% 的显著性水平，一阶差分序列为平稳数列，可以进一步做 Granger 因果关系检验。

（ⅱ）Granger 因果检验。接下来对变量做 Granger 因果检验，只有变量之间存在因果关系，协整才是有意义的。Granger 检验结果如表 3-4 所示。

表 3-4　　　　　　　　　　Granger 因果检验

原假设	滞后阶数			
	1	2	3	4
GM2 不是 CGPI 的格兰杰原因	25.99***	3.06**	1.89	1.43
GM2 不是 CPI 的格兰杰原因	9.54***	3.64**	2.88**	1.77
STO 不是 CGPI 的格兰杰原因	8.93***	3.13**	2.01*	1.59
STO 不是 CPI 的格兰杰原因	14.71***	6.68***	3.93***	2.96**
STO 不是 POGDP 的格兰杰原因	0.0072	0.18	0.06	0.89

注："*""**""***"分别代表在 10%、5%、1%的置信水平下的显著性。

结果显示，货币发行量增长率变化、股票价格波动是物价变动的格兰杰原因，这种效应随着滞后期增加而减弱，衰减最明显的是 CGPI，最不明显的是股票变动与 CPI 的关系。同时，我们关注到股票价格变动并非潜在 GDP 产出的格兰杰原因。

（ⅲ）协整检验。由检验结果可知数据都是 1 阶单整的，可以进一步做协整分析，以判定各个变量之间的长期均衡关系。一般以稳定性判断 VAR

第3章 资产价格与宏观经济总量

模型的优劣,而稳定性会随滞后期的增加而变差。文献中习惯取当VAR模型不稳定时的前推1期为最长滞后期。由于本书检验中,滞后3期时模型不稳定,所以取滞后期为2期。协整检验结果如表3-5所示。

表3-5 协整检验结果

Hypothesized	Eigenvalue	Trace Statistic	0.05 临界值	Prob.
None *	0.260869	158.8956	125.6154	0.0001
At most 1 *	0.203009	109.0193	95.75366	0.0045
At most 2 *	0.17492	71.57895	69.81889	0.0359
At most 3	0.130357	39.85361	47.85613	0.2278

注: *表示在5%的显著性水平下拒绝原假设。

协整检验结果显示通过了特征根检验和最大特征值检验,证明在5%的显著水平下,消费物价指数、货币供给量、短期利率、股票价格指数以及工业增加值之间至少存在2个协整关系,即在研究期间内变量之间存在长期均衡关系。

(iv)脉冲响应函数及方差分解。脉冲响应函数描述了某一变量对其他内生变量冲击的反应轨迹。图3-8展示了股票、物价指数、货币发行量、产出缺口等的脉冲响应函数。

首先考察股票价格STO一个正单位冲击对CPI和CGPI的冲击。冲击发生后,CPI和CGPI大约滞后第三期时达到最大值,随后向上的影响逐步减少,并呈现出向下的趋势。也就是说,股票价格对通货膨胀率的影响,存在一定的滞后期;伴随着滞后期的加长,股票冲击对CPI的影响减弱,但减少的幅度很小,进一步说明了这种冲击具有长期性,影响甚至可达一年之久。股票价格冲击对通胀(CPI和CGPI均在股价冲击后偏离了均衡位置)的影响,说明股票价格包含预期通胀的信息。

其次考察通货膨胀率CPI对货币发行量的冲击反应。由脉冲响应函数图可见,CPI对货币供给量的冲击反应缓慢。M2的冲击在第3期才缓慢显现,在第10期达到最大,随后逐渐变小并消失。M2对CPI的影响滞后,说明资产价格上扬改变了货币供给量和结构,使得大量生产性资金转而流向资产市场。

最后考察股票价格冲击对产出的影响。从脉冲响应函数图中可看到,股票价格一个正向冲击会导致产出缺口 GDP 先负向减少，即实际产出减少，随后出现增加、减少正负交替波动的反应。这与 Ray 和 Chatterjee（2000）对印度的研究是相似的。然而也应注意，虽然股票价格对产出缺口的冲击在各期呈波动趋势，但是在很长一段时期内都呈现正向反应，说明股票价格在 2005 年股权分置改革后对实体经济的影响在加深（吕江林，2005），具体见图 3-8。

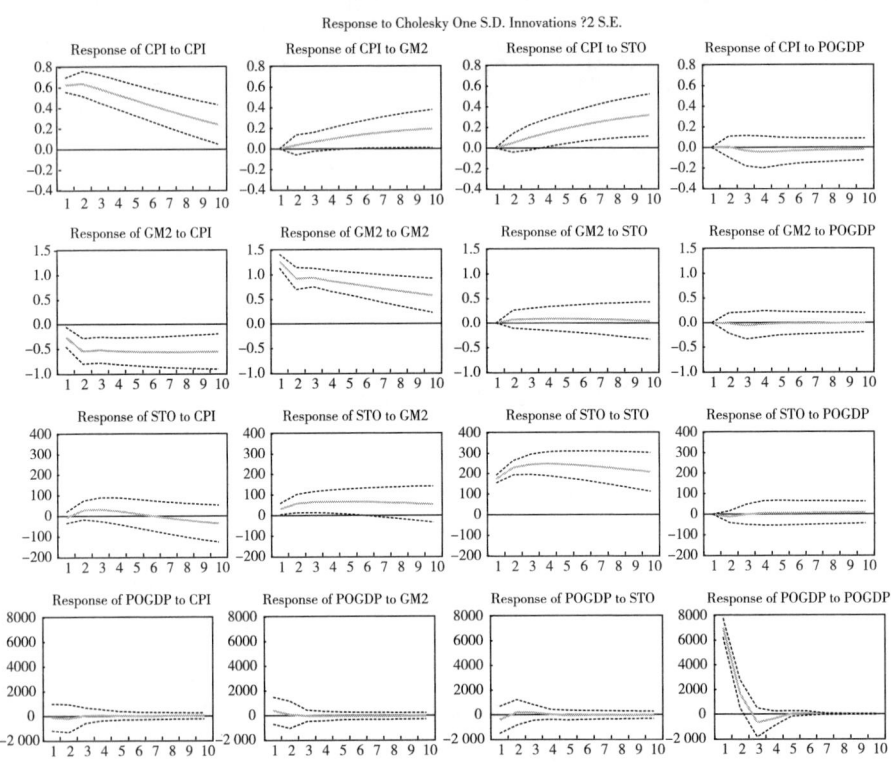

图 3-8　股票、物价指数、货币发行、产出缺口的脉冲响应分析①

我国的资本市场从沪、深两市开办至今，经历了《证券法》颁布实施后的调整规范，2005 年启动的股权分置改革，以及 2009 年 10 月在深圳证券交易所启动的创业板市场上市等一系列重大历史改革，现已形成了主板、

---

① 限于篇幅，企业商品价格指数 CGPI 的脉冲响应图暂略。经笔者验证，图形大致与 CPI 相似。

中小板、创业板、三板（含新三板）市场、产权交易市场、股权交易市场等多种股份交易平台，具备了发展多层次资本市场的雏形。随着金融自由化和金融深化的进一步发展，我国资本市场在调节资金余缺、居民消费结构转变以及国民经济发展等方面发挥着核心的作用，其中股市的财富效应、投资效应比较显著。利用向量自回归模型，实证检验了1999年1月至2016年8月我国股票价格指数、消费物价指数CPI（批发物价指数WPI）、产出波动、货币发行量增长比率以及上海7天期同业拆借利率之间的关系，实证结果表明，我国股票市场价格变动率对通货膨胀（CPI、WPI）有影响，即股票价格包含未来通胀信息，但是货币供给量影响物价存在一定时滞。

3.2.2 房地产价格波动与宏观经济变量：中国数据的研究（1999—2017）

另外一个比较重要的资产价格即房地产市场价格。近几年受城镇化进程的持续推进和加速、地方财税制度安排（土地出让金收入构成了地方财政收入的主要来源，地方政府有内在冲动通过土地供给量影响房地产价格）以及流动性过剩等因素影响，房地产几轮调控效果并不理想，房地产价格在一段时间内经历了膨胀—跌落—再膨胀的周期运动。

1. 房地产价格波动的基本情况。图3-9展示了2005—2017年全国70个大中城市新建住宅价格指数（当月同比），下面我们分阶段对房地产市场价格走势及调控措施进行说明。

第一阶段为2003年2月至2005年3月。我国自1998年实行住房市场化改革，在很长一段时间商品住房平均销售价格都保持平稳趋势。从2003年开始，房价开始进入快速上行通道。数据显示，2003年全国房地产投资额度较2002年同比增长30%以上，商品住房销售率82%。2004年房地产市场投资继续快速增长，同比增长28%，供需两旺的局面使得房价较2002年同比增长15%，2005年房价同比增长首次超过20%，房地产价格快速上涨。面对高房价，政府从两方面着手调控房价：严格控制房地产开发信贷资金和土地供给。

第二阶段从2005年3月至2007年3月。上一轮房地产宏观调控的政策效力缓慢释放。可以看到，2005年房地产价格涨幅下降，但距房价调控目

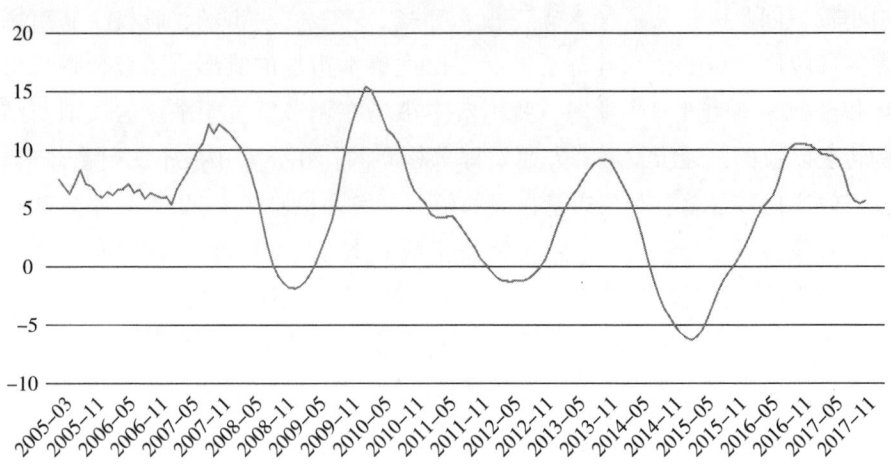

数据来源:国家统计局。

图 3-9 2005—2017 年全国 70 个大中城市新建住宅价格指数(当月同比)

标还有差距。到了 2006 年下半年,全国商品房销售价格止跌,基本保持过去几年的平均增速,房价略高于房改初期水平。这一阶段政府的调控手段,着重强调对需求总量的控制(如提高个人住房按揭贷款的利率、期限结构及交易税),房地产调控的政策效应显著。

第三阶段从 2007 年 4 月至 2012 年初。房价在平稳中度过近一年后,从 2007 年开始,全国房地产价格出现"报复性增长",被抑制的需求开始集中爆发。受城市化进程加深、收入水平增加影响,房地产价格一路攀升,到 2008 年中达到顶峰。政府开始全面调控房地产,但侧重于以市场化的方式进行调控。但随着美国次贷危机蔓延,世界经济前景黯淡,我国的出口、经济增速放缓,为防止经济下滑,中央政府推出了"保增长"的"4 万亿"投资计划。适度宽松的货币政策使得本已探底的房地产市场从 2009 年 3 月开始再次回暖。然而此次楼市回调过于"亢奋",仅仅一年时间,房地产价格就像坐过山车般经历了由低迷—回暖—存在泡沫的转变。出于对房地产价格泡沫的担心,2009 年底,中央出台了"国四条",而后国务院又于 2010 年 4 月 27 日颁布了《国务院关于坚决遏制部分城市房价过快上涨的通知》(简称"国十条"),这条"史上最严调控政策",被认为是对房地产调控政策的加码。2013 年 2 月 20 日,国务院颁布了关于楼市调控的五条意见

(简称"新国五条"),连续出台的"限购""限价""限贷"政策,释放出政府坚决打压房地产投机的决心,上涨趋势被暂时被抑制,房地产市场进入深度调整逐步陷入低迷并一直延续至2012年初。

第四阶段从2012年初至2014年,房地产价格再次出现大幅上涨。然而市场预期普遍看涨,同时受货币政策放松和地方政府房地产调控政策微调,市场预期开始转换,从2012年3月房地产市场开始回暖、成交量持续攀升,至2012年下半年,房地产价格上涨压力隐现且分化严重。在这种局面下,刚性需求不断释放,房地产市场延续复苏并呈现跨年热销态势,成交量的攀升推动热点城市房价过快上涨,2013年2月底"新国五条"甫一出台,市场一度揣测此次调控落地性可能并不大,预期引导房地产价格继续在小幅回落后再次上升;不过随着时间的推移,各项限制措施并未松动坐实了"史上最严限购令"的执行力度,从2013年底市场呈现量价齐跌的局面,并在2014年中后期达到市场冰点,不但交易量大幅下降,交易价格也大幅回落。在北、上、广、深等一线城市,房地产价格较波峰时期下跌20%,交易量也在这一时期降至冰点。

第五阶段从2015年初至今,房地产市场陷入量价齐跌萎缩泥潭一段时间,房地产市场即在2015年3月30日迎来了自2008年以来最大的"救市"新政,简称"330新政",公积金贷款首套房首付比例降至2成,二套房商业贷款首付比例降至4成,营业税免征年限由"2年"改为"5年"。沉寂已久的房地产市场像是被注入了一剂"强心针",市场预期开始发生改变,随后央行降息降准、"9·30贷款新政",为房地产市场复苏再添一把火,房地产市场在诸多利好政策刺激下重回高位,多地房价屡屡突破历史高位,热点城市房价暴涨,过热的市场预期和投机刺激地产市场泡沫出现。为遏制房地产市场价格过快增长,2015年12月中央经济工作会议确定去库存促进房地产市场健康发展,到2016年9月30日,20多个热点城市迎来密集调控,楼市政策出现重大转向。2017年,房地产调控政策持续发力,在一些房价热点城市更是出台了史上最严政策调控,通过行政和市场双重力量遏制房价过快上涨态势,房地产调控效果显现,楼市进入2014年之后再次陷入量价齐跌局面,市场观望情绪严重,房地产市场萧条并进入深入调整期。与此同时,中央层面正在酝酿更大的房地产市场改革——通过开征房产税、购租并举的住房制度、打破土地垄断供给以及差别化住房信贷等举措构建房地产市场长效机制,促进房地产市场平稳健康发展。

2. 我国房地产价格与宏观经济变量的实证检验。此处用向量自回归模型(VAR)考察房地产价格与宏观经济变量的关系。样本选择为1999年1月至2017年12月的月度数据。之所以选择把1999年1月作为研究起始点,是因为在1998年开始实行房地产市场化改革,从1999年1月开始可以在一个稳定的环境下研究各种变量之间的经济关系。

(1) 模型的设定。这里用向量自回归模型(VAR)考察变量之间的关系。建立4变量VAR模型,这4个内生变量分别是货币供给量M2(短期利率r)、产出g、房地产价格es和通货膨胀率π,则最终模型形式为:

$$B_{yt} = \beta_0 + \beta_{1yt-1} + \beta_{2yt-2} + \beta_{3yt-3} + \beta_{4yt-4} + \mu \quad (3.8)$$

其中$y_t = [M/r\ g\ \pi\ es]$,$y_{t-1} = M/r$,$y_{t-2} = g$,$y_{t-3} = \pi$,$y_{t-4} = es$。如果B可逆,上式可转化为简化方程,即$B\varepsilon_t = \mu_t$,其矩阵形式可表示为:

$$\begin{bmatrix} 1 & 0 & 0 & 0 \\ b_{21} & 1 & 0 & 0 \\ b_{31} & b_{32} & 1 & 0 \\ b_{41} & b_{42} & b_{43} & 1 \end{bmatrix} \times \begin{bmatrix} m/r \\ g \\ \pi \\ es \end{bmatrix} = \begin{bmatrix} \beta_{11} & 0 & 0 & 0 \\ 0 & \beta_{22} & 0 & 0 \\ 0 & 0 & \beta_{33} & 0 \\ 0 & 0 & 0 & \beta_{44} \end{bmatrix} \quad (3.9)$$

在估计方程(3.9)之前,需要先找到约束参数。模型包含4个变量,因此需要$k(k-1)/2 = 6$个识别条件,然后才能满足方程(3.9)的求解要求。

(2) 变量选择及数据说明。本书选取1999年1月至2017年12月的月度数据作为样本数据,具体数据说明如下。

通货膨胀率π选取CPI指数,数据来源于中经网统计数据库;短期利率i选取上海银行间7天隔夜拆借利率的月度数据(月平均值)作为短期利率的代理变量,数据来源于《中国人民银行统计季报》各期数据;产出GDP用月度工业增加值,并利用CPI指数对工业增加值平减处理得到实际工业增加值;货币供应量选M2,经过X12季节调整得到增长率;房地产价格es选用国房景气指数作为替代变量,数据来源于国家统计局网站数据。

(3) 模型的检验结果。我们希望研究货币供给量、利率冲击对房价的影响以及房价冲击对通胀和产出缺口的影响。单位根检验已经在上文做过,此处直接进行 Granger 因果关系检验。

表 3-6　　　　　　　　　　**Granger 因果关系检验**

原假设	滞后阶数			
	1	2	3	4
i 不是 est 的格兰杰原因	4.82**	3.06**	1.89	1.43
est 不是 CPI 的格兰杰原因	7.45***	3.64**	2.88**	1.77
gm2 不是 est 的格兰杰原因	6.40**	3.13**	2.01*	1.59
est 不是 pogdp 的格兰杰原因	0.00044	6.68***	3.93***	2.96**

注:"*""**""***"分别代表在 10%、5%、1% 的置信水平下的显著性。

结果显示,货币发行量 M2、短期利率 r 是房价波动的 Granger 原因;房地产价格是消费价格指数 CPI、产出 GDP 的 Granger 原因。

图 3-10 展示了 VAR 模型中货币供应量、利率对通胀率、产出和房地

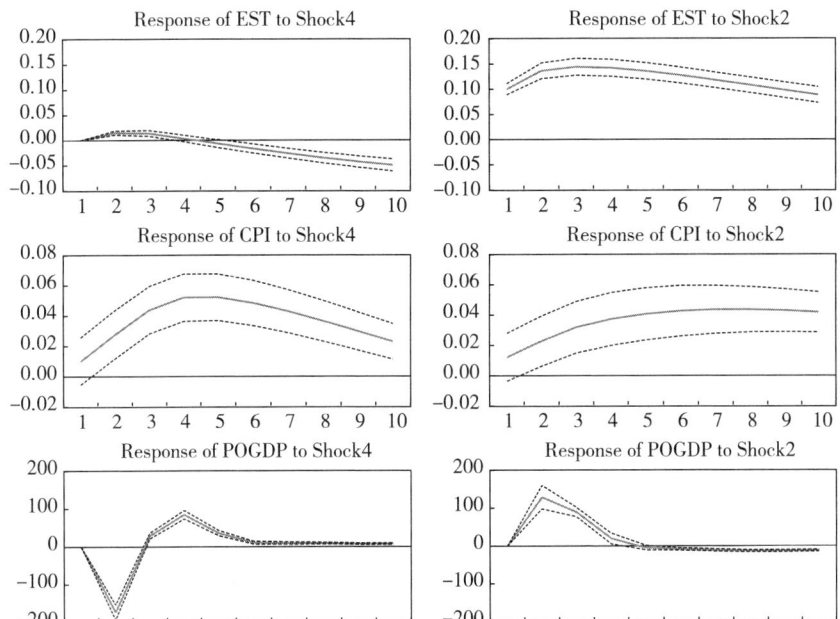

图 3-10　房价、通胀和潜在 GDP 的脉冲响应函数①

---

① 其中,Shock1 至 Shock5 分别代表 POGDP、EST、GM2、I、CPI。

产价格的脉冲响应函数。首先考察货币供应量 M2 的一个正单位冲击对房地产价格的脉冲响应函数。冲击发生后，在第 3 个月达到最低，第 12 个月基本消失，这说明提高货币供应量可以使房价出现下跌，原因是房地产企业融资相对容易些，降低了融资成本。

其次考察利率 I 的一个正单位冲击对房地产价格的脉冲响应函数。正向冲击发生后，房地产价格有向上趋势，这种趋势在第 4 月进入峰值，而后开始下滑。因此可以说，基准利率上调推动房价上涨，可能的解释是房地产企业的融资成本增加。通过考察货币供给量和利率波动对房地产价格的影响，可以看到紧缩性货币政策在抑制投机性房价方面有积极影响。

最后考察房地产价格 EST 一个正单位冲击对 CPI 和 GDP 的冲击。房地产一个标准差的正向冲击引起了 CPI 的上涨，并且这一趋势在第 8 期达到峰值，显示了房地产价格上涨成为推动 CPI 上涨的因素。房地产一个标准差的正向冲击初始引起了 GDP 的上涨，这种趋势在第 2 期达到峰值，随后开始下滑并在第 5 期开始消亡。

对此一个合理的解释是，房地产价格作为国民经济的支柱，能够拉动经济增长和增加就业。但如果房地产价格持续走高，长期内会抑制居民消费（张存涛，2007；邬丽萍和周建军，2009；唐志军，2010），短期内房价波动对消费的影响差异较大 [例如，黄静和屠梅曾（2009）利用近 10 年的家庭微观调查数据实证检验得出的结论支持房地产财富效应提升了居民消费，且对不同年龄阶段、收入阶层的影响存在较大差异。李剑和臧旭恒（2015）的结论认为，房价上升总体上对居民消费呈现正的财富效应，但房价上升促进大型耐用品消费，对"生存型"消费有挤出效应]。

3.2.3　本节结论

本节建立了两个 VAR 模型，利用 1999 年 1 月至 2017 年 12 月的月度数据实证检验股票价格、房地产价格对宏观经济变量的影响关系。协整检验和脉冲响应函数的结果显示，股票价格指数与消费物价指数、货币供给量、短期利率及工业增加值等变量至少存在 2 个协整关系，说明股票价格对实体经济有影响；股票价格一个正向冲击会引起通货膨胀率的变化，但存在一定时滞，一定程度上说明股票包含着预期通货膨胀信息，GDP 的脉冲响应呈现正负交替出现状态，说明以股票市场刺激内需的想法受制于各方因素，目前来看尚不可取。实证检验结果表明，房地产市场价格易受国家政策影响，从 Granger 因果检验来看，房地产价格波动对 CPI、GDP 有较大影响；房价正向冲击会推高 CPI，减少居民消费，对 GDP 的正向推进作用也在一段时间后消失，因此房地产价格过快增长，从长期看不利于扩大内需、经济长期发展的战略。

第 4 章 资产价格与货币政策传导机制

货币政策传导机制是分析货币政策影响宏观经济总量的一整套机制理论，是货币政策理论的核心内容。Mishikin（1995）将货币政策传导渠道概括为利率渠道、信贷渠道、资产价格渠道和汇率渠道四种类型。传统理论[1]强调利率渠道[2]和信贷渠道[3]的作用，然而随着金融市场的日益发达，货币传导机制的资产价格渠道日益突出。要研究资产价格波动与货币政策的关系，对资产价格货币政策的传导机制的研究必不可少。因此，本章重点考察资产价格在实现货币政策向实体经济传导过程中的机制、作用及货币政策效率问题，为第 5 章"央行如何干预"做好技术铺垫。在内容安排上，本章遵循如下逻辑：首先，从理论层面论述货币政策的资产价格传导渠道及作用机制；其次，构建向量自回归模型（VAR）和门限检验，利用 1999—2017 年的国内实际数据，考察股票市场、房地产价格的货币政策传导效用；最后，结合理论分析和实证检验结果，得出结论：股票的财富效应有限；房地产价格渠道显著，其财富效应对货币政策传导作用明显。

---

[1] 关于货币政策传导机制理论主流观点大致分为两类观点："货币观"和"信贷观"。其中"货币观"包括传统凯恩斯学派和货币主义观点，强调利率渠道在货币政策传导中的作用；"信贷观"，强调金融市场信息不完全性。J. Stiglitz 和 A. Weiss（1981）提出的银行信贷配给制，B. Bernanke 和 M. Gertler（1996）提出的金融加速器理论是其中的代表。

[2] 利率渠道最初是由凯恩斯在 1936 年的《通论》中提出来的，这是凯恩斯主义者的观点，也是最传统的货币政策传导机制观点。

[3] 信贷渠道的形成和完善出现在 20 世纪 80 年代，斯蒂格利茨和魏兹从信息不对称引致信贷配给的角度出发，伯南克和布兰德尔则从贷款和债券不完全替代的角度，分别证明了信贷渠道是货币政策利率传导机制的有力补充。

4.1 货币政策的资产价格传导机制

传统理论强调利率渠道①和信贷渠道②的作用，然而伴随着金融市场的日益发达，货币传导机制的资产价格渠道日益突出。突出表现在（1）企业直接融资渠道增多，加速了以商业银行为主导的金融体系的结构性转变，使得银行信贷渠道下降③，传统的货币政策目标与操作体系面临越来越多的挑战；（2）资产证券化、债券化等金融业创新扩展了资产市场容量，资产价格上扬趋势使得货币政策的意图（如利率的调整）更多地被资产市场吸收，金融资产价格的货币传导机制突出。可以说，金融资产价格的波动改变了资产市场参与者的经济行为，货币政策无法忽视资产价格波动对其影响，于是本就晦涩不明的货币政策传导机制变得更加难以捉摸。由于实体经济和虚拟经济构建起的这种深刻联系，资产价格逐渐成为货币政策传导渠道之一，并通过财富效应、资产负债表等效应影响总需求和实体经济变量。

4.1.1 货币政策的资产价格传导机制

货币政策传导机制实质上是货币政策影响实体经济的分析框架。从具体操作层面讲，它遵循如下框架：通过运用一定的货币政策工具，中央银行能够对操作目标和中介目标产生影响，继而借助各种渠道对整个实体经济活动中如消费、投资、一般物价水平及产出水平等实体经济变量产生影响，达到货币政策的最终目标。图4-1描述了具体的货币政策传导机制的分析框架。

从对概念的逻辑分析可以看出，货币政策传导框架实质上包含了3个阶段和3个层面的内涵（葛云，2007）。3个阶段包括从货币政策工具到操作

---

① 利率渠道最初是由凯恩斯在1936年的《通论》中提出来的，这是凯恩斯主义者的观点，也是最传统的货币政策传导机制观点。

② 信贷渠道的形成和完善出现在20世纪80年代，斯蒂格利茨和魏兹从信息不对称引致信贷配给的角度出发，伯南克和布兰德尔则从贷款和债券不完全替代的角度，分别证明了信贷渠道是货币政策利率传导机制的有力补充。

③ 当然这种改变的发生在以间接融资为主的发展中国家并不明显，在我国银行仍然是融通资金的主要场所，因此利率渠道和信贷渠道在传递货币政策方面依然发挥着重要作用。但这并不影响我们后面的论述，毕竟金融市场放开是大势所趋，资本市场发展壮大的事实也会对资产价格渠道在我国的研究提出现实需要。

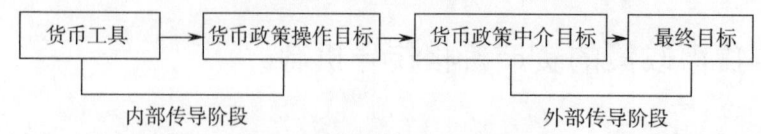

图 4-1 货币政策的传导机制

目标的实现、货币政策传送到中介目标（货币供应量、利率等）的实现、货币政策中介目标到货币政策最终目标的实现；3 个层面分别指货币政策调控层面、实体经济层面和货币政策目标层面。这是一个看似简单实则受到各种因素影响的复杂过程，因此一直以来货币政策传导机制就是货币政策研究的焦点问题，遗憾的是，目前的理论研究终究未能在此问题上达成共识。《国际经济学展望》在 1995 年专门策划的一期专辑就有关货币政策传导机制进行了系列的探讨，米什金归纳了三种具有代表性的观点（Mishikin, 1995），算是迄今为止比较有代表意义的研究成果。

1. 货币政策的资产价格传导机制。中央银行通过对基础货币和货币创造乘数的控制，决定扩张性或紧缩性的货币供给中介目标。实体经济和虚拟经济的货币需求构成了总货币需求，其中，实体经济货币需求受制于居民货币需求、通货膨胀的货币需求、经济增长的货币需求；虚拟货币需求则表现在资本市场对货币的需求，受资产价格波动和资产价格数量增长的影响。下面以股票市场为例，来阐述货币政策的资产价格传导机制，如图 4-2 所示，具体从 3 个层面来阐述效应机制：

第一，货币供给和货币需求的决定。中央银行提供一定数量的货币给市场，货币需求数量则由实体部门、虚拟部门（资本市场）共同决定。央行的货币总量供给应综合考虑实体经济与虚拟经济的货币需求总量，不应有所偏废。最常发生的是，对实体部门给予关注且忽视资本市场的货币需求，由此造成实体经济"空心化"（石建民，2001）。我国的货币供应总量结构中，对于资本市场的货币需求欠缺考虑，徐贤慧（2008）曾在文章中明确提出这一问题。

第二，资本市场对货币需求的影响通过四个途径产生作用，分别是财富效应、资产组合效应、交易效应和替代效应（Friedman, 1988）。财富效应，即股票作为财富形式，其价格上涨会增加财富值，带来财富/收入比的

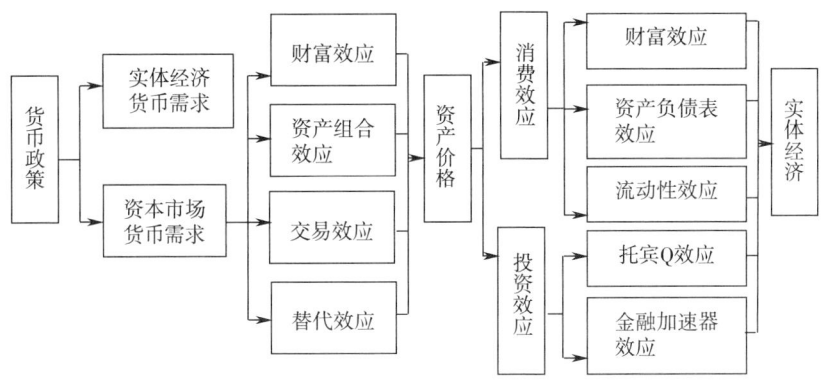

图 4-2　货币政策的资产价格传导机制

上升，减少货币收入的流通速度；资产组合效应表现为资产的重新调整和组合。股价上涨伴随着风险的增加，风险偏好不变的情况下，理性的选择是调整资产组合比例，增持低风险资产，如短期债券、货币，以抵销股价上涨风险，于是货币需求增加。伴随股票市场和交易量的扩大，对货币需求也随之上升，这种称为交易效应。面对股价上涨，风险偏好者会增加股票数量，在一定收入约束下，对货币的需求会减少，这种股价上涨对货币替代的效应，即为替代效应。

第三，资产价格通过消费效应、投资效应渠道作用于实体经济。股价上升会增加居民财富数量，促进消费增加；扩张性货币政策会增加居民的货币余额，居民会用多余货币购买金融资产，促进金融资产价格上升，托宾 q 值上升，企业融资数量的增加促进了投资增加。总之，消费、投资数量的增加，带动总需求增加并最终带来总产出增长。因此，资产价格波动会传递到实体经济。

2. 货币市场与资产市场的连接机制。货币市场和资本市场通过货币政策（工具）、金融中介机构、居民企业三种媒介实现联通。其作用机制如图 4-3 所示。

其一，货币政策及政策工具发挥总揽市场的作用。货币政策可直接作用于货币市场和资产市场。在货币市场上改变资金供求及结构；在资产市场直接影响资本市场的价格走势和资金流向，如央行利息的下降，资产收益率上升引发资金流入，资产价格飙升。

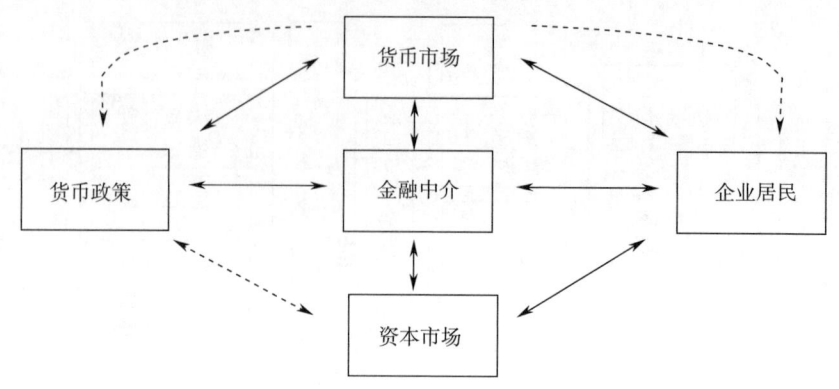

图 4-3 货币市场与资产市场的连接机制

其二，金融中介机构的联通作用。金融中介机构的借贷资金的调整，影响企业、居民投资消费决策，改变居民、企业的资产状况及财富结构调整，并最终反映在资产市场价格上。

其三，居民企业的经济行为。对于个人来说，财富持有形式的丰富，储户资金转移由货币市场流向资本市场，预期、收益率等因素影响个人决策；企业融资渠道增加，减少了对银行信贷资金需求，资产价格波动容易传递至微观市场，经由消费、投资决定最终影响总需求。其中，市场、金融中介机构、企业居民的连接机制相互影响，具有可逆性。

综合来说，资产价格既是重要的宏观指标，本身包含信息预测作用；又直接或间接影响企业、居民的投资、消费决策，对总需求和实际产出有影响，因此货币政策应该对资产价格波动给予关注。

4.1.2 货币政策的资产价格传导渠道

Mishkin（2001）将资产价格的货币政策传导渠道概括为四类[①]：一是托

[①] 需要强调的是，资产价格传导渠道从理论上分为上述四种，但并非任何经济体同时具备或实现这四种渠道。由于不同经济体中，资产结构差异、消费文化不同以及金融中介发展实际状况等均会影响到金融资产价格的传导渠道，因此理论和实证研究之间存在很大差异。正如IMF研究表明："实际房地产价格和股票价格的变化对私人消费有很大影响，但是基于金融资产的结构比例差异，其影响程度在各国表现也各异且高度依赖于其资产类型。"（IMF，2000）本文强调这一点是因为，在接下来的论述内容中笔者将选取在中国具有代表性的资产价格传导渠道，而非对全部渠道进行论证。

宾 q 值；二是通过企业资产负债表效应（Firm Balance – Sheet Effect）；三是通过家庭的资产负债表效应（也被称作"家庭流动性效应"）；四是家庭财富效应（Household Wealth Effect）。根据各种市场价格的不同传导机制，资产价格货币政策传导渠道又分为股价、房价和汇率三种渠道，接下来我们就详细分析这三类市场的资产价格传导机制如何影响实体经济。

1. 股票市场渠道。

（1）托宾 q 理论。托宾（1969）在他那篇著名的论文中指出，货币政策通过证券市场在股票价格波动与实体经济之间实现联通。其作用机制原理，即货币供给通过市场利率变动影响股票价格，并最终带来投资变化，在其中起关键作用的是托宾 q 值。所谓托宾 q 值是股票市价或企业市价变动与固定资本重置价格之比。企业投资由 q 的大小决定：当 q > 1，由于市场价值大于重置成本，企业选择发行新股增加实物投资，经济呈现景气状态；反之则投资萎缩、经济萧条。其作用机制表现为，当一项扩张性货币政策被执行时，货币供应增加压低了名义利率。随着市场上股票和债券未来预期收益率抬升，公众会对其拥有的资产结构进行调整，是股票价格 Pe 上升，q 值随之上扬，并最终带动企业投资 I 和国民收入 Y 增长。用方程式可表示如下：$M\uparrow \to r\downarrow \to Pe\uparrow \to q\uparrow \to I\uparrow \to Y\uparrow$。

从传导过程来看，央行货币政策对实体经济的影响并不是直接的，需要通过股票价格变动引起资产替代和资产重新选择来实现[①]。因此与实物资产的重置成本相关的股票市场价值是实现新增投资的决定因素。

（2）家庭财富效应渠道。股票财富是居民拥有财富的重要形式，股票价格涨跌直接关系居民财富存量的增减，继而对居民消费起到刺激或抑制作用。理论界在研究居民家庭的财富效应对消费效应的影响一般均借助于持久收入假说或生命周期理论（Modigliani，1963；Friedman，1975）分析框架进行。按照上述理论，居民的消费水平取决于居民一生的持久收入水平，而持久收入的构成分为当期收入、预期未来收入的贴现值和已获得的财富存量。用公式可表示为

---

① 这种资产选择和替代行为的发生既表现为货币资产和金融资产的选择替换，又体现在实物资产和金融资产之间。

$$C = \alpha + \beta_1 Y + \beta_2 W$$

其中，C 为居民消费，Y 是居民的持有性收入，W 代表财富存量，β_1、β_2 分别代表可支配收入和财富的边际消费倾向系数。大多数文献在研究股票市场价格对消费的效应影响时，均利用以上的生命周期公式进行说明。影响居民消费由可支配收入和资产财富收入之和的总收入水平决定：一方面，资产价格上扬带来财富总量的增加，按照生命周期理论，消费取决于生命周期内的总收入水平，当总收入水平增加时，消费增加；另一方面，股价上升会带来收入效应，因而消费增加。由于居民消费受制于未来预期收入水平，而股价上扬会形成居民未来收入的正预期，也会增加消费。因此，股票价格的居民财富效应作用机制可概括为以下机制，即宽松的货币供给压低市场利率，长期收益率因而走低，带动股价上扬；以股票作为财富形式的居民，其金融财富（W）和生命周期内的财富总量（LR）均会增多，带动居民消费、国民收入的增加。因此，财富效应的传导机制可表现为：M↑→r↓→Pe↑→（W+LR）↑→C↑→Y↑。

美国经济学家 Ludvigson 和 Steindel（1999）利用历史数据实证检验了美国股市的财富效应。结果支持股票的正向财富效应，即股价上涨的确有效促进了居民消费量。美国 20 世纪 90 年代新经济带来的股市繁荣为检验股票市场财富效应提供了很好的历史数据。然而他们也认为股票市场的财富效应具有不稳定性，且在不同国家具有不同效应[①]。Lerrau 和 Ludvigson（2004）更细化地研究了美国居民短期财富变化。他们研究发现股市波动更容易引起居民短期财富波动，因而对消费影响不大，而对消费具有绝对影响的却是财富的持久性变化引起的，因此并不支持股票市场财富效应的成立（Elliott，1980；Hoynes and McFadden，1997；Benito et al，2006；Sousa，2009 等）。当然，实证检验支持股票财富效应的研究也是汗牛充栋（Mankiw and Zeldes，1991；Vissing-Jorgenson，1999；Dvornak and Kohler，2003；Case，2005；Chen Jie，2006；Peltonen，2009 等）。

（3）居民的流动性效应。影响消费的途径之三是家庭的流动性效应。

[①] IMF（2002）报告称，加拿大、德国、英国的居民，其股票持有比例较其他金融资产较小，相反美国消费者的股票持有率很高，因此股价波动对私人消费的影响，在欧洲远小于美国。

该理论认为，居民的资产选择行为基于流动性考虑。一般来说，消费品包括耐用消费品和非耐用消费品。耐用消费品（如汽车、住房等）流动性较差，如果预期陷入财务困境的可能性变大，居民就宁愿持有较少的耐用品资产，而存款、股票、短期债券等则具有较强变现能力。因此，居民财务状况质量有赖于对其资产负债的评价。当居民所持金融资产比重较大时，发生财务危机的可能性降低，在消费愿意上倾向于耐用消费品，反之，当负债占比过重，居民更愿意消费非耐用品。于是，当扩张性货币政策或降息带来股价上扬，资产价格上升会降低消费者发生财务危机的可能性，此时耐用消费品支出增加，国民收入水平随之增加。由此可见，货币政策、股价密切相关，其传导机制为：M↑→Pe↑→资产负债状况改善↑→财务危险↓→耐用消费品支出↑→Y↑。

（4）企业的资产负债效应。Bernnake 和 Gertler（1995）提出资产负债渠道是货币政策信贷传导渠道的形式之一。该理论假设真实的世界存在信贷市场摩擦，即信息不对称导致的资本市场不完全问题、委托代理和激励问题等。由于借贷双方存在信息不对称，贷款人发生逆向选择和道德风险的概率增大，为保证贷款安全性，处于信息劣势的银行只能借助对贷款人资产负债状况的判断，给予授信额度。Bernnake 和 Gertler（2000）、Gilchrist（1991）指出存在于资产负债效应中的基本内涵：其一，从借款人的角度看，企业外部融资的成本明显高于内部融资代价，因此存在外部融资升水（External Financial Premium），这一成本差异由企业以自有资产作为抵押引起；其二，外部融资升水的高低与企业自有资金数量成反比，净资产价值下降将抬高外部融资成本；其三，任何对净资产产生负冲击的因素，如央行紧缩性货币政策等，都将削弱借款人的融资能力，相应地减少对投资支出、劳动力需求以及产出水平等。其具体作用机制可描述如下：

借款人采取外源性融资借款时，出于信息不对称和激励机制考虑，银行会以借款人的抵押品作为考察借款人真实收益和风险的衡量指标。当货币政策影响股票价值下跌，会降低借款人抵押品价值，由于企业净值减少带来了资产状况恶化，因而其逆向选择（Adverse Selection）倾向增加，银行为了防止借款人的败德行为导致的潜在损失，会减少对其贷款。同时，由于企业净现值降低，越容易诱发道德风险，进一步降低了银行对企业的贷款数量。因此缺乏外源性融资渠道的企业既无法通过直接融资获得资金来源,又缺乏银行贷款,从而导致投资紧缩并最终拖累产出下跌。可见,货币政策通过改变贷款人的资产负债状况,对产出或投资间接产生作用,其作用机制如下:$M\downarrow \rightarrow Pe\downarrow \rightarrow$(逆向选择+道德风险)$\uparrow \rightarrow$银行授信额度$\downarrow \rightarrow I\downarrow \rightarrow Y\downarrow$。

Bernnake 和 Gertler 对 20 世纪 30 年代美国经历的"大萧条"进行分析后,大量中小企业倒闭的原因即是因为缺乏外源性融资渠道和缺乏银行贷款,而起关键作用的就是企业的资产负债状况恶化。BGG 模型在其间强调了所谓的"金融加速器"的作用,即信贷市场摩擦会使资产价格和总需求减少,并在其中形成恶性循环,他们将信贷市场摩擦引入标准的宏观经济模型中,形成了一个包含金融加速器的动态宏观经济学模型,用于分析资产价格波动对宏观经济的冲击。此后很多学者(Gilchrist,2002;Gertler,2003;Aiko,2004;杜清源和龚六堂,2006)等对 BGG 模型进行了发展。

2. 房地产价格渠道。随着房地产行业的飞速发展,不动产已经成为居民投资和负债的主要形式,从某种意义上来说,这为货币政策传导提供了一种全新的渠道。在世界大多数国家,房地产投资还是依赖于银行贷款的,因此央行货币政策意图能够通过房地产市场对居民的经济行为产生显著影响。有鉴于此,理论界对不动产从理论和实证层面进行了很多研究,现总结它的影响途径如下:

(1)对居民住房的直接支出效应。住房既可以满足居民住房需求,同时也被看作资产进行投资,央行货币政策改变会引起房地产价格波动。当央行采取宽松货币政策时,由于贷款利率下降压低购房成本,因此自住购房开支和贷款都会增加;与此同时,利率降低还会带动房地产投资热情,此时投资房地产收益率会变得更具吸引力,房地产投资会增长,带动总需求的上升。其传导机制可由方程式描述如下:

$$M\uparrow \rightarrow r\downarrow \rightarrow H\uparrow \rightarrow I\uparrow \rightarrow Y\uparrow$$

(2)居民财富效应。房地产是居民财富的重要形式,其价格上涨的财富作用会相应增加居民消费支出。房地产资产价格具有正向消费效应的观点,得到了 Case 等(2000)、Bayoumi 和 Edison(2002)、Benjamin 等(2004)、Carroll 等(2006)学者来自实证检验的支持,并且他们的研究结果显示，住房资产的财富效应要大于股票等金融资产财富效应。但是，Sheiner（1995）等则持相左意见。他认为，当房价上涨，置业者或租房者会因购房款增加或租金上涨增加额外开支，在收入水平保持不变时，储蓄就会减少，继而带动消费下滑。从总体来看，整个社会的总消费量基本不变，之所以这样是因为：房东因房屋价格上涨引致的消费增长额被租房者或者置业者消费支出减少所抵销。Engelhardt（1996）的研究表明，住宅资产价格上升几乎对消费没有影响；Hoynes 和 McFadden（1997）认为，住宅资产增加对消费的正效应有限；Poterba（2000）则表明自住房产者保持低的边际消费倾向，房地产价格上涨并不会带来消费数量同比增加；Yoko Moriizumi（2000）对日本的实证研究显示，财富波动对住房抵押贷款具有不确定的影响（呈现阶段性特性），据此判断财富效应具有不确定性；Campbell 和 Cocco（2005）按照年龄分层检验，结果显示房地产财富效应与房屋主人的年龄分布有关。

（3）银行资产负债表效应。房地产在绝大多数国家都是重要的抵押物之一，而抵押物的价值成为约束贷款额度的主要方面。由于银行大多开展房地产抵押贷款业务，因此，当一项宽松的货币政策被执行时，由于房地产价格上扬，抵押品价值也会增加，从银行的角度观察，这意味着银行贷款可能承受的损失降低，这将带来银行净资产和利润水平的提高，促使银行发放更多的贷款；对借款者而言，他们会因为抵押品价值的提高贷到更多的钱，最终会促使消费和投资的增加，并带来经济增长。其传导机制描述如下：

$$M\uparrow \rightarrow P_h\uparrow \rightarrow W_b\uparrow \rightarrow L\uparrow \rightarrow I \text{ 或 } C\uparrow \rightarrow Y\uparrow$$

3. 汇率渠道。货币政策的汇率传递机制表现为汇率对净出口、企业资产负债的影响。

（1）汇率的净出口的影响。弹性或浮动汇率制受国内利率影响。央行宽松货币（或降息）的政策操作，会带来本币贬值，此时出口商品有竞争力，于是出口增加进口减少，出现贸易顺差。按照总需求理论，投资随之增加，总需求增加。传导机制如下所示：

$$M\uparrow \rightarrow E\downarrow \rightarrow NX\uparrow \rightarrow I\uparrow \rightarrow Y\uparrow$$

（2）汇率的资产负债表的影响。以外国货币计量的企业资产负债受汇策传导渠道单纯依赖银行信贷渠道。1998年5月以后,公开市场操作逐渐成为央行货币政策操作的主要工具(戴根有,2003)。1998年和1999年两年,公开市场业务的操作方向是投放基础货币,并通过发行央行票据以提高货币政策有效性。然而很多研究表明,在1998—2002年,央行货币政策因传导机制的有效性受阻,政策意图并未得到很好的传达,以货币供应量为中介目标的政策有效性受到质疑(夏斌,1999),发达国家为货币政策目标转化提供了实践依据。自20世纪80年代中期经受资产存量膨胀之苦,部分发达国家开始对其货币政策进行调整。他们相继放弃以货币供给量代之以价格控制作为货币政策中介目标,如新西兰、加拿大等国家开始使用通货膨胀目标制,美国、欧盟也在随后放弃货币供给量中介目标,转向基于泰勒规则的利率调控和通胀目标制为最终目标的货币政策决策框架[1]。国际金融危机期间以及之后,面对国内经济和金融市场结构的很多变化,发达国家货币当局在维持基本货币政策框架时对一些规则进行了修正,主要是基于资产价格波动和金融市场及其他外部行因素对货币政策传导和调控效果提出了挑战。

2. 当前货币政策传导机制发生变化的表现。

(1) 基础货币的结构变化。在外汇管理体制改革前,央行向商业银行的再贷款构成基础货币的主要来源,占央行总资产比重维持在70%~90%;1994年新的外汇管理体制确定后,外汇占款取代再贷款成为主要来源,这主要是因为,伴随世界经济复苏和2001年中国成功加入世界贸易组织,国内经济搭上世界经济国际化和国际产业转型的快车,进出口数量激增和对人民币升值预期增强,致使我国外汇储备数量增长较快,央行被动投放大量基础货币,外汇占款问题凸显。在这一阶段,外汇资产占央行总资产的比重从1997年的42%上升至2013年的86%,与此同时对金融机构债权占比从52%降至7%。为了维持汇率稳定,中央银行在公开市场上通过正回购、发行央行票据等手段对冲过多的外汇占款,然而缺乏足够有效的金融工具和资产进行对冲,外汇储备超常增长导致M2大增和流动性过剩,市场利率敏感度差和资产价格波动。2013年之后,随着外汇占款逐渐淡出,金融

---

[1] 正如韩国一位金融学家所说:"不是我们放弃了货币供应量的指标,而是它远离了我们。"

部门债权在基础货币创造中的地位正在逐渐提升,通过再贷款利率调节体现货币政策意图。但在实际政策效果上受制于金融市场发展不全和货币政策传导机制受阻等,政策效果大打折扣。图4-4可部分反映上述变化及其趋势。

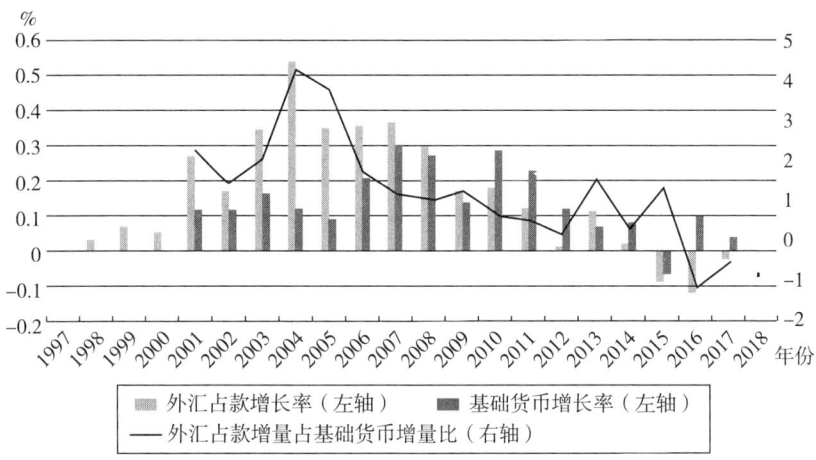

资料来源:中国人民银行。

图4-4　外汇占款、基础货币反映的基础货币结构趋势

(2)银行贷款重新成为非金融企业部门的主要融资方式。在中国,企业融通资金的形式主要包括本外币合计贷款、发行国债、企业债以及股票四种筹资方式。其中随着股票市场、债券市场等金融市场自由化程度增加,以银行金融机构为代表的间接融资呈现逐步下降趋势。然而2007年次贷危机演变为全球性金融危机,股市由2008年最高点滑落,股价走低,股票发行、交易等的萎缩,股票市场融通资金的能力受到挤压(如表4-2所示),银行重新成为非金融企业部门的主要融资方式。

表4-2　　　　　　　　全社会融资规模结构　　　　　　单位:亿元

时期	社会融资规模	其中:人民币贷款	外币贷款(折合人民币)	委托贷款	信托贷款	未贴现银行承兑汇票	企业债券	非金融企业境内股票融资
2002	20112	18475	731	175	—	-695	367	628
2003	34113	27652	2285	601	—	2010	499	559
2004	28629	22673	1381	3118	—	-290	467	673

续表

时期	社会融资规模	其中：人民币贷款	外币贷款（折合人民币）	委托贷款	信托贷款	未贴现银行承兑汇票	企业债券	非金融企业境内股票融资
2005	30008	23544	1415	1961	—	24	2010	339
2006	42696	31523	1459	2695	825	1500	2310	1536
2007	59663	36323	3864	3371	1702	6701	2284	4333
2008	69802	49041	1947	4262	3144	1064	5523	3324
2009	139104	95942	9265	6780	4364	4606	12367	3350
2010	140191	79451	4855	8748	3865	23346	11063	5786
2011	128286	74715	5712	12962	2034	10271	13658	4377
2012	157631	82038	9163	12838	12845	10499	22551	2508
2013	173169	88916	5848	25466	18404	7756	18111	2219
2014	164571	97816	3554	25070	5174	-1285	24253	4350
2015	154086	112693	-6427	15911	434	-10569	29399	7604
2016	178022	124372	-5640	21854	8593	-19531	29993	12416
2017	194430	138432	18	7770	22555	5364	4495	8734

资料来源：中国人民银行网站。

（3）货币市场与信贷市场的传导受阻，削弱货币政策调控效果。当前，货币政策进入降息通道，但金融体系内一些体制性约束（刚性兑付、预算软约束）、金融市场广度和深度不足以及货币结构性变化（赵建，2015）原因，货币政策调控和意图在货币市场、债券市场、信贷市场之间的传导严重弱化，无论是价格工具或数量工具，对金融资产价格刺激明显却对实体经济改善效果不佳，资金空转太高推高了资产价格和加重了金融体系不稳定性。

4.2.2 中国股票市场财富效应的实证检验（1999—2017）

股票是居民财富的重要形式，股票价格的波动会影响居民的财富存量，进而对消费和总需求产生影响。40年的经济发展，居民财富（包括金融财富和不动产财富）存量在居民收入结构稳步增加，金融深化在丰富金融机构的同时，也使得居民资产组合呈现多样化态势，居民投资意识逐渐形成。

从长期来看，随着我国资本市场的繁荣和金融创新涌现，传统上以银行为核心的金融结构逐步向以金融市场基础的方向转型，财富效应的重要性将日益凸显，成为传递货币政策并最终影响消费、产出的重要桥梁，同时也是制定经济政策亟须关注的方向，因此研究居民财富效应对刺激消费的积极作用非常重要。毕竟以内需为主导的经济发展模式才是支持未来经济的动力所在，而消费不足已成为困扰当前中国经济发展的桎梏。然而遗憾的是，财富效应是否存在、财富效应的深度和广度如何，以及如何调控资产市场的价格波动引导消费等方面，理论上既缺乏令人信服的结论，实证结果也因为较为模糊因而存在较大争议（Carroll，2004）。

1. 已有的实证检验。有关中国股票市场上是否存在财富效应一直存在较大争议，以2005年股权分置改革为分水岭，实证研究结果可分为两个时期。

前一时期的研究结果大多显示，股票市场不存在财富效应（郑江淮等，2000；高莉，樊卫东，2001；余明桂、夏新平和汪宜霞，2003），或存在财富效应，但受各种因素影响效果微弱（梁宇峰，冯玉明，1999；李振明，2001；李学峰、徐辉，2003；谢永添，2004等），因此货币政策应当与股票市场保持一定的距离（高莉、樊卫东，2001）。具体来说，高莉和樊卫东（2001）认为，财富效应在我国股票市场几乎不存在且各期具有很大不稳定性，但股市对货币需求结构的改变却具有一定影响，因此货币当局应密切关注股市，但不宜将股市作为刺激消费和增长的手段。这一结论与中国人民银行研究局课题组（2002）的结论基本一致，但人民银行显然持更加积极的态度，在政策上建议将股票价格纳入货币政策中介目标监测范围[①]。余明桂、夏新平和汪宜霞等人（2003）研究表明，可支配收入和消费习惯仍是影响我国居民消费的主要因素，股票市场暂时还不存在财富效应。梁宇峰和冯玉明（1999），李振明（2001），李学峰和徐辉（2003）以及谢永添（2004）等虽然认同股票财富效应，但考虑到制度约束[②]，股票财富效应并不显著。梁宇峰、冯玉明（1999）认为，由于受股票市场规模、股市上涨

[①] 中国人民银行研究局课题组的研究结果虽未证实股票财富效应存在，但由于资产价格波动引发的货币需求和货币供给的结构性变化，事实上削弱了央行货币政策有效性，因此他们建议股票市场也应成为货币政策传导机制的组成部分。

[②] 收益分配格局的不合理实际上束缚了财富效应的发挥。

持续时间以及市场有效性等因素影响（谢永添，2004），以及监管缺失、公司质量参差不齐等问题广泛存在（李学峰、徐辉，2003），因此财富效应并不显著。这一时期的实证研究难以支持股票市场财富效应存在，事实上揭示了我国资本市场这一时期存在制度设计、利益分配格局、市场规模过小及市场建设等方面的"硬伤"。当然这些看似矛盾的结论[①]，有助于我们进一步厘清争议。到底是继续争议还是趋于共识，既依赖于经济的发展，也需要更坚实的研究推进。

2005年进行的股权分置改革，是中国证券市场制度建设中的重大变革，被认为是推进资本市场开放和稳定发展的一项制度性变革。这一致力于消除流通股和非流通股长期存在的股权分置状况的创举，从多个层面释放出了"制度红利"，突出体现在：其一，减少国有股比重，提高了市场竞争，有效地改善了上市公司的公司内部治理结构；同时配合证监会信息披露制度，上市公司运作更为透明和受市场约束；其二，股票市场与实体经济的联系趋于稳定（陈峥嵘、王虎，2009）；其三，中国股市自2006年以来得到了居民更广泛的参与，更多家庭的资产负债表上股票资产在迅速增加，因此更多家庭的收入及支出将受股票价格波动影响，其财富效应明显。制度转型因素在重新塑造股票市场与实体经济的同时，也为资产价格货币政策传导机制的研究提供了丰富的实证检验数据，这一时期的研究结果大多支持股市弱财富效应的存在。

吕江林（2005）的研究具有代表性，他在跨国比较的基础上，考察了我国上证综指与实际GDP间的动态关系，研究结果显示股指与实体经济之间存在双重协整和单向因果关系。原素芬（2006）的实证研究认为，股价波动的财富效应和流动性效应影响居民的流动性财富存量，但效率偏低且传导缓慢；唐绍祥等（2008）运用分布滞后模型（ADSL）和状态空间模型，对股价的财富效应进行了检验，支持股票市场具有显著的财富效应。陈强、叶阿忠（2009）通过检验股价波动与居民消费波动之间的关系，说明了股价波动对居民消费有显著影响，但是实际效应受股市收益、经济风险和消

---

① 并不难理解此时期研究结论存在的争议性。这是因为，一方面我国股市与发达市场经济体相比规模小且投机气氛浓，股价波动并不能真实反映经济指标变化；另一方面，实证方法数据样本容量小，结论可靠性低，因此会出现对股票市场、宏观经济及货币政策的不同看法。

费者风险偏好等因素制约，不可一概而论；陈峥嵘、王虎（2009）认为，随着国内股市的完善，股票市场的财富效应正由弱变强，其对消费的影响主要表现在耐用品消费支出增加；同时他们研究了财富效应的产生机制，认为中国股票市场既有直接财富效应，也存在间接财富效应。在2001年之前，表现不明显，此后间接财富效应日益凸显。洛柞炎（2007，2011）、冯涛（2010）、谢启超（2012）等则从财富效应的非对称性视角对比了股票财富效应和房地产财富效应的大小，大多结果支持财富效应存在，但房地产价格变动的财富效应强于股票财富效应，股票资产只在短期中具有财富效应；城乡居民资产财富结构带来了财富效应差异，显然资产价格波动的财富效应城市显著地大于农村（冯涛，2010）。

2. 中国股票市场财富效应的检验。

（1）股票财富效应的描述性分析。根据生命周期假说，股市财富效应的本质即股市波动引起的居民资产存量改变对消费的影响，因此在建立模型之前，首先对股票市值、消费支出与收入水平之间的关系从统计上进行描述分析。数据选取1999—2017的年度数据，股票市场价格的代理指标使用上证综指最高值和最低值的均值①，以城镇居民②人均可支配收入作为收入的替代变量，此外还特别选取了与金融性财产有关的收入作为检验股市财富效应的考量指标；在考察股票市场价格对消费支出影响效应时，为了更好地反映股票财富效应，我们选取了不同类型的消费支出与股价之间的关系——城镇居民的人均消费总支出外和耐用品消费支出额。数据分别来自《中国统计年鉴》、Wind数据库数据重新整理计算得到，选取的样本是年度时间序列，所选数据全部按同比增长率计算处理。

图4-5描述了1999—2017年我国股票价格与收入水平之间的变动关系。从图中可以看到，在1999—2017年，城镇居民人均可支配收入同比增长率一直保持在10%左右，涨幅不大（约1%~3%）且整体态势稳定；与

---

① 而不是收盘指数来衡量股市的财富变动，因为收盘指数只是每年最后一个交易日闭市时的股价指数，其代表性要逊于最高值和最低值的均值。

② 基于以下两点考虑：一方面，股票财富效应主要表现为城镇居民消费支出的改变，因为城镇居民参与股票证券等投资比例更高；另一方面，基于数据可得性，即城镇居民收入水平的数据统计更为全面可靠。

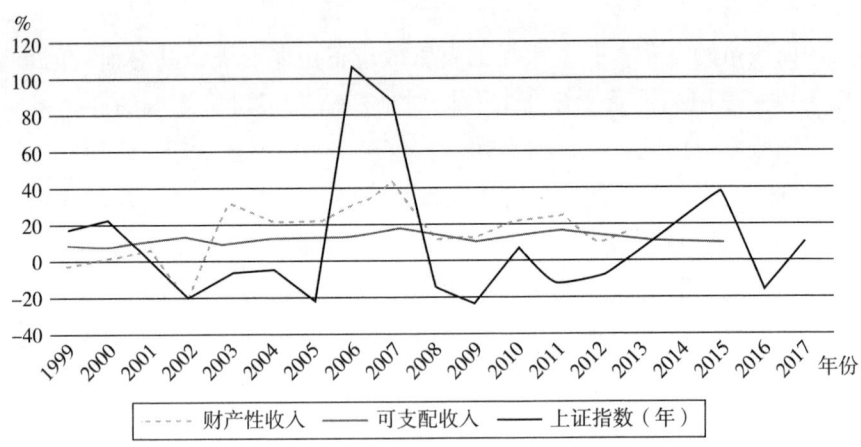

数据来源：根据《中国统计年鉴》各年数据整理得。

图 4-5　股票价格与城镇居民收入水平关系

城镇居民人均可支配收入相比，同期股票价格的波动呈现"过山车"式的大幅震荡，呈现出明显的周期性特征（也有观点认为，股票市场价格的不稳定突出反映我国股市存在投机因素），城镇居民人均可支配收入变动与股价波动之间并没有显现相关性，这与发达国家研究结果不一致。有意思的是，居民金融资产相关的财产性收入在很长一段时间表现出与资本市场的同步性。从 1999 年开始居民财产性收入的增长率在经历了前期下挫后出现转折，这一上涨态势保持到 2002 年后又开始下滑。这一时期央行为了刺激经济一直实行利率下调政策，对居民财产性收入产生了一定影响，但更多的解释来自股市先扬后抑的相应变化。从 2002 年开始，居民财产性收入重新进入上升通道，一轮大幅增长的好态势一直持续到 2008 年底次贷危机对国内经济负面效应释放。这一时期城镇居民人均财产性收入从 2001 年的 102 元上涨至 2008 年的 387 元，最大同比增幅达到 40% 以上，这与股票市场上涨及房地产价格飙升密切相关；这其间出现小的波幅，但 2006—2008 年的一轮大牛市行情和 2008 年房地产市场火热就很快扭转了财产性收入增长率减缓的趋势。2013 年后居民财产性收入波动较大，这主要与股票市场和房地产市场周期有关（尽管全国数据缺失，但研究发现一线城市居民消费结构变化能够较为真实地反映居民财产性收入受资产价格的影响）。从数据上看，2009年我国城镇居民人均财产性收入占人均可支配收入的29.7%（为近几年最高比率），但仍远低于发达国家动辄70%以上的比例。居民财产性收入在居民可支配收入中的占比过低影响了股票财富效应的发生（实证检验表明，不同地区、不同收入阶层和不同年龄阶段，股票的财富效应存在差异），但可以预计的是，随着经济发展模式的转变，"藏富于民"正在稳步推进，未来伴随多层次资产投资组合等制度体系的完善，居民财产性收入必然成为居民收入的重要手段，这也为股市财富效应的发挥创造了条件。与此相对应的，居民家庭资产负债表中财产性收入占比增加以及财富效应将更多地受资产价格的影响。

图4-6显示了城镇居民人均消费支出增长率和股票价格增长率的变化轨迹。总体而言，两者目前来看还不具备趋同性，且表现出明显的阶段性特征，表现在：第一，1993—1995年，股市财富与居民消费负向相关，与事实相悖，因为股市下跌却伴随居民消费水平上升，因此可能不存在负的财富效应。第二，1995—2000年，股市和居民消费呈现"双升"，表现出一致性，暗示此阶段可能有股市财富效应。第三，股市在2001—2005年一直下跌，居民消费却表现出几次小幅波动：2001—2002年急速降低后又上升，与股市行情背道而驰，表明股市的财富效应关系复杂。第四，从2006—2011年和2014—2015年两轮股市上扬行情和飙升的股价，伴随消费的大幅

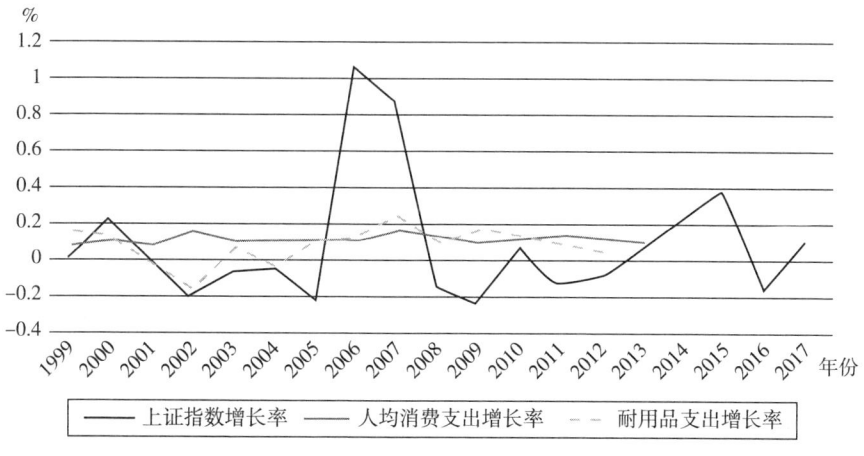

数据来源：根据《中国统计年鉴》各年数据整理得。

图4-6 股价波动与城镇居民消费支出

增加，股市财富效应明显。综上所述，股市的财富效应在我国表现出阶段性特征，并不稳定。耐人寻味的是，耐用消费品似乎更易受股价波动影响，表现出极强的相关性。当2001年股市下挫后，耐用消费品的增长率也被明显低估，远低于同期总消费的增长；2005年股市复苏，耐用消费品也开始爬升，在2008年还再度超越总消费增长率且差距也逐渐拉大。在2014年底至今的股市震荡过程中，财富效应与消费支出关系的有关实证检验也同样符合前一阶段的关系描述。

上述描述性结果显示，我国股票市场短期波动剧烈，因此仅从描述统计角度尚无法对股市是否存在财富效应作出准确回答，因此接下来将结合最新数据，利用VAR模型、脉冲响应函数和方差分解等技术实证检验中国股票市场的财富效应。

（2）模型建立、变量选择及数据说明。Robert E. Hall（1978），Marjorier Flavin（1981）将持久收入假说中的未来预期因素和生命周期理论中的财富因素结合起来，构成了LC－PIH模型，该模型强调财富对总消费的决定意义，其公式如下：

$$C = cWR + b_1\theta Y_d + b_2(1-\theta)Y_{d-1} \quad (c>0, b<1) \quad (4.1)$$

其中，Y_d代表当年可支配劳动收入，Y_{d-1}代表上一期可支配的劳动收入。Thomson（2003）根据Hall模型，推导出了可进行实证检验的模型，即由LC－PIH模型可推导出股市财富效应估计的基本方程：

$$C_t = \beta A_t + \gamma y_t \quad (4.2)$$

其中，A_t，y_t分别代表财富和当期收入。Ludwig和Slok（2002）、Thomson（2003）等均使用这一基本方程或增加滞后项（Edelstein，2003）估计了股市财富效应大小。我们对样本值取对数处理，得到以下公式：

$$\ln C_t = c + \alpha \ln A_t + \beta \ln y_t \quad (4.3)$$

通货膨胀会引起消费品价格变化，继而通过替代效应或收入效应引起居民实际可支配收入改变，并最终对消费产生影响。在这里借鉴郭宏宇、吕凤勇（2006）的研究，将通货膨胀率加入模型，得到最终模型形式如下：

$$\ln C_t = c + \alpha \ln CPI_t + \beta \ln A_t + \gamma \ln Y_t + u_t \quad (4.4)$$

其中，C_t，CPI_t，$\ln A_t$，$\ln Y_t$分别代表居民消费量、通货膨胀率、证券市场财富以及居民收入；α，β，γ分别代表通货膨胀的消费效应、资产财富的边际消费倾向、收入的边际消费倾向，c 是常数项，u_t 为随机扰动项。

我国股市经过多年的发展已经有了很大改变，但股市财富效应的发挥仍受诸多条件制约（Ungerer，2003），这些制约条件包括时间跨度的选择、投资者结构及其预期差异等因素，总体来说，投资者对长期收入和财富变化的反应比短期更为强烈，因此在测度中国股市是否具有财富效应以及其程度大小时，需要从时间跨度和样本选择上进行扩展和更新。本节在样本数据选择时慎重考虑了股市噪声对结果可能产生的影响，因此样本数据以季度数据代入模型，并利用动态模型弥补之前静态研究的不足，深化对我国股市财富效应的认识。在变量选择上，居民消费水平（con）、居民收入水平（y）、居民的证券市场财富（sto）以及通货膨胀水平（cpi）分别由社会消费品零售总额、人均可支配收入、上证指数每季度最后一日收盘指数、消费价格指数作为替代变量。所有数据均采用剔除价格因素后的实际值的对数形式，并对所有数据进行季节调整。样本数据时间跨度安排如下：

季度数据区间总长度为 1999 年 1 月至 2017 年 4 月，共 76 个时间序列数据。按照阶段性表现将数据分为几个阶段，分段考察其股票财富效应影响：1999 年 1 月至 2005 年 2 月为第 1 阶段，共 26 个样本数据。此阶段股市呈现上扬态势，计量结果此处估计为微弱的正财富效应；2005 年 3 月至 2007 年 4 月为第 2 阶段，共 10 个样本数据。此阶段股市止跌上扬，也是检验股权分置改革后股市财富效应改善与否的良好样本，计量结果此处估计为正财富效应；2008 年 1 月至 2017 年 4 月为第 3 阶段，共 24 个样本数据，此阶段发生美国次贷危机，加之 2015 年也出现股市大幅波动，因此检验结果估计股市财富效应不明显。数据取自各年《中国统计年鉴》及中国人民银行、国家统计局数据，并重新整理计算。

(3) 基于 VAR 模型的检验过程。为避免出现伪回归，首先需要对时间序列数据进行单位根检验、协整检验以及 Granger 因果检验。

(i) 单位根检验。为检验各变量所涉及数据的时间序列性质，用 ADF 方法检验各变量的平稳性，表 4-3 显示各变量的单位根检验值。消费、收入和通货膨胀都是一阶单整的，而股市变量的原始数据序列即为平稳序列。这是因为消费、收入、通胀都具有时间趋势，而股价指数的变动更接近于随机游走过程。

表4-3 各变量的单位根检验

变量	检验类型 (c, t, k)	ADF 检验值	临界值
CON	(c, 0, 1)	-3.56***	-3.53
Y	(c, 0, t)	-4.62***	-3.53
CPI	(c, 0, t)	-7.32***	-3.53
STO	(c, 0, t)	-8.33**	-3.53

注：检验类型中 c 代表截距项，t 代表趋势项。"*""**""***"分别代表10%、5%和1%下的显著性水平。

(ii) 协整检验。对包含消费支出、收入水平、股票价格及通货膨胀的模型进行协整检验。滞后阶数为1，具体结果见表4-4。从表中可看出，变量之间存在长期协整关系，表现出稳定的长期均衡。

表4-4 Johansen 协整检验

原假设	特征根迹检验		最大特征根检验	
	迹统计量	概率	λ-max 统计量	概率
0 个协整向量	62.50	0.00	38.80	0.00
至少1 个协整向量	23.71	0.21	18.42	0.12
至少2 个协整向量	5.29	0.78	5.22	0.71
至少3 个协整向量	0.07	0.80	0.07	0.80

(iii) 脉冲响应函数。首先来看1999年1月至2005年2月这一阶段，股票价格一个正单位冲击对消费支出的冲击，具体见图4-7。股票价格一个标准差的正向冲击引起了消费支出的下降趋势，这一趋势逐渐在第7期回到均值位置。可见，股票价格对消费支出具有负向冲击，即表现为股票财富效应为负，这与预期的结果一致。2005年之前的研究结论也支持，股票不存在或存在负向的财富效应。

其次考察2005年3月至2007年4月这一阶段股市财富效应状况。给定股票价格一个正冲击，消费支出的脉冲响应函数反应见图4-8。股票价格一个标准差的正向冲击引起了消费支出的上涨，这一趋势在第3期到达峰值，而后逐渐下降直至在第6期回到均值位置。因此可以说，股票价格对消费支出在这一阶段具有正向冲击，即表现为股票财富效应为正，这与模型设定预期结果一致。对此可能的解释是，2005年进行的股权分置改革，在

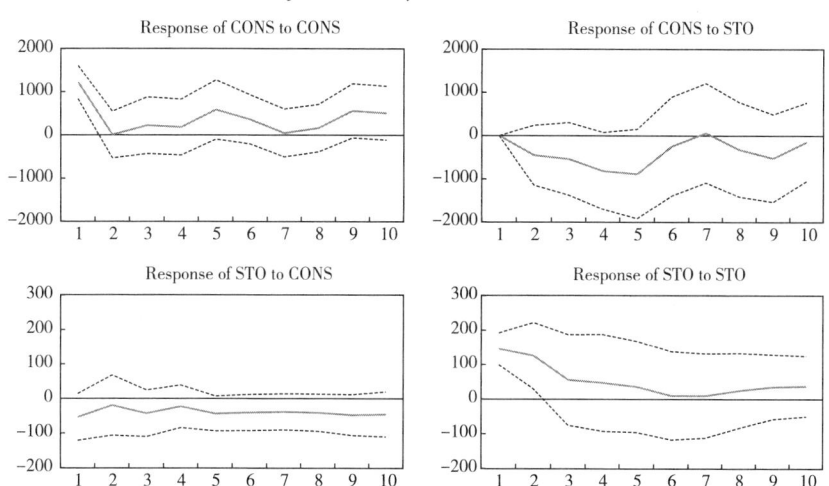

图 4-7　中国消费的股市财富效应：1999 年 1 月—2005 年 2 月

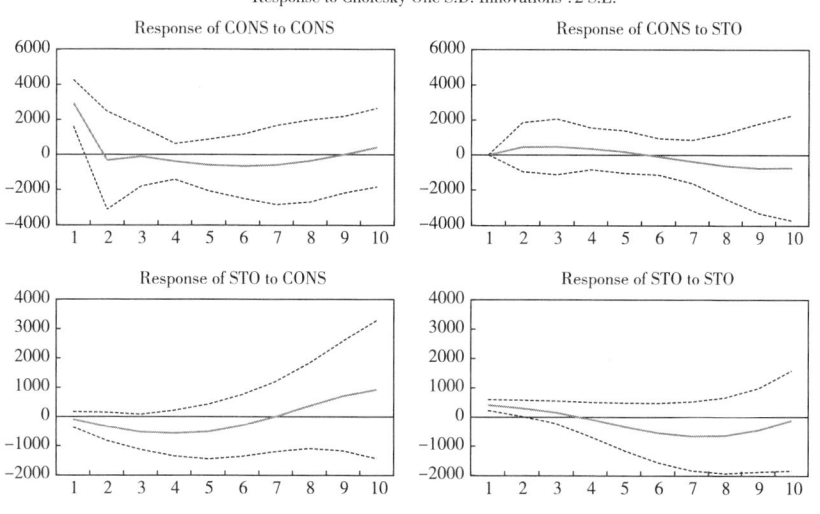

图 4-8　中国消费的股市财富效应：2005 年 3 月—2007 年 4 月

规范股票市场、肃清市场秩序、强化投资理念等方面释放了正向制度红利，推动了股票市场完善和股民的投资热情；同时这一时期经济增长态势良好，股市行情上扬也是股票财富效应显现的重要契机。已有实证研究很多结论支持 2005 年后，中国股市财富效应显现。

考察 2008 年 1 月至 2017 年 4 月这一阶段股市财富效应状况。给定股票价格一个正单位冲击，消费支出的脉冲响应函数反应见图 4－9。股票价格一个标准差的正向冲击引起了消费支出的正负交替的趋势并持续保持这一趋势。由于从 2008 年美国次贷危机的爆发到 2015 年股市一轮行情，股票市场在此期间经历了几次起伏涨落，国内经济走势和外部环境的错综复杂以及世界经济走势不明朗，加剧了股票市场的波动和居民财富（特别是财产性波动与股市、房地产市场关联度高，以股市、房地产市场价格波动为代表的资产价格波动将较大影响居民家庭财富，这一点在部门资产价格热点城市表现尤为明显），这一阶段股票价格波动对消费支出的影响捉摸不定也是可以理解的，股市财富效应在脉冲响应函数中的震荡交替反映了现实中的股票价格波动对消费支出影响不明确因素。这与模型估计结果也是一致的。

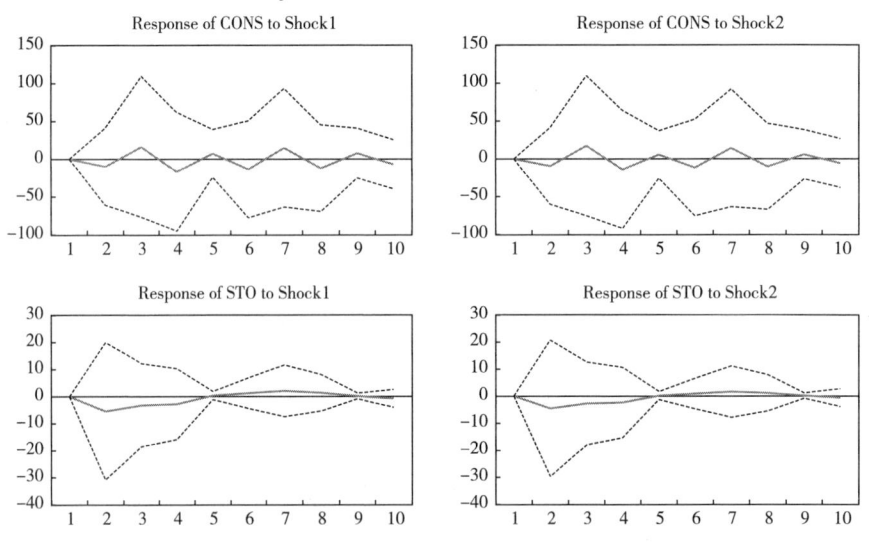

图 4－9　中国消费的股市财富效应：2008 年 1—2017 年 4 月

通过分阶段考察股票波动与消费支出之间的关系，可以很清楚地看到股市财富效应具有动态发展趋势。自沪深两市成立后的很长一段时间，股市并不具有财富效应；但是随着股市规范和成熟，特别是 2005 年股权分置改革后，股市的正财富效应正逐步显现。然而考虑到居民消费主要受收入水平制约，消费习惯的惯性很大，而且股票作为家庭财富形式占比少等因素影响，股市财富效应还不显著。

总体来说，我国股市财富效应依然凸显，然而其效应还比较微弱。因此利用股市财富效应增加居民消费支出，必须配合教育、养老、住房等多方面社会公共服务等制度的完善，提高居民消费信心指数，引导居民的消费习惯，真正实现股市财富效应增加和保障增长的转变。

4.2.3 中国房地产市场财富效应的实证检验（1999—2017）

1. 我国房地产市场发展概况。住宅是这样一类特殊商品，是具备投资属性的消费品。一方面作为消费品，能够满足居民的居住需求，另一方面还充当着抵押品在金融市场上投资，因此房地产还具有投资属性。我国自1998年取消福利分房，实行货币化分房制度后，房地产开始步入市场化发展方向。经过十多年发展，房地产已然成为促进实体经济发展的重要动力，房地产市场价格波动成为牵动消费、投资、金融借贷等诸多经济变量的影响因素。房地产市场对中国经济来说起着"双刃剑"作用。

从整体经济发展角度，房地产已经成为国民经济的支柱产业和经济增长点，以房地产增加值占GDP比例为例，其对GDP的贡献达到5%以上[①]，具体见图4-10、表4-5。

表4-5　　　2016年我国各地区房地产增加值占GDP比率　单位：亿元、%

地区	GDP	房地产增加值	房地产增加值/GDP	地区	GDP	房地产增加值	房地产增加值/GDP
北京市	25669.13	1672.68	0.065163	湖北省	32665.38	1291.35	0.039533
天津市	17885.39	805.92	0.04506	湖南省	31551.37	879.62	0.027879
河北省	32070.45	1488.42	0.046411	广东省	80854.91	6229.5	0.077045
山西省	13050.41	698.53	0.053526	广西壮族自治区	18317.64	749.04	0.040892
内蒙古自治区	18128.1	453.8	0.025033	海南省	4053.2	349.95	0.086339

---

① 一些学者如，许宪春、李文政（1999），刘洪玉、郑思齐、许宪春（2003）从市场法、成本法等角度对房地产行业增加值进行修正，认为房地产增加值占比甚至更高。史东辉（2008）研究认为，从2005年开始，房地产增加值对GDP贡献依然超过其他行业的贡献。

续表

地区	GDP	房地产增加值	房地产增加值/GDP	地区	GDP	房地产增加值	房地产增加值/GDP
辽宁省	22246.9	1037.33	0.046628	重庆市	17740.59	926.19	0.052207
吉林省	14776.8	476.58	0.032252	四川省	32934.54	1516.61	0.046049
黑龙江省	15386.09	616.9	0.040095	贵州省	11776.73	249.2	0.02116
上海市	28178.65	2125.62	0.075434	云南省	14788.42	303.96	0.020554
江苏省	77388.28	4292.79	0.055471	西藏自治区	1151.41	33.47	0.029069
浙江省	47251.36	2607	0.055173	陕西省	19399.59	747.17	0.038515
安徽省	24407.62	1124.07	0.046054	甘肃省	7200.37	259.89	0.036094
福建省	28810.58	1269.67	0.04407	青海省	2572.49	56.13	0.021819
江西省	18499	745.89	0.040321	宁夏回族自治区	3168.59	102.57	0.032371
山东省	68024.49	2773.29	0.040769	新疆维吾尔自治区	9649.7	298.62	0.030946
河南省	40471.79	1890.01	0.046699				

资料来源：《中国统计年鉴》各年数据。

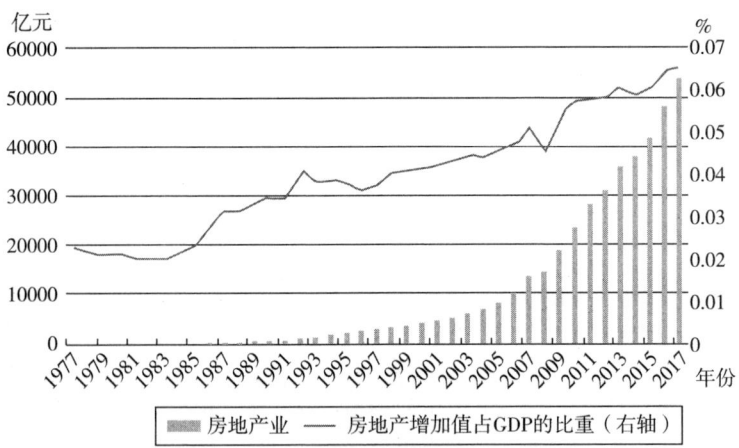

资料来源：根据《中国统计年鉴》各年数据整理。

图4-10 中国房地产业的发展状况

从居民角度来看，随着城镇化推进和资产形式多元化，房地产除了满足居住功能，更成为居民财产结构中的主要组成部分。因此房地产价格变化会影响到居民的财富水平，并对居民的消费能力产生正向或抑制作用，最终带来经济增长的波动。背后遵循的逻辑即房地产市场价格上扬与私人部门中长期信贷增加密切相关，在房地产价格上行阶段的居民杠杆率增加在一定程度上可能对消费形成抑制作用（北、上、广、深等房价热点城市表现更加明显），特别是对耐用消费品销售消极影响较大。

由于房价过快上涨积累的风险及对消费的挤出效应，从2003年开始面对房地产投资快速增长以及房地产市场过热苗头的出现，央行对房地产市场进行了四次调控。在2005—2007年的调控过程中，继2006年"国六条"出台后，中国人民银行又十次上调存款准备金率、六次上调存贷款利率，然而这轮超紧缩的货币政策并未将房价打压下来、于是从2007年开始，一些相关政策配套改革释放出有利于房地产市场的积极因素①，房地产开发投资平稳增长，住宅开发结构有部分改善。可惜的是，房价调控效果并未立即显现，反而出现边调边涨的现象。总体来说，房价涨幅在2007年有所放缓，但北上广等一线城市房价仍上扬。2008年出现了戏剧性一幕。央行货币政策从年初"从紧"转向"适度宽松"，房价出现爆发性增长，前期调控效果尚未显现就成果尽失。2010年4月27日，国务院颁布《国务院关于坚决遏制部分城市房价过快上涨的通知》（简称"国十条"），两会前又进一步出台更严厉的房价调控政策（简称"新国五条"），从房地产供给和需求两方着手调控的"史上最严房地产政策"，释放出政府坚决打压房地产投机的决心，房地产市场进入深度调整逐步陷入低迷并一直延续至2012年初。此后受货币政策放松和地方政府房地产调控政策微调，市场预期开始转换，从2012年3月房地产市场开始回暖、成交量持续攀升，至2012年下半年，房地产价格上涨压力隐现且分化严重。在这种局面下，刚性需求不断释放，房地产市场延续复苏并呈现跨年热销态势，成交量的攀升推动热点城市房价过快上涨，2013年2月底"新国五条"一出台，市场一度揣测此次调控可能落地性并不强，预期引导房地产价格继续在小幅回落后再次上升；不过随着时间的推移，各项限制措施并未松动坐实了"史上最严限购令"的执行力度，从2013年底市场呈现量价齐跌的局面，并在2014年中后期达到市场冰点，不但交易量大幅下降，交易价格也大幅回落。在北上广深等一线城市，房地产价格较波峰时期跌去20%，房地产市场陷入量价齐跌萎缩

---

① 主要得益于土地管理、规范市场秩序、投机抑制、住房结构调整等措施。

泥潭。受宏观经济增速放缓和外部环境影响，在底部徘徊的房地产市场在2015年3月30日迎来了自2008年以来最大的"救市"新政，简称"330新政"，沉寂已久的房地产市像是被注入了一剂"强心针"，市场预期开始发生改变，随后央行降息降准、"9·30贷款新政"，为房地产市场复苏再添一把火，房地产市场在诸多利好政策刺激下重回高位，多地房价屡屡突破历史高位，热点城市房价暴涨，过热的市场预期和投机刺激房地产市场泡沫飙升，流动性向房地产相关领域快速涌进，居民杠杆率快速攀升至历史最高水平，金融系统性风险显现并威胁到宏观经济的稳定发展。在这样的背景下，为遏制房地产市场价格过快增长可能引发的系统性金融风险和实际产出损失，随后两年政策层又密集出台各种调控措施平抑房价，目前房地产调控效果初现，楼市再次量价齐跌。总体来看，央行几轮调控的政策效果不理想，长期看房价波动已经影响到宏观经济健康平稳增长。如果不在膨胀时及时抑制，泡沫形成过程中金融体系累积的风险在泡沫破裂时将引发金融系统海啸和宏观经济紧缩，其代价将是巨大的。

2. 已有的实证研究结论。根据国内外既有研究成果，这里将房地产财富效应的研究按照研究方向，大致分为三种：

第一种方向即研究房地产价格变动对居民是否存在消费效应及效应程度，所用模型基本上遵循生命周期—持久收入假说的 LC – PIH 分析框架，强调未来预期因素和财富因素。Skinner（1989）运用收入动态平行调查数据（Panel Study of Income Dynamics，PSID）进行检验，结果显示房地产财富对消费有显著影响作用，但是程度不大；Engelhardt（1994）利用加拿大租赁者数据进行了测度，提出了类似的结论；Levin（1998）的研究也支持住房资产对消费基本没有影响；Poterba（2000）强调税收制度设计对消费者行为的影响，强调生命期内财产的赠与动机继而减少消费；Ludwig 和 Slok（2001）强调房价上涨增加了房租、转让收入，有利于提振消费者信心，因此消费支出增加；Campbell 和 Cocco（2005）考虑了年龄因素在住房价格波动中对消费差异化的影响。他们的研究结果表明，英国年长的自有房主属于价格敏感型，其房地产财富的消费弹性为 1.7，而年轻人则明显表现出对价格的不敏感；Tracy M Turner 和 Heather Luea（2009）使用动态平衡调查数据（PSID）数据，测度 1994 年、1999 年、2001 年数据，支持房地产价格变动对居民财富有影响。总的来说，大多数支持房地产财富消费效应，但对财富效应程度如何作用以及程度大小存在争议。

第二种即研究股市财富效应和房地产财富效应的对比关系。Karl E. Case，John M. Quigley，Robert J. Shiller（2003）；Alexander Ludwig 和 Torsten Slok（2001）；Bayoumi 和 Edison（2002）；Benjamin et al（2004）；Carroll et al（2006）等的研究具有代表性。他们通过对不同国家、不同时间点的数据测度后，普遍支持房地产价格波动引致的财富效应高于股票市场的财富效应。可能的解释基于几点：其一，与房地产价格相比，股票市场的价格波动更频繁，因而对消费的影响程度各异；其二，居民总资产中占比较大的是房地产，同时它又是缺乏供给弹性和替代弹性的不动产投资，因此房地产价格财富效应高于股市的财富效应。

第三种是研究房地产市场与股票市场互动关系。Stone 和 Ziemba（1993）；Okunev 和 Wilson（1997），Kiyotaki 和 Moore（1997），Ling 和 Naranjo（1999），Chen（2001）等学者就专注于对这两者互动关系的研究。他们的研究成果大多支持，资产价格波动冲击会引致房地产和股票价格的相互作用。国内学者在这方面的研究很少，但也不乏学术成果（周京奎，2006）。

国内有关房地产价格财富效应的研究，相对国外的研究起步比较晚；在研究方法、数据可得性方面也存在诸多困难，这既有现实因素制约，也受研究条件和水平限制，因此研究结论争议颇大。总体来看，关于我国房地产市场财富效应的比较公允的观点是认同房地产财富效应的存在，但财富效应比较微弱，且研究结果显著为正和显著为负的结论同时存在。

黄平（2006）选取 2000—2005 年全国季度序列数据，利用单位根和协整检验，提出我国房地产市场只有微弱的财富效应存在。骆祚炎（2007）采用 1985—2005 年的年度数据为样本，检验得出股市或房地产财富效应微弱存在；骆祚炎（2008）对比两种财富效应，认为不动产财富效应大于金融资产财富效应，但对于为何造成差异的原因探讨缺乏。刘建江（2005）根据《中国统计年鉴》的相关数据检验了房地产和储蓄的财富效应。其中房地产财富效应指数值为 -0.129，储蓄财富效应值是 0.14，而股票的财富效应为负值，数值为 -0.102；姚玲珍（2008）对房地产财富效应进行分阶段研究，研究结果显示：1979—1999 年，我国城镇居民房地产财富效应不显著; 2000—2006 年，房地产财富效应转为负向，即房价上涨抑制了居民消费。黄静、屠梅曾（2009）首次以家庭微观数据为样本数据，她们认为，房地产显著地促进了居民消费，但房地产财富效应并未伴随房价上涨随之增强，反而有减弱趋势；同时分地区、分年龄层次的结论也显示具有不同的效应。王柏林、何炼成（2010）构建包含习惯形成的消费函数，从长期和短期考察了房地产市场的消费效应。其结论认为，房地产市场具有财富效应，但地区之间存在差异，房价高的城市出现较高的消费效应。黄静和屠梅曾（2009）的研究也证实了这一结果。

3. 我国房地产财富效应的实证检验。从对上述文献梳理的结果来看，已有文献研究大多以线性模型实证检验房地产的财富效应，然而由于房地产财富效应具有的不稳定性，如果以非线性转换来考察房地产市场的财富效应则更贴近事实。本书以 2002—2016 年 30 个省（区、市）的面板数据为基础，以 Hansen 门限检验（1999）模型，加入潜在区制转换考虑，来实证检验中国房地产市场的财富效应，以期达到对房地产市场价格波动影响居民家庭消费的确切数据。

（1）Hansen 门限检验模型的设定。

$$C = \alpha Y + \beta W \tag{4.5}$$

其中，C 代表居民消费，Y 代表居民可支配收入水平，W 表示居民的财富水平，α、β 是系数，分别代表收入和财富的边际消费倾向。上式涵盖了居民收入、财富增长与居民消费的关系，基于此得到基本的线性面板回归模型如下：

$$C_{it} = \alpha_i + \beta_1 Y_{it} + \beta_2 HP_{it} + \varepsilon_{it} \tag{4.6}$$

其中，C_{it} 代表 i 地区在 t 时刻的人均消费支出水平，Y_{it} 代表 i 地区在 t 时刻的人均可支配收入水平，HP_{it} 代表 i 地区在 t 时刻的平均房地产价格水平，α_i 对每一个个体（地区）是固定的常数，代表个体的特殊效应，也反映了个体间的差异；β_1、β_2 是系数，分别代表收入和财富的边际消费倾向，ε_{it} 是随机扰动项，满足零均值等方差的独立正态分布。

公式（4.6）是考察房地产市场财富效应的基本线性模型，大多数文献研究基于此模型展开对房地产市场财富效应的考察。然而考虑到房地产市场非线性影响因素，因此在现行模型基础上加入非线性因素的影响，Hansen

(1999)非动态面板门槛模型是比较好的选择。Hansen 模型的核心思想,即将门槛值作为未知变量纳入模型,构建所考察的不同区制解释变量的分段函数;然后对门槛值及其"门槛效应"进行估计、检验。其检验思想即首先假设存在一个"单门槛效应",然后在公式(4.6)的基础上构建一个单门槛模型,多门槛模型则由单门槛模型扩展可得。

考虑到不同地区房价、人均可支配收入的增长速度差异,对已有房地产、计划持有房产的人群比重及消费耐心程度转换的潜在影响,因此房价上涨对居民消费影响会在不同地区表现出地区差异。此处实证模型中,分别选择房价增长率、收入增长率作为门槛检验变量,以人均可支配收入、房地产平均销售价格为区制解释变量,得到两组门槛模型用于检验。

模型一:以房地产市场价格增长率为门槛变量,以房价平均售价为区制解释变量,构建单门限检验模型。

$$C_{it} = \alpha_i + \beta_1 Y_{it} + \beta_2 HP_{it} I(RHP_{it} < FC) + \beta_3 HP_{it} I(ZHP_{it} > C) + \varepsilon_{it}$$
(4.7)

其中,ZHP_{it} 为 i 地区 t 时刻房价平均增长率,C 为未知门槛值;I 是指示函数,当括号内的条件满足时,其值为 $I=1$,反之则为 $I=0$。

模型二:以人均可支配收入的增长率为门槛变量,以房价平均售价为区制解释变量,构建单门限检验模型。

$$C_{it} = \alpha_i + \beta_1 Y_{it} + \beta_2 HP_{it} I(Y_{it} < FC) + \beta_3 HP_{it} I(ZY_{it} > C) + \varepsilon_{it}$$
(4.8)

其中 ZY_{it} 为 i 地区 t 时刻的人均可支配收入增长率。

(2)模型估计方法说明。利用门限检验模型对上述两模型进行检验,其步骤如下:首先,利用固定效应模型转换,得到门槛检验值 C 并估计斜率系数;其次,检验门槛效应是否显著;最后,检验门槛值,构建门槛值 C 的置信区间。

(3)变量选择及数据说明。样本数据选取 2002—2016 年我国 30[①] 个省(区、市)的面板数据。变量包括居民消费水平、居民收入水平、房地产价格水平,其数值度量分别由城镇人均消费水平、城镇居民人均可支配收入

---

① 由于西藏数据存在部分缺失,因此只检验 30 个省(区、市)的样本情况。

以及商品房平均销售价格作为替代指标。数据来源于《中国统计年鉴》各年数据整理。

(4) 模型检验及结果分析。前面章节实证检验部分，对变量的平稳性、长期协整关系已经作出了检验。结果表明，各变量一阶差分是平稳序列，且变量之间存在长期协整。因此接下来直接采用门槛检验回归模型。

显示两个模型分别进行门槛效应检验后得到的 F 统计量。模型一和模型二的单门槛效应通过1%的显著性检验，其双门槛效应、三门槛效应却不显著。因此以单门槛效应模型分析房地产价格波动对居民消费支出的影响。模型一、模型二的参数估计结果见表4-6。

表4-6　　　　　门限效应检验结果

	检验类别	F统计量	临界值5%	临界值1%
模型一	单门限检验	12.843	3.5667	6.9732
	双门限检验	3.761	3.6391	7.3725
	三门限检验	0.7259	3.5394	6.7692
模型二	单门限检验	5.3677	3.6047	8.0374
	双门限检验	3.1562	4.4802	6.7568
	三门限检验	2.1057	2.5922	8.4388

表4-7是单门限模型的参数估计结果。模型一、模型二的回归系数通过5%的显著性水平检验。两模型的检验结果均显示，其房价参数估计值均为负数，其经济学含义即房地产价格上涨会抑制居民的日常消费支出。检验结果还表明，不同区制下房地产价格的上涨对居民消费的抑制作用是存在差异的。从模型一的结果来看，当房地产价格的增长率低于3.89%时，意味着商品房平均销售价格每增加1元，城镇居民人均消费支出将降低约0.18元；而当房价增长率大于3.89%时，意味着房地产价格每增加1元，人均消费支出将降低0.16元，这中间相差约0.02元。

表4-7　　　　　单门限模型估计结果

模型识别	变量类别	参数估计值	t统计量	P值
模型一	Y_{it}	0.7402**	53.812	0
	$HP_{it} I (RHP_{it} \leq 0.3809)$	-0.1794***	-3.489	0.0004
	$HP_{it} I (RHP_{it} > 0.3809)$	-0.1585***	3.082	0.0021

续表

模型识别	变量类别	参数估计值	t 统计量	P 值
模型二	Y_{it}	0.7264***	50.397	0
	$HP_{it} I (Y_{it} \leq 15.91\%)$	-0.1249**	-2.294	0.0187
	$HP_{it} I (Y_{it} > 15.91\%)$	-0.2801**	3.8525	0.0002

注："*""**""***"分别代表1%、5%、10%下的显著性水平。

总体来讲，受房价地区增长速度不同、消费者支出地区差异及金融程度化水平太低等因素，房地产波动对消费支出影响呈现地区差异性，但总体来讲，房地产价格上涨对消费支出具有抑制作用。根据实证检验结论，政府通过各种措施平抑房价的过快增长，如增加保障性住房供给、构建合理的住房体系等是促进消费增长、进而扩大内需的重要举措。

4.2.4 本节结论

本节通过构建模型检验了股市财富效应，分阶段检验结果显示股票财富效应具有动态发展趋势。由于居民消费受收入水平、消费习惯的惯性因素、股票在家庭财富占比过少等因素影响，总体来看我国股市财富效应有所凸显，但效应比较微弱。为促进股市财富效应增进居民消费支出，必须配合教育、养老、住房等多方面社会公共服务等制度的完善，提高居民消费信心指数，引导居民的消费习惯，真正实现股市财富效应的增加和保障增长的转变。

房地产具有消费和投资的双重属性。房价的合理上涨会带来财富增加，在一定程度上促进消费增长。当前城镇化推进、拉动内需，商品房还将占据一定的经济增长极。然而房价的过快增长削弱了民众的消费能力和购房欲望，从理论分析角度，房地产市场负财富效应并不利于国民经济稳定增长。因此中央坚定调控房价的决心，从长远来看是符合各方利益的正确决策。引导消费者预期、提倡理性购房是从需求层面抑制房价的措施之一；土地财政和商品房用地供给完善、加快经适房、廉租房的建设，是从供给层面作出的努力；此外还应完善房地产市场管理，兼具打击房地产非法违规中介公司行为。

第 5 章　资产价格波动与最优货币政策目标

前面几章的论述清楚地描述了资产价格与货币政策之间的关系，资产价格不但对宏观经济变量会有影响，而且随着金融市场日益成熟和纵深发展，已经成为传导货币政策意图的有效渠道之一。因此中央银行在对待资产价格波动上，继续采取无为而治的态度显然不合时宜，密切关注资产价格已经成为理论界和政策层面的共同认知。但是在货币政策目标中是否纳入资产价格或者如何在资产价格波动背景下选择最优的货币政策目标成为未来一段时期各国央行的重要议题。本章在内容安排上遵循如下结构：首先，对货币政策是否干预资产价格的两种流派进行评述，为后续研究央行最优货币政策的反应奠定理论基础；其次，介绍金融状况指数（FCI）的背景知识，实证检验以 FCI 指数构建资产价格预测指标是否包含预期未来通胀和产出的能力；最后，针对中国目前的实际情况和面临新挑战，提出在资产价格泡沫波动背景下，货币政策在关注资产价格、测度金融风险以及政策效果评估方面可能进行的一些尝试和举措。

5.1　货币政策是否干预资产价格的两大主流观点

在有效市场假说（Fama，1970）的理论条件下，资产价格是对未来收益的贴现，其价格波动经常受预期因素左右①。而预期本身则受多种因素影响，最根本的还是基于对经济基础面的判断，但同时也受非理性的心理预期的作用，因此资产价格在一定情况下会脱离经济的基础面，形成资产泡沫和大幅振荡的局面。由此引发的后果则是：由于资产价格本身产生的财

---

① 不管是未来收益，还是其贴现率，均受到预期因素的影响。

富、投资及资产负债等效应,会通过货币政策传导机制或者金融部门之间的扩散传染效应影响微观主体的消费或者投资①,继而对通货膨胀和产出等实体经济变量产生作用。更为严重的是,如果银行信贷和金融监管呈现顺周期性②,事实上是受资产价格与信贷扩张正相关关系推动的话,资产价格泡沫的破裂(资产价格非对称性决定了泡沫破裂所带来的负向冲击远大于泡沫形成的损害)就会重创金融体系,并损害金融市场资金优化配置功能,引发经济广泛而持久的衰退。日本20世纪90年代泡沫经济膨胀破灭的周期性运动和长达20年的经济衰退,正是房地产价格泡沫损害金融体系及其资金优化配置功能,进而将经济拖入衰退泥潭的典型案例。

国际金融危机后,关于资产价格与货币政策的研究已经取得了显著的成果,信贷支撑资产价格泡沫的研究得到进一步加强和实证检验,各国关于货币政策应该密切关注资产价格波动已形成了广泛的共识,但在货币政策实践中是否应该干预资产价格泡沫仍然存在争论,且形成了两种流行并截然对立的观点。以Bernanke和Mishkin(1999)为代表的美联储经济学家主张不应对资产价格进行直接干预,"泡沫破裂后的清理"被认为是适宜做法,他们的观点被称为"不干预论";另一派则是以欧洲中央银行的一些经济学家Cecchetti, Genberg, Lipsky, Wadhwani和Goodhart(以下简称CGLW,2000)为代表的"干预论者"。他们主张,当资产价格泡沫是基于"非基本面"时,货币政策应予以干预,即"泡沫形成时加以抑制"。

5.1.1 "不干预论"的基本主张

Bernanke和Gertler(1999)的经典论文《货币政策与资产价格波动》发表伊始就"一石激起千层浪",引发了关于货币政策与资产价格波动的激烈争论。Bernanke和Gertler(2001,2002)以及美联储前主席Greenspan(2002)、美联储经济学家Goodfriend(2005)、英格兰银行经济学家Bean(2004)以及一些央行行长(Ferguson, 2005; Kohn, 2006)均表达了对货币政策不直接干预资产价格波动的观点,且这一观点成为2008年国际金融

---

① 前面几章已经对此进行了详细阐述,具体可见第3章、第4章内容。
② Bernanke and Gertler, 1999a; Kiyotali and Moore, 1997从理论上证明了银行信贷具有顺周期性;Goodhart, 2005; Carmichale and esho, 2005指出,很多金融监管规则也遵循顺周期性的规律。

危机之前对于资产价格泡沫的主流观点。不干预论主张央行对资产价格泡沫采取消极态度,在政策措施上并不采取主动刺破泡沫(即不进行积极干预),而选择在泡沫破裂后采取"事后清理"策略,这是因为:首先,受制于各种因素干扰的中央银行并没有有效的手段有效过滤各种信息从而看清资产价格的本质,因而无法准确识别资产价格泡沫,也就无法判断基本价值与资产价格市场价值的偏差程度。其次,即便央行有能力识别资产价格泡沫,也缺乏有效的政策工具。央行干预资产价格泡沫主要依赖利率政策或货币增长量,但研究并未支持利率政策工具与资产价格之间存在密切联系。且在资产泡沫快速形成阶段,由于缺乏对银行金融体系风险累积的信息,干预可能带来的金融风险及经济危机后果可能难以承受,因此在干预成本可能远远大于干预收益的情况下,央行并不愿意冒风险。最后,不干预论普遍认为,待泡沫自行破裂后在行之以有效的政策措施(如大幅降息政策)进行"事后清理",相比于事前识别、判断或刺破泡沫,央行具有更多政策手段和工具,事后操作也更加娴熟和有经验。

因此持"干预论"的学者和央行经济学家在实际操作中并不赞成货币政策对资产价格进行直接的干预,换言之,不赞成资产价格作为货币政策调控目标之一被加入央行货币政策的反应函数中,但在货币政策反应函数中加入通胀缺口或产出缺口等指标却被他们推崇为是切实可行的[1]。通货膨胀目标制的货币目标安排,能够保证通胀处于较为理想的数值区间[2];在实

---

[1] Taylor (1993) 用利率工具将通货膨胀和产出联系起来,按照一定的权重在通胀缺口和产出缺口中赋予一定的比率,通过利率手段能达到理想的政策效果。泰勒将泰勒规则计算出的利率与实际利率进行对比,发现他提出的货币政策规则与美联储的利率操作保持了高度的一致性。泰勒根据这一规则,考察了1987—1992年美联储的货币政策操作规则,将联邦基础利率模型由计算的规则值与实际操作值进行比对后得出最初的泰勒规则值,即最初的泰勒规则隐含美国联邦基础利率4%(名义值),联储目标通货膨胀值为2%。

[2] 通货膨胀目标制是当前货币政策领域一个很重要的研究领域。它起源于20世纪90年代中期,并在其后经历了快速发展。从其产生的时间来看,主要受一些主要发达国家或发展中国家将控制通货膨胀作为货币政策的首要目标并将通胀设定在一个较低数值区间的成功实践的影响,例如发达国家在20世纪80年代抑制通胀的成功经验以及德国联邦银行在东德统一时治理通胀的成功政策实践。也有学者认为,通货膨胀目标制在理论上甚至可追溯到货币主义的自然率假说和附加预期的菲利普斯曲线(黄广明,2003)。由于其从本质上具有维持一般物价水平稳定和不影响实际经济变量的内在优势,迄今为止已有41个国家选择将通胀目标制作为自己的货币政策目标规则。

践中,则依赖于"泰勒规则①"作为中央银行货币政策的反应函数。泰勒规则的基本思想是:利率操作要综合考虑通胀缺口、产出缺口偏离均衡产出的程度(Taylor,1993)。通胀缺口、GDP 缺口是经济水平的代理指标,中央银行并根据它们与目标值的偏离程度赋予其相对比率。既然维持一般物价水平是央行首要的政策目标,对资产价格波动直接干预的政策反应必然会威胁到通胀目标的实现,其基本公式如下:

$$i_t = \pi_t + r + \beta(\pi_t - \pi^*) + \gamma(y_t - y^*) \tag{5.1}$$

公式中 i_t 为 t 期的短期名义利率(也是央行的操作目标),π_t 为预期的通货膨胀率,r 为均衡实际利率,π^* 为央行设定通货膨胀目标值,$\pi_t - \pi^*$ 为通货膨胀缺口,而 $y_t - y^*$ 为实际产出缺口,γ 分别是调整通胀缺口和产出缺口的参数,反映了央行的偏好。

这方面 Bernanke 和 Gertler(1999)的研究具有代表性。他们研究认为,资产价格变动具有总需求效应②,通货膨胀目标制的货币框架,能够自动实现资产价格上升情况下的利率提高,而在资产价格下降的情况下,利率趋于下降,因此通胀目标制实质上是在货币框架内提供了同时保证物价稳定与金融稳定有效安排③。因此当资产价格泡沫出现膨胀时,央行"善意忽视"是最优反应;当资产价格出现破灭后,再以最后贷款人的身份向市场提供充足的流动性,避免出现像美国 1929 年股灾后市场因流动性不足而造成的金融危机。这样做主要基于央行在干预资产价格时面临诸多困难(既缺乏目标又缺乏政策工具)④,因此遵循"针对不同的目标,选择正确的工

---

① 泰勒规则(Taylor Rule)是常用的简单货币政策规则之一,是由斯坦福大学的约翰·泰勒于 1993 年根据美国货币政策的实际经验,而确定的一种短期利率调整的规则。泰勒认为,保持实际短期利率稳定和中性政策立场,当产出缺口为正(负)和通胀缺口超过(低于)目标值时,应提高(降低)实际利率。

② 资产价格上升刺激总需求,下降则减少总需求。

③ 伯南克认为,对于短期货币政策操作来说,中央银行应该将价格稳定和金融稳定看作是高度互补、密切相关的两个目标,应该放在一个统一的政策框架中来处理。实现这两个目标的最好的政策框架就是"有弹性的通胀目标制"。

④ Bernanke(2002)将上述困难概括为两点:一是在存在市场摩擦情况下,央行无法做到有效识别泡沫;二是既有的货币政策工具在干预泡沫方面是"钝的工具"。

具"的原则,寻求货币政策应对资产价格波动的次优政策目标[①]。该原则蕴含以下深意:其一,它意味着央行的货币政策瞄准实体经济,对资产市场波动给予密切关注(而非干预)。原因在于资产价格本身包含丰富的信息内涵,为制定政策提供信息。其二,意味着央行必须确保金融机构和市场已经做好了应对可能出现的资产价格大幅震荡的准备。央行应该要求银行具有充足的资本准备金,持有多元化的资产组合。当然上述原则还具有可操作性,即货币政策针对性强,它瞄准适当的目标变量——"经济活动和通胀",因为是透明的,且易为社会公众沟通。其三,它不苛求央行具备比市场更好的估价金融资产的能力,也不要求央行替代投资者对公司的前景作出判断。其四,这是一个行之有效的策略,它虽然不可能消除所有的经济和金融不稳定,但它能使经济免遭灾难性的后果。

5.1.2 "干预论"的基本主张

国际清算银行的 CGLW (2000) 则与 Bernanke 和 Gertler 持相反意见。他们首先对泰勒规则本身作为货币政策工具手段在操作过程中可能存在的问题进行了批驳:

第一,价格缺口和产出缺口的权重选择遵循的标准。Taylor (1993) 研究美国 1987—1992 年的货币政策,通过模型测算出美国的实际均衡利率、目标通胀率均为 2%,因此通胀和产出缺口的参数设定为 0.5。但是实际操作中,具体国家的参数权重如何设定,并没有公允的标准和理论的支持,因此缺乏操作性。

第二,长期均衡的价格水平和潜在产出水平确切的时界是什么,它们本身如何确定,泰勒规则并没有给出令人信服的解释(瞿强,2007)。

第三,Bernanke 和 Gertler 实际使用的货币政策反应函数,并没有将影响产出波动的变量纳入进来[②],而只有通胀缺口这一项,这既有别于泰勒规则要求的货币政策对通胀缺口、产出缺口的同步反应,也与 Svensson

---

① 具体来说,中央银行专注于实现如下宏观目标:价格稳定和充分就业,并运用其最后贷款人权力和监管职能确保金融稳定和安全。

② 事实上,Bernanke 和 Gertler 也承认 (2001),在货币政策反应函数中加入产出变量,对资产价格泡沫形成—破裂及经济重达稳态全过程的模拟表明,产出均有一定浮动的下降。

(1996，1997) 倡导的通胀目标的货币政策规则相去甚远①。而当通货膨胀成为货币政策首要甚至唯一的目标时，央行所关心的仅仅是预期通货膨胀目标的完成，那些不影响预期通货膨胀的资产价格波动自然不在央行的关心之列。这样就形成了一个悖论，即将货币稳定和金融稳定放在一个统一的货币政策框架内显然是无法完成的。假使资产价格膨胀发生时，一般物价呈稳定或下降态势，此时宏观经济环境如果也是稳定的，那么按照 Bernanke 等人的观点，货币政策应该无为，因为预期通胀基本未受资产价格变动的影响。然而事实证明，历史上数次严重的资产价格泡沫破裂引发的经济衰退，是货币当局奉行的不干预政策的直接结果。在传统的货币政策框架内，一般物价稳定并不与金融稳定同步实现。一味奉行对资产价格波动不干预的货币政策，由此造成的惨痛教训和巨额经济损失，也是干预论这激烈反对 Bernanke 等不干预者的原因所在。

第四，对资产价格这一变量是否应该纳入泰勒规则的思辨。如果未来通胀以 GDP 缺口代替，泰勒规则即为央行在现在与未来物价之间的反应规则。当资产价格波动通过财富效应、资产负债等效应传导至产出时，一方面，由于当期 GDP 缺口部分吸收了资产价格波动的因素，因而转化为未来的通胀压力；另一方面，按照泰勒规则的原则，央行应该对短期名义利率进行调整，以维持通胀目标制实现。因此，从这个意义来讲，在泰勒规则中事实上是加入了资产价格信息变量。

因此，干预论的支持者们提出了货币政策干预资产价格变动的基本观点。事实上，按照他们主张干预程度的不同，观点可分为两类：

第一类以 CGLW（2000）等人为代表，他们的代表观点即"防患于未然"。他们建议央行对资产价格的错位（Misalignment）作出系统性反应，即如果政策工具调整能在通胀缺口和产出缺口之外，也将资产价格波动考虑在内，将会取得更好的宏观经济效果。CGLW（2002）随后的解释进一步

---

① Svensson（1996，1997）对通货膨胀目标制进行了有影响的分析，他最主要的贡献在于对绝对通货膨胀目标制和弹性通胀目标制进行了区分，他本人是弹性通胀目标制的倡导者，而我们熟悉的美联储的货币政策目标实质上即是弹性通胀目标制——美联储除了肩负物价稳定的目标外，还需兼顾包括就业率在内的其他目标。更多有关 Svensson 的研究内容，可详见他在 1996 年和 1997 年的论文。

揭示了，防患于未然的策略并不是要货币政策"紧盯资产价格"，而是当潜在的资产价格泡沫存在时，央行采取主动政策对资产价格的不正常波动进行"逆风向行事"，如温和调整利率向市场发出信号，以抵消资产价格对通胀和产出的不利影响。Kent 和 Lowe（1997）、Borio（2002）以及 ECB（2005）等都是这一派的代表人物。

第二类是干预派中最激进的人物 Goodhart（1993）。他认为，事后的干预（央行的流动性注入、资产重组等举措）往往治标不治本，甚至会引发道德风险问题导致更严重的事前风险承担，继而增大发生系统性金融危机的可能性（Goodhart and Perotti，2012）。他主张事前的干预才是抑制泡沫的关键，而且按照他的观点，央行直接干预资产价格波动的货币政策显然是不够的，还应该将资产价格纳入对通货膨胀的测度，即成为货币政策目标函数[①]的一部分。这就意味着中央银行在盯住一般物价水平的同时，同时需要盯住资产价格波动，使之成为央行货币政策的最终目标。

5.1.3 争论背后的困境及达成的共识

1. 争论背后的理论困境。

（1）泡沫难以界定、识别。资产价格泡沫如何界定、是否可识别，是干预论者与不干预论者面临的首要问题。遗憾的是，有关泡沫的界定、识别及产生机制，现代金融并未产生令人信服的解释，对这个最基本的问题缺乏相应的理论说明最终拖延了宏观政策在应对泡沫经济上的作为，并造成了各派纷争不断。

多数经济学家认同泡沫的普遍存在，但资产价格的大幅波动并不等同于资产价格泡沫，准确地说，这二者在形成机制、表现形态及影响程度等方面表现出较大差异。有学者指出（Garber，1990，2000；Pastor and Veronesi，2006），资产价格是否过度上涨或非理性行为应该由经济基本面来解

[①] 货币政策损失函数，也即货币政策目标函数，是货币政策操作最终需要达成的目标，一般包括通货膨胀和产出水平。但在实行通货膨胀目标制的国家中，由于其是一种推崇通货膨胀首要地位的、有等级差异的货币目标体制（Meyer，2001），因此大多数情况下单有通货膨胀；货币政策反应函数则全然不同，它是货币政策作用的手段，遵循一定规则，可以有产出和通胀项，也可以有其他更多项。

释,资产价格大幅起落只是表象,但令人遗憾的是我们往往并不能区分哪些泡沫是由基本面引起的,哪些是投机成分,因此研究者对泡沫界定达成共识相去甚远(Gurkaynak, 2005)。由于无法确定资产的"基础价值",政府干预资产价格的动机的正当性就值得质疑。

还有一种观点认为,并非所有的价格泡沫都是有害的,一个资产价格波动频繁的国家更有可能是经济长期表现好的国家,因为资产价格泡沫改善了金融市场的信贷约束(Ventura, 2003),更多的信贷资金被注入经济体会带来经济增速提高。而且资产价格破灭后是否造成经济衰退和金融体系不稳定,依赖于诸多条件;各国普遍存在的金融制度差异、经济结构等,也使得资产价格波动对经济影响不可一概而论之[①]。

(2)央行能否有效干预资产价格泡沫及政策工具的有效性。当市场存在资产价格泡沫,如果中央银行想干预市场,就必须知道资产价格的最优水平或理性泡沫偏离"基本价值"的程度是多少,即中央银行势必要比市场更了解市场(Greenspan, 1999),具有比市场更有利的信息优势。在具体操作中,必须同时假设货币当局具有比市场更强大准确的预测能力。一旦央行并不比市场知道更多的额外信息或预测知识,那么就有充分理由相信,中央银行并不能够确切地知道泡沫何时出现或何时破裂。央行干预资产价格的货币政策必须以正确认识资产价格波动发生的根源为基础(Kerstin Hessius, 1999)。更进一步的,即使货币当局能够准确判断资产价格泡沫,但是在干预资产价格,如刺破泡沫时,中央银行并不能保证在刺破泡沫的同时,能够既不损害金融体系的稳定和运转,又不会给经济带来负面影响。因此,不干预论者认为央行并不具备干预资产价格的条件或者央行干预资产价格波动的条件并不充分,而且历史上大量泡沫干预的例证,如日本央行在20世纪80年代干预资产价格泡沫的失败直接导致日本经济长期的衰退和低迷,也提醒货币当局的干预行为并不见得是明智之举。

---

① Collyns 和 Senhadji(2002)对中国香港和新加坡资产价格泡沫和经济冲击研究显示,由于在银行监管体系、资本监管等方面严格,实际受泡沫冲击并不严重;世界银行的 Herrera 和 Perry(2005)对拉美国家的研究则事实相反;美国和欧洲国家在资产价格周期波动中所受影响程度也不一,美国更易受股票价格波动影响,而日本等发达国家则更易受房地产波动影响(Goodhart, 2005)。

有关货币政策工具的有效性问题。如果货币当局能够识别资产价格泡沫，央行货币政策工具是否也是有效值得商榷。Bernanke（2002）就曾指出，央行即使能够识别泡沫，但货币政策工具是一种钝的工具（Blunt Tool）无法有效干预资产价格，即缺乏行之有效的政策工具。

（3）资产价格变动的最优货币政策目标（反应）问题。随着金融市场结构的深化，资产价格包含着日益丰富的信息内涵，使其成为反映商品、劳务价格未来变动的重要预测指标，从而为货币政策制定者通货预期的有用信息，也对以稳定物价为最终目标的货币政策提出了挑战，因为仅仅监控传统的物价指数已经不够。因此当面临资产价格变动时，中央银行的干预措施，很大程度上取决于资产价格所包含的信息，以及中央银行怎么样看待这些信息。Goodhart 和 Hofmann（2001）认为，资本价格中既然包含预期通货膨胀、实际产出的有效信息，对这一信息的忽略将导致货币政策反应函数并非最优，提出了"古德哈特建议"（Goodhart Recommendation），主张建立包括资产价格在内的广义通货膨胀指标或从动态角度扩展物价指数（Alchain and Klein，1973；Shibuya，1992；Bryan and Cecchetti，2001，2005）；Bordo 和 Jeanne（2002）则提出货币政策的最优反应模型。然而上述观点遭到了 Filardo（2000）、白冢重典（1996）、欧洲中央银行（ECB，2005）等的激烈反对。他们认为资产价格与一般物价指数形成基础不一，因此包含资产价格的物价指数难以成为替代变量；同时盯住资产价格的行为会带来"道德风险"问题，并且如果资产价格与货币政策相互影响，就会形成自我预期的通货膨胀，带来无法确定的泡沫波动，最终央行缺乏有效的调控资产价格波动的手段（OECD，2005）[1]。

2. 国际金融危机后达成的基本共识。国际金融危机后，理论和政策操作层从不同领域和侧重点开展了诸多的研究和政策实践探索。最新的文献围绕货币政策对资产价格和金融市场失衡的忽视（Bernanke，2010；Adrian and Shin，2010；Blandchard，Dell'ariccia Mauro，2013）、从低利率、银行信贷（信贷周期）、道德风险（Jim，2012；Ciccarelli，Modaloni and Peydro，

---

[1] 评述内容摘引自《货币政策如何应对资产价格波动》，中国人民大学金融与证券研究所，2012。

2013，2014；Landier，Sraer and Thesmar，2013；Borio and Zhu，2012；Jeremy Stein，2013；Svensson，2013；Dianmon and Rajan，2012；Allen and Rogoff，2011；Farhi and Tirole，2012；Acharya and Naqvi，2012；Jimenea，2014a)、资产证券化、监管放松和跨境资本流动（Kohn，2009；Acharya and Schnabl，2009；Kalemli - Ozcan，Papaioannou and Peydro，2010，2013；Johnson and Kwak，2010；Acemoglu，2011；Agarwal，2014）等问题，从理论和实证层面提供了观察资产价格泡沫、货币政策以及金融监管思想等方面的诸多视角和素材，广泛而深入地讨论厘清模糊之处、形成国际金融危机后广泛共识和政策实践。

（1）货币政策方面的基本看法。货币政策应该密切关注（或干预）资产价格。放弃国际金融危机前流行的关于"善意忽视"资产价格泡沫的流行做法，密切关注资产价格泡沫成为国际金融危机后各国央行当局的常态操作（Bernanke and Gertler，1999[①]；Epaulard et al，2006）。资产价格泡沫包含了未来通胀的若干信息，能够反映信贷市场若干真实情况，忽视资产价格可能造成对金融体系和实际经济产出的巨大代价。与此同时，伴随金融自由化和金融创新工具，金融市场结构和风险累积的变化已经超出传统政策框架的监测范围，通过资产价格监测可以及时了解市场变化。总体来说，未来资产价格在货币政策决策过程中的重要性在逐渐加强，央行密切关注并监测资产价格泡沫并将其作为货币政策重要职能已成为货币当局的共识。但对泡沫识别、测度以及监测精度等考量货币政策当局的智慧。与此同时，在资产价格波动和金融稳定目标的背景，对货币政策框架的适时调整（如次贷危机后美联储货币政策框架进行了调整，对泰勒规则的反应变量和规则进行了修正），但既定框架下的修改还难以解决货币政策困境以及政策有效性和制度安排尚缺少统一定论。这是下一节需要讨论的问题。

货币政策的"逆风而动"原则被认为是消除金融失衡和系统性金融风险累积的有效手段。由于泡沫膨胀和风险累积经常新形成于扩张时期（通常社会处于低利率信贷繁荣时期），逆向操作基于以利率手段的反向操作，

[①] Bernanke 和 Gertler（1999）认为如果资产价格波动是由非基本面因素引起的，且对宏观经济有潜在影响，则货币政策应该关注资产价格。

通过一定监测手段和工具识别到潜在的资产价格泡沫，通过谨慎地提高利率达到预先消除泡沫的目的。相比于"应对泡沫破裂好于抑制繁荣功能"的流行观点，这类反向操作手段在国际金融危机前并没有受到重视。然而国际金融危机中，西班牙（西班牙引入"动态拨备"制度，但由于拨备缓冲仅占其总信贷的1%，终因比重过小而未能成功阻止危机发生）、澳大利亚和瑞典在信贷繁荣时期调整了货币政策，一些新兴市场国家尝试以逆周期货币操作刺破泡沫部分，在一定程度上部分消除或减少了风险累积和实际产出的剧烈波动，使人们看到了货币政策"逆风而动"在平滑风险的有益尝试。反向操作的好处在于采取对称性策略（在资产价格泡沫形成时紧缩，在泡沫破裂时放松）克服道德风险［银行金融机构"大而不能倒"或者系统性风险累积引发道德风险问题，在信贷繁荣时期银行道德风险引发货币政策与过度风险承担，央行事后救助更加强化了这一行为（Farhi and Tirole，2012a）］，在某种程度能够消除银行或者投资主体的过度风险行为。欧洲中央银行（ECB）在运用反向操作对抗金融风险积累了良好的经验，其政策工具也具有借鉴和推广意义。如密切关注信贷—收入比、杠杆率等反映资产价格变动的指标，定期向公众发布有关金融稳定和潜在风险的监测指标和结果，及时修正实际通胀与包含资产价格信息的观测通胀的偏差。

（2）监管方面达成的共识：金融审慎监管。此次国际金融危机的一个重要教训即是传统以微观审慎为思路的监管体系告终失败（Xavier，2015）。失败的重要原因是过于关注单个银行风险而忽视金融系统性整体风险，或者说微观审慎存在"合成谬误"，想当然地误以为单个金融机构风险可控就能自动形成金融体系整体性风险可控。因此危机后，推进微观审慎向宏观审慎监管体系的过渡以及从解决系统性风险两个维度出发构建宏观审慎监管框架成为监管框架改进的方向，也成为国际社会的共识。在操作思路上，反思微观审慎框架的局限（主要是忽视系统性风险累积和监管顺周期性），从金融系统整体视角，对包含金融机构、金融工具、金融市场和基础设施在内的整个范畴予以广泛关注（IMF，2011b），构建宏观审慎监管框架。总体来说，建立微观金融监管和宏观审慎监管相结合的监管框架，有利于减少金融的系统性风险，维护经济发展。同时，宏观审慎监管框架与货币政策协调、在金融全球化背景下政策溢出及宏观审慎监管竞争和合作等都对监管效果等提出诸多挑战。关于这一部分的内容，将在第 7 章详细讨论。

5.2 资产价格波动背景下的货币政策选择

与"是否干预"相对应的另一个维度，则是货币政策"如何干预"，或者说货币政策该"如何关注"资产价格波动[①]。伴随着金融深化和广化以及我国金融市场发育完善和市场主体参与程度增加，居民资产结构正在发生深刻变化，一个重要表现即是居民收入中财产性收入的增加，主要是有价证券（如股票、保险以及债券等）增加和不动资产（居住性房屋以及投资性房产等比例）增加。因此，资本市场层次深化和发育程度提高增强了货币市场与资本市场联动，资产价格波动通过资产负债表等渠道和传导机制正在深刻影响货币政策传导机制和政策效果。在这样的背景下，探索货币政策框架的调整，构建包含资产价格波动的广义指数作为政策领先指标的可行性，具有重大的理论和实践意义。

5.2.1 货币政策干预资产价格波动的理论争鸣

主流的观点认为，将资产价格纳入货币政策目标的做法不可取。原因在于，资产价格波动由基本面和非基本面因素共同决定，央行在获取资产价格信息、评估资产价格上并无优势，勉强将资产价格纳入政策目标，于货币政策实施并无好处（Greenspan，1999；Bernanke，2002）。因此，中央银行既不应将资产价格纳入政策目标，也不要企图刺破泡沫，占优选择是"事后救助"策略，即在资产泡沫破裂后及时为经济体注入流动性，以缓解经济面临的短期流动不足[②]。客观地讲，"善意忽视"策略有其合理之处，它敏锐意识到货币政策在干预资产价格上的巨大困难，然而央行这种"事

[①] 在这里讨论的是货币政策目标的问题，而非货币政策手段或货币政策最优规则问题，他们共同构成了最优货币政策设计的组成部分。

[②] 次贷危机爆发前，美联储面对房地产市场泡沫，并未及时刺破泡沫；而后在华尔街大投行相继倒闭后，才扮演"救火队长"的角色，通过开动印钞机、向经济体输入巨额流动性的方式，免于经济下滑。这种事后救助的策略，最终酿成了美国 21 世纪开端最严重的一次金融危机并演变为全球性的金融危机。美国应该对其政策的选择进行深入反思。

后救助"的"非对称操作①"导致的金融机构或非金融机构道德风险问题，可能诱发更大程度的过度风险承担进而在金融体系内部累积更大风险。美国次贷危机的爆发即印证了这一事实。

干预论的观点主张，货币政策应当关注资产价格变动。但究竟需要采取何种方式将资产价格纳入货币政策目标，尚无统一说法：Bernanke 和 Gertler（1999）等人认为，由于技术困难，不应该直接在反应函数中加入资产价格项②，但赞同关注资产价格波动；更多的研究则探索纳入资产价格波动的货币政策操作运用。按照干预方式的不同，研究按照两个方向展开：其一，Alchian 和 Klein（1973）等人主张利用资产价格所包含的信息，从动态角度扩展消费价格指数。通过在物价指数中加入资产价格，构建了一个广义的价格指数来作为货币政策目标的代表。此后不断有研究沿着这一思路细化深入（Shibuya，1992；Bryan，Cecchetti and Sullivan，2002）；其二，构造资产价格指数，如构造货币形势指数 MCI 和金融形势指数 FCI。Goodhart 和 Holfmann（2001）在 Freedman（1995）货币状况指数（Monetary Condition Index，MCI）的基础上构建了金融形势指数（Financial Condition Index，FCI），将房地产价格和股票价格包括进来。"这种将资产价格信息（内置于）货币政策的框架"（郭田勇，2006）的尝试，引起了理论界和各国货币当局的注意，曾前后被若干国家的中央银行（加拿大、新西兰、澳大利亚等国）作为货币政策的操作目标。当前全球通胀特征及其机理的变化③，以及次贷危机的演化等都揭示了纳入资产价格波动在内的宏观经济政

---

① 即资产价格上涨时不作调控，泡沫破裂后再施加援助会显著加剧投资者的道德风险，促使资产泡沫膨胀。

② 他们批评那些试图将资产价格带入货币政策的学者难以解决如下问题：(1) 如何识别资产价格的波动是由非基本面因素还是基本面因素引起的。(2) 资产泡沫按照怎样的路径演变；(3) 在干预过程中如何保证刺破资产泡沫不会带来金融市场恐慌。很显然央行并不比市场拥有更好的信息和更有效的政策工具，因此除非资产价格波动对通货膨胀预期产生影响，央行最好的策略即是事后反应。但 Bernanke 认为应该关注资产价格，事实上美联储的货币政策在格林斯潘时期以及伯南克掌舵期间也遵循这一原则。

③ 资产价格膨胀更可能出现在低而稳定的通胀环境中，这与传统以物价稳定和金融安全为目标的货币政策并不总是一致的。因为资产价格大幅波动大多与银行信贷扩张有关，其价格高涨—跌落会对银行等金融系统安全和稳定造成冲击，迫切需要央行进行注册干预，然而这却与一般物价水平稳定的政策不干预相冲突。

的迫切（CGLW，Goodhart，BIS；易纲，林毅夫等）。对中国而言，伴随证券市场和房地产市场的发展、金融体系和结构正处于不断健全、优化的历史阶段，货币相关比率和金融相关比率呈现齐头并进的良好态势（易纲，王召，2002），资产价格与金融市场联系以及对实体经济的深刻影响，已经成为货币政策当局予以重视的重要环节。面对以股价、房价为代表的资产价格的波动，中国人民银行数次调控效果不佳，已经说明我国资产价格波动对货币政策、实体经济以及金融稳定的影响不容忽视，如何密切关注资产价格波动、如何在资产价格泡沫背景下构建货币政策最优目标以及货币政策实施效果，成为我国央行的重要议题。本节接下来的内容，就在前述理论基础上，探讨货币政策密切关注资产价格波动以及如何实现包含资产价格信息的货币政策选择，并回答了通货膨胀目标制在我国的适用性及构建金融状况指数的若干尝试。重点阐述实际构建我国金融状况指数的可行性和合意性，以及我国货币政策操作在实践中如何应对资产价格波动和维护金融稳定。

5.2.2 通货膨胀目标制是否适宜我国货币政策的讨论

有一种理论认为，我国宜构建通货膨胀目标制下的货币政策框架，可以克服现有货币政策执行效率不佳和对资产价格的监测。提出这种观点的学者（夏斌，2001；王中华，2002；奚君羊，2002；卢宝梅，2008等）认为，通货膨胀目标制提供了一个保证通货膨胀、金融稳定和货币政策灵活性的有效框架。从1989年开始，新西兰《储备银行法》率先在本国的货币制度中引入通货膨胀目标制；其后数十年间，通货膨胀目标制先后在加拿大、英国、瑞典、芬兰等发达国家生根发芽，随后一些新兴经济体国家，如巴西、南非等于20世纪90年代在货币政策框架中引入通货膨胀目标操作。理论界的溢美之词和众多中央银行货币政策的实践似乎正在表征，通货膨胀目标制在作为最优（理想）的货币政策制度代替以利率目标、货币供应量目标的货币政策。但是国际金融危机后关于此种货币政策框架忽视金融市场和外部因素的质疑声不断，美联储在实际政策操作实践中也对政策框架和规则进行调整和修正。

对于中国来说，我们必须正视制度、金融市场结构以及监管等层面存在的差距，以通货膨胀作为我国货币政策最终目标，在货币政策制度环境和事实基础在现阶段显然还不具备,以货币供给量为中介目标的货币政策框架还将存在一段很长时间。但随着资产价格在货币政策中越来越重要的作用,货币政策当局应该建立包括资产价格在内的指标体系,密切关注资产价格变动,并由官方定期公布监测结果和金融风险,引导微观经济主体预期,为货币政策制定和金融体系稳定提供有效信息。

1. 通货膨胀目标制的背景由来。从20世纪70年代开始,发达国家的经济在一轮高增长周期后步入"滞胀期"。反对者将这一高通胀和低经济增长的经济窘态归咎于凯恩斯主义"相机抉择"政策的后果。他们批评"相机抉择逆经济风向的政策,存在主观随意性强、追求短期经济目标的实现实质损害长期经济生产力、货币政策目标相互冲突难以兼顾等问题。Kydland和Prescott(1977)从理论上论证了,如果货币政策按照某种规则行事,如遵守低通胀承诺的规则,在预期作用下可实现一个低通率目标,因此他们认为一个有承诺的货币政策规明显优于"相机抉择",该思想在其后得到了包括Barro和Gorden(1983 a,b),Backus(1985),Driffill(1985),Tabellini(1985),Rogff(1985)以及Walsh(1995)等人的支持和发展。通过将通货膨胀率引入政策政策损失函数,并向社会公开宣布一个确定的通货膨胀目标,可维持长期的物价稳定。因此20世纪90年代以来,以一般物价水平稳定为最终目标(有些国家兼顾金融体系稳定性)的通货膨胀目标制在一些国家确定了法定地位,让经济在低而稳定的通货膨胀环境下运行的货币政策框架得到了来自理论界、货币政策当局的普遍认同。可以说在某种程度上,通货膨胀目标制被认为是至今成功地实现价格稳定目标的最优(次优)货币政策框架[1]。

---

[1] 20世纪80年代末由于资产价格膨胀—破裂引发的全球金融、经济动荡大多发生在低而稳定的货币政策环境中,被认为是对通货膨胀目标制的挑战。那么通货膨胀目标制是否或在多大程度上可以同时保证实现一般物价稳定和金融稳定性,对这一问题回答的优劣直接构成了通货膨胀目标制是否得以继续的关键。Bernanke和Mishkin(1997),Bernanke和Gertler(2000),Okina et al(2001),Borio和Lowe(2002),Bernanke(2003)等从理论和实证方面论证了,物价稳定和金融稳定具有目标一致性,以通货膨胀目标制为最终目标的货币政策能够保证在物价稳定下的金融稳定,但前提是中央银行应该干预对预期通胀产生影响的资产价格波动,即不主张直接干预或将资产价格作为货币最终目标纳入货币框架,但央行需密切关注资产价格波动,并能够全面、系统地评估关键指标(如,信贷增长量、资产价格膨胀及实际经济投资激增等)释放信息和其对经济、金融的风险影响。以美联储为首的发达经济体央行的货币政策操作,事实上考虑了股票等资产价格的变动状况。

2. 通货膨胀目标制的优势条件。通货膨胀目标制本身的制度安排特性，使得其同其他货币制度相比较，具有多方面的制度优势。一般来说，通货膨胀目标制具有以下制度优势：

第一，通货膨胀目标的实现依赖于信息数量的多寡及货币政策工具的正确运用，不关心货币数量与价格之间是否具有强关联性。

第二，通货膨胀目标制与其他货币政策相比，具有出色的可测性、可控性和相关性，有利于稳定公众预期，改善货币政策效果。在政策工具规则上，以泰勒规则代替自主权衡形成政策目标的决策框架，通过宏观经济模型，根据法定目标调整名义利率（不考虑其他外部因素），其决策结果具有可靠性和可预测性。

第三，中央银行必须具有高度的独立性和信誉度，避免中央银行陷入动态不一致的恶性循环。

第四，中央银行在货币政策工具的选择上具有灵活性，保证了货币当局更为有效地实现稳定物价和经济增长的政策目标。然而，对于那些欲通过通货膨胀目标制改进政策操作的国家来说，通货膨胀目标制的实行需要极高的软硬件条件匹配，最主要是对中央银行本身具有独立性、克服动态不一致保持高信誉度、政策环境及政策手段有很高要求。

总体来看，实行通货膨胀目标制的国家，均具有市场化利率形成机制、货币政策传导渠道畅通、央行独立性和可信度较高以及完善的金融监管和信号传递等特点。当然通货膨胀目标也有其缺点，特别是对发展中国家而言，普遍存在货币政策兼顾多个目标、政策可控性差、宏观调控经验尚浅等因素困扰，可能出现政府宣布的通货膨胀目标难以实现而遭遇信誉风险。

3. 我国不宜构建通货膨胀目标制货币政策框架的原因。国内研究很多学者支持在我国构建以通货膨胀目标为货币政策最终目标的货币政策决策框架（夏斌，2001；卢宝梅，2008等）。夏斌（2001）纵向考察了我国货币政策环境的改变，从货币需求和供给的结构改变、货币流通速度及宏观金融环境的改变，论证了货币供给量已不宜继续作为我国货币政策的中介目标，建议在目前没有最优选择的情况下退而求其次，模拟通货膨胀目标制，通过一定的政策工具设计将一般物价水平波动维持在合理范围内，建立通货膨胀目标下的货币政策操作框架；卢宝梅（2008）认为，通货膨胀目标制是一种前瞻性的货币政策策略,并且货币政策手段(如利率、货币供给量或信贷控制等)相比较更具灵活性,因此事实上只要关注资产价格对预期通货的压力和保证实际利率为正,通货膨胀目标制下的货币政策就是有效的。针对稳定物价水平下的资产价格膨胀,她给出的解释是,过度的信贷扩张和投资过度引发资本市场非理性繁荣,其后的价格调整导致金融体系不平衡而非通货膨胀目标制本身引致,因此在维持一般物价稳定的同时要关注资产价格波动以减少对金融体系的冲击。本书认为,从长期趋势来看,通货膨胀目标制不失为一种很好的选择,但以目前的条件来说,将其作为货币政策框架还存在不少困难,亟须从以下方面着力研究和解决:

(1)独立、透明、高信誉度的中央银行尚不具备。独立、美誉度高的中央银行是建立通货膨胀目标制的关键,必须确保中央银行独立判断并制定通货膨胀目标,维持央行的独立、透明度和信誉度。一旦中央银行因为某种政治因素背离其政策轨迹,公众对其产生怀疑,政策成本将会非常巨大。纵观我国中央银行执行历史,很多时候实际上是从属于其他政策目标。虽然近年来人民银行在提高透明度等方面做出了努力,如提供货币政策执行报告、披露金融数据和宏观经济运行状况等来提高政策透明度,但货币政策透明性还有待提高,特别是货币当局在实践中更多采取较为模糊的操作方式,使得微观经济主体不能很好地理解当局意图,甚至造成了预期混乱。因此在以后一段时间,应该为币值稳定设置明确的通胀区间,并试图保持这一目标的实现;同时提高政策信息披露的深度和广度,形成良好的信息沟通机制,使得公众很好地解读政策意图,把握政策走向、宏观经济形势、金融状况等情况,引导公众良性预期的形成。

(2)通货膨胀目标制的货币政策框架,需要货币政策在制定和执行中充分关注资产价格。这就意味着,需要构造一个包括资产价格信息的广义价格指数,作为通货膨胀率的代理指标。前面章节已经论述,资产价格膨胀会通过各种渠道产生财富效应,刺激消费增长和总需求增加,最终推动一般物价水平上升,我国尚且没有一个反映资产价格波动的广义价格指数,通货膨胀目标制的建立无异于纸上谈兵。

(3)市场化的利率改革是当务之急。通货膨胀目标制下,货币政策对资产价格传导主要借助于利率机制实现(在实行通货膨胀目标制货币政策框架的国家，泰勒规则被中央银行当作反应函数广泛使用，央行政策意图通过联邦基金利率迅速传递到市场，引导市场利率形成并迅速传递到各个市场）。以利率作为政策调控工具，能够反映资金市场供需信息，容易被央行观察到，且具有可测性、可控性和即时性的优点。我们于1996年正式引入以货币供应量为中介目标的货币政策框架，但货币政策调控效果一直不佳，一个很重要的原因在于货币政策利率传导机制存在问题，货币政策难以在银行信贷市场、货币市场、各个不同层次的资本市场，以及经由金融市场向微观主体传导，利率传导机制的重大缺陷严重影响了我国货币政策执行效果和货币政策目标的可控性、可测性。因此人民银行从2013年就提出，我国的货币政策中介目标目前实行价格指标和数量指标相结合，并将逐步转向以价格指标（短期和长期利率调控等方式）为主调控的方式。在推进利率市场化和货币政策调控工具从数量型调控向价格型调控的过程中，货币政策调控的利率走廊模式频频出现在官方或非官方表述中，其目的即是构建包括公开市场回购和逆回购操作利率、央票发行利率、法定存款准备金利率、超额准备金利率、再贷款和再贴现利率、SLO（公开市场短期流动性调节工具）利率、SLF（常备借贷便利，人民银行近期频频通过这一工具对市场流动性和利率进行调节，凸显了推进改革的决心和向市场发出信号）利率在内的利率体系和锚定利率，使得央行能够按照市场化方式，以货币政策操作传达政策意图，其逻辑是货币政策操作通过影响锚定利率进而传导至金融市场，引起其他利率产品波动，从而达到引导市场预期和调控整体市场利率目标的实现。目前来看，我国利率市场化还有很长的路要走，很多体制性（如，刚性兑付、预算软约束等）问题、信贷市场结构问题（国企占据了大量信贷资源，资金使用效率不高）、金融市场深度和结构（债券市场发育滞后，金融产品较少、信贷市场、货币市场与资本市场相互割裂，阻碍利率形成机制和相互传导）问题在短时间内很难解决。

（4）继续推进人民币汇率制度改革，完善汇率形成机制。通货膨胀目标制要求央行货币政策以维持一般物价水平稳定为首要目标，这意味着货币政策为维持既定通胀目标必须保持相对独立性且一般不能兼顾其他目标。换言之，如果一国汇率制度安排为固定汇率制度，那么它与通货膨胀目标制之间就存在内在冲突。我国有管理的浮动汇率制自2005年实行以来，人民币在市场供需双方力量推动下短期内保持对美元的小幅升值，但实质上由于巨额贸易顺差形成的巨大外汇占款，以及人民币升值预期下短期游资流入对人民币的旺盛需求，央行事实上为保证汇率稳定被迫进行外汇干预，直接的后果即是基础货币大量投放，以房地产、股市为资金池的做法助长了消费者的通胀预期，进一步影响了未来通胀率。所以说，货币当局对固定汇率的偏好必然这样的结果——通货膨胀目标不可信。更进一步的，要实施通货膨胀目标制，现行的人民币汇率制度必须有力推进，真正形成市场化的形成机制，但人民币国际化进程不可能一蹴而就，也牵扯到诸如资本账户放开、利率市场化进程等方面的改革，因此现阶段施行通货膨胀目标制显然为时尚早。

通货膨胀目标制框架在我国现有基础条件和政策实施环境尚不具备实施的条件，而且国际金融危机后实施通货膨胀目标制的国家（如美国）基于现有框架对工具规则和政策目标的决策变量进行了调整和尝试（美联储在泰勒规则中加入"金融市场和外部因素"），这是基于国际金融危机后普遍的共识：认为资产价格包含丰富信息内涵，因此在货币决策应密切关注资产价格。一些比较激进的观点认为，这样做还不够，应该从技术上构造包括资产价格在内的广义物价指数。

5.2.3 资产价格、金融状况指数与货币政策：文献梳理

本节内容主要探讨包含资产价格在内的货币政策框架的实践。内容安排上首先介绍了理论界关于干预资产价格的货币政策建议，然后详细论证了通货膨胀目标制在我国的可行性和适用性问题。虽然具有前瞻性的通货膨胀目标制，为实现一般物价水平稳定和金融稳定提供了良好的政策框架，但由于我国在市场化利率机制、汇率制度安排、央行独立性等方面发育不足，现阶段实施通胀目标制还为时尚早；因此建议先构建包含资产价格在内的广义金融状况指数（FCI）。实证检验表明，FCI能够很好地预测通货膨胀，同时包含了货币政策诸多信息，中央银行应该建立一整套资产价格的预警指标，进一步完善货币政策体系，为宏观经济运行提供信息和指导。

1. 文献综述。金融状况指数（FCI）是在货币状况指数（MCI）的基础上扩展而来的。1994年Freedman最早提出MCI的概念，他认为汇率和利率

均包含了货币政策的重要信息①，而后加拿大银行（Bank of Canada，BOC）致力于构建 MCI 并曾作为货币政策目标长期监测②。MCI 包括两个变量：短期利率和汇率，是短期利率与汇率的加权平均。Goodhart 和 Hafmann（2001）在 MCI 的基础上提出了 FCI，他们认为在 MCI 中加入房地产价格和股票价格所构成的 FCI，包含对未来经济产出和通货膨胀压力更多的有效信息。其中，房价比股价在解释和预测通货膨胀方面更有说服力，也比汇率对通货膨胀的影响显著。Goodhart 等构建的 FCI 指数包括短期利率、实际有效汇率、房地产价格和股票价格四个变量，利用总需求方程缩减式和 VAR 脉冲响应函数法确定各自权重，编制了 G7 国家的金融状况指数。关于 FCI 包含的变量、各变量的权重确定、数据处理及作用在其后的研究中存在一些差异，具体介绍可参见陆军（2007）的介绍。

关于 FCI 指数的构建，国外具有代表性的研究主要有：高盛（Goldman Sachs），Mayes 和 Viren（2001）构建了欧洲 11 国的 FCI；English 等（2005）编制了德、英、美的 FCI；Montagnoli 和 Napolitano（2005）使用卡尔曼滤波算法确定了各自动态权重，构建了美、加、欧元区及英国等国的 FCI 指数；Swiston（2008）基于 VAR 脉冲响应分析构建了美国的 FCI；Guichard 和 Turner（2008）使用 VAR 脉冲响应模型和产出缩减方程，编制了两组 FCI 指数；Beato 等（2009）使用结构 VECM 模型和美国宏观经济模型编制了两套美国的 FCI。

国内学者有关金融状况指数的研究成果也不断涌现。王玉宝（2003，2005）支持金融状况指数对预测通货膨胀和制定货币政策有重要信息作用；封北麟、王贵民（2006）研究了金融状况指数与货币政策反应函数的关系；陆军、梁静瑜（2007）构建了包括实际利率、实际有效汇率、股价和房价四个变量在内的中国金融状况指数，得出将资产价格纳入货币政策决策参

---

① Sims（1980），Benanke 和 Blinder（1992）认为，短期利率和货币政策工具（隔夜拆借利息）紧密相连，能够作为预期通货膨胀的代理指标。Freedman 的研究更进一步，他认为汇率也具有通胀预期的作用。

② 理论界认为 MCI 本身存在缺陷，因此对将 MCI 作为货币政策操作目标展开了广泛批评，目前大多使用 FCI 作为反映未来通货膨胀压力的指标，放弃了将 MCI 作为通货膨胀指标。

考过程已刻不容缓的结论。戴国强和张建华①（2009）通过 VECM 模型编制了我国的 FCI 指数，并检验其对货币政策的传导作用。王雪峰（2009）利用状态空间模型，编制了 FCI 指数。王彬（2009），李成②（2010）等研究也测度了中国的 FCI 指数值。

2. 金融状况指数（FCI）构建的理论依据。货币形势指数 MCI 是由加权平均的短期利率和汇率而构成的。构造该指数的依据是，由于超额总需求决定通胀压力，因此货币政策当局旨在通过影响总需求达到影响通胀的目的，这一过程需要借助货币政策工具实现短期利率、真实汇率调节对总需求的影响，进而达到影响通胀最终目标的目的。其作用机制可总结如下：货币政策当局通过货币政策工具影响货币市场短期利率，由于家庭资产负债表效应对利率敏感，此举会带来私人部门（家庭和企业投资与储蓄决策）需求改变并最终反映在总需求改变。在其他条件维持不变时，货币政策改变引起了国内外利差改变，可能导致短期资本跨国重新配置改变一国真实汇率水平和进出口竞争力的相对变化，即一国外部需求条件因货币政策调整发生变化。

资产价格波动通过财富效应、资产负债表效应等影响实体经济在最近 20 年得到了广泛证明。这意味着，除了传统的利率和汇率渠道以外，资产价格波动包含的预期通胀和其他诸多信息具有前瞻性，可以作为货币政策的反应函数被央行使用。

FCI 一般包括四个基本变量：短期利率、实际有效汇率、房地产价格和股票价格，其作用机理分别如下：

利率是中央银行控制通货膨胀的主要政策工具，其传导机制大致为：利率变化影响居民或企业持有的金融资产（如股票价格、债券价值等）或负债（如住房按揭支付金额、借贷成本改变），或者可供借贷的抵押品的市场价值，从而达到影响私人部门的消费支出、投资支出等总需求变化，最终引起通货膨胀目标改变。

---

① 戴国强，张建华. 中国金融状况指数对货币政策传导作用研究 [J]. 财经研究，2009 (7).

② 李成，王彬，马文涛. 我国金融形势指数的构建及其与宏观经济的关联性研究 [J]. 财贸经济，2010 (3).

汇率直接影响进出口，而进出口净额是总需求的一部分。当汇率波动引起进出口净额的变化，会带来总需求的变动，中国在过去很长一段时间一直具有较高的贸易依存度，因此汇率波动对通货膨胀和产出的影响显著。汇率影响通货膨胀的传导机制为：汇率变动引起本币价值变化，进出口随之发生盈余或赤字（汇率传导直接渠道）；如果净出口下降引起总需求下降，会带来一般物价水平和工资收入水平的降低，从而减少居民消费支出（汇率传导的间接渠道）；同时还可能由于本币价值变动（及其预期变化）引发跨境短期资本的流入（流出），对国内物价产生冲击（汇率传导的货币渠道）。

与利率、汇率的通货膨胀传导机制影响不同，资产价格对通货膨胀的影响主要是间接性的，其影响机制可分为两类：一是资产价格影响消费的财富效应和投资的托宾 q 效应；二是股票等资产价格波动通过资产负债表效应、信贷渠道等影响消费和投资。企业和家庭的抵押品价值会随资产价格波动。在信息不对称条件下，银行借助抵押品价值对贷款人的资质和风险系数进行评价，因此资产价格波动影响抵押品净值进而影响私人部门的借贷能力。一般来说，当资产上升时，企业和家庭受资产价格利好，其可借贷的抵押品净值抬高会改善其贷款能力，表现为繁荣时期银行放贷增加，企业和家庭资产负债表扩容和支出增加，此时社会整体杠杆率抬高；相反的，当经济萧条、资产价格暴跌时，银行信贷供给（骤然）减少，私人部门因抵押品净值受资产价格下滑影响导致其贷款资质下降，银行在萧条时期惜贷更加重了家庭和企业的信贷难度，进而总需求水平也会下降。这种金融周期与经济周期相互加强、自我放大的功能被 Bernanke、Gertler 和 Gilchrist（1996，1999）等人最先发现，并称之为"金融加速器"（Financial Accelerator）。由于资产价格更多地取决于预期的未来收益和生产能力，因此该渠道通过预期发挥作用，由此资产价格含有未来通货膨胀的信息。

上述分析表明：利率、汇率、股价、房价等资产价格以及信贷水平等金融指标对通胀的影响各异。由于存在上述差异，本节欲构建一个包含利率、汇率、股价等多变量的综合指标——FCI 来探讨其对通胀趋势的影响效果，为货币政策操作提供信息和指导。

5.2.4 构建包括资产价格在内的中国金融状况指数

Goodhart 和 Hofmann（2001）构建的 FCI 涵盖了真实短期利率、真实有效汇率、真实房地产价格和真实股票价格四个变量，在数值上等于这 4 个变量的加权平均数，其具体形式如下：

$$FCI_t = \sum_{i=1}^{N} W_i (q_{it} - \bar{q}_{it}) \tag{5.2}$$

其中，q_{it} 代表资产 i（$i=1,2,3,4$）在 t 期的真实价格；$\bar{q}_{it}$ 表示资产 i 在第 t 期的均衡价值或者长期趋势值，$(q_{it} - \bar{q}_{it})$ 代表资产 i 的真实价格对其长期趋势的偏离，w_i 则为金融状况指数 FCI 中各资产 i 的权重，且权重和为 1。

1. 模型设立及数据说明。

(1) 模型的设立。借鉴 Goodhart 模型的变量选择，同时参照部分文献理论，构建中国金融状况指数 FCI 中包含的变量为实际利率水平、真实有效汇率、实际房地产价格和真实股票价格。Goodhart 和 Hofmann（2001）采用 VAR 脉冲响应分析估计 FCI 中各变量权重系数 w_i，我们借鉴他们的方法来估计这样的 VAR 模型，并通过标准 Cholesky 分解识别冲击，最终构建我国 FCI 模型如下：

$$FCI = \lambda_1 \cdot M2gap + \lambda_2 \cdot RHgap + \lambda_3 \cdot EXgap + \lambda_4 \cdot IRgap + \lambda_5 \cdot SPgap \tag{5.3}$$

其中，M2gap 为实际货币供应量缺口，RHgap 代表实际房地产价格缺口，EXgap 代表真实有效汇率缺口，IRgap 为实际利率缺口，SPgap 则为实际股票价格缺口，λ_i 为 FCI 中各变量缺口的权重系数且有 $\sum \lambda_i = 1$。注意此处各缺口的含义对应于式（5.2）中 $(q_{it} - \bar{q}_{it})$，代表各变量实际值减去长期趋势值的差。

(2) 数据选取和说明。我们选取月度数据进行实证检验，样本区间从 1999 年 1 月至 2017 年 12 月，共 228 个样本数据。时间起于 1999 年，主要是因为 1999 年我国开始进行住房市场化改革，在这一年《证券法》也正式实施，由此我国的住房市场和股票市场开始步入正轨。

货币供应量，选择 M2 作为代理指标。真实房地产价格，选取国家统计局国房景气指数作为代理指标（国房景气指数是对价格、资金和土地开发指数的加权平均，能整体反映房地产行业状况）。实际股票价格选取上证综指，数据选取以月最高和最低收盘价的平均数作为代理变量。实际房地产价格（RH）和实际股票价格（RS）均用X12季度调整名义值后再除以定基比消费者价格指数（CPI）得到。真实有效汇率，选取人民币实际有效汇率（REX），数据来源于IMF《国际金融统计》；真实利率水平，选取银行间同业拆借利率7天利率（Chibor）作为央行调控短期名义利率的代理指标，实际利率（IR）为7天同业拆借利率（月度均值）减去通胀率。实际利率缺口（IRgap），借鉴戴国强（2009）和巴曙松（2011）等的处理方法，将实际利率的月环比变化值作为其代理缺口变量。此外，我们选择消费者价格指数（CPI）作为计算通胀率的原始数据，通胀率（π_t）为同比CPI数据减去100，即π_t = CPI - 100。定基比数据以1998年12月为基期。

2. 模型的检验及结果分析。

（1）单位根检验。根据赤池信息准则（Akaike Information Criterion，AIC）的最小化原则选择趋势项、确定常数项和变量最优滞后阶数。从单位根检验中可知，M₂gap，RHgap，EXgap，IRgap，SPgap在1%的显著性水平下均拒绝了原假设，因此各缺口序列和通胀率序列都是平稳序列，可用来建立VAR模型（见表5-1）。

表5-1 ADF检验结果

变量	检验形式(c, t, k)	t统计量	临界值	结论	变量	检验形式(c, t, k)	t统计量	临界值	结论
M2gap	(c, 0, 2)	-11.19	-3.46***	平稳	EXgap	(c, 0, 1)	-10.56	-3.46***	平稳
RHgap	(c, 0, 1)	-10.04	-3.46***	平稳	IRgap	(c, 0, 1)	-11.77	-3.46***	平稳
					SPgap	(c, 0, 1)	-9.21	-3.46***	平稳

注："*""**""***"分别代表1%，5%，10%下的显著性水平；ADF的检验形式（c，t，k）中，c代表常数项，t为时间趋势，k为根据AIC准则选择的滞后阶；ADF检验选用Mackinonn临界值。

（2）滞后阶数k的确定。根据（Akaike Information Criterion，AIC）信息规则、（Schwarz Criterion，SC）信息规则来确定模型的最优滞后阶数k。

这样做的好处，一是避免了滞后阶数太少而影响参数估计的一致性，二是可防止滞后阶数太多对模型估计的有效性。按照 AIC 准则和 SC 准则的结果，最终选择 VAR 模型的最优滞后阶数 $k=7$，即滞后 7 期，此时滞后期为 7 的 VAR 模型的 AR 根图形显示，所有特征根均位于单位圆内，这意味着 VAR（7）模型是结构稳定的，可用于脉冲响应函数分析。

（3）脉冲响应函数分析。前面论述了如何计算权重系数 w_i，接下来我们用广义脉冲响应函数逐个测度 FCI 指数中所包含的每个变量对通货膨胀

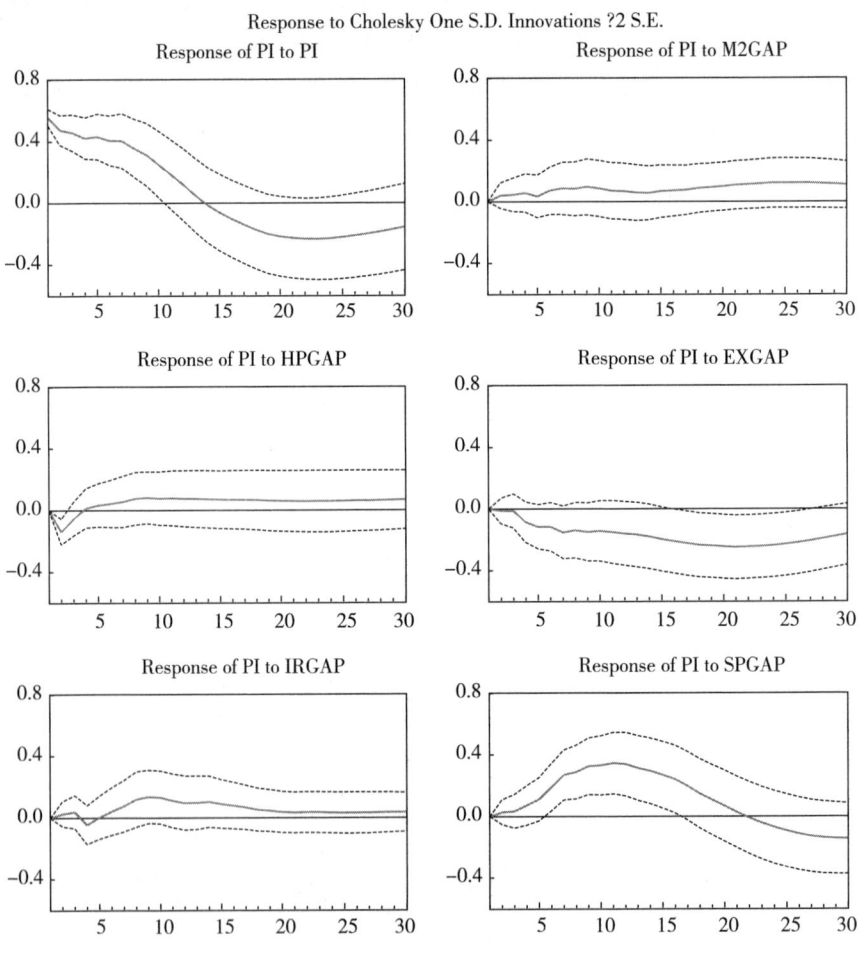

图 5-1　脉冲响应函数分析

率（π_t）的脉冲响应程度。图 5-1 依次展示了房地产市场价格缺口、实际货币供给量缺口、实际有效汇率缺口、真实利率缺口和实际股票价格缺口的一个单位标准差正向冲击对通货膨胀率的脉冲响应轨迹，其具体分析如下：

第一，考察实际房地产价格缺口 RHgap 的一个单位正向冲击的脉冲响应函数对通货膨胀率的影响。实际房地产价格缺口 HPgap 的一个单位正向冲击对通货膨胀率的影响先增加后减小。在预测期 30 个月内平均累计脉冲响应值为 0.0496，因此可以说，房地产价格上涨过快容易引发通货膨胀。

第二，考察实际货币供应量缺口 M2gap 的一个单位正向冲击对通货膨胀的脉冲响应函数。由图 5-1 可知，实际货币供应缺口的一个单位正向冲击在前 10 期对通货膨胀率的冲击存在波动，而后随时间推移逐渐平稳。这说明货币政策与通货膨胀之间存在政策时滞，在预测期 30 个月内平均累计脉冲响应值为 0.0831。由此我们可以得出如下结论：脉冲响应函数的结果显示，实际货币供应量对通货膨胀的影响在开始时存在波动，而且伴随着货币供应量的增加，通货膨胀率也会随之上升，这与经济学中的解释是一致的，也符合日常经济中的表现。

第三，实际有效汇率缺口 EXgap 的一个单位正向冲击对通货膨胀的脉冲响应函数分析。从图形中可以看出，实际有效汇率缺口一个单位的正向冲击对通货膨胀率的影响呈现负向影响，在第 4 期负面影响加速一直到第 22 期；之后逐步小幅减弱。在整个预测期 30 个月内，平均累计脉冲响应值是 -0.1699。当人民币表现为升值时，会导致净出口下降，继而带来总需求的下降并最终部分缓解了通胀压力，这可能是脉冲响应为负的主要原因。

第四，实际利率缺口 IRgap 的一个单位正向冲击对通货膨胀的脉冲响应函数分析。从图中可以看到，实际利率缺口一个单位的正向冲击对通胀的脉冲响应在预测期 30 个月内，开始时有所波动并正负交替，第 5 期开始增加并于第 9 期到达顶点，之后逐步回落，略大于 0，其平均累计脉冲响应值为 0.0551。脉冲影响分析表明，利率提高对抑制通货膨胀水平的影响似乎达不到预定结果，似乎在一定程度上也符合实际。对此可能的解释是，受制于我国金融市场发育程度和各类金融市场隔离，货币政策利率传导机制阻碍货币政策效果；实体经济与虚拟经济存在的"脱实向虚"问题，货币利率政策会引发资产价格波动,对实际经济变量的影响有限。

第五,实际股票价格缺口 SPgap 的一个单位正向冲击对通货膨胀的脉冲响应函数分析。从图形中可以看出,实际股票价格缺口一个单位的正向冲击对通胀的冲击效果较为复杂。在冲击开始的初期,脉冲响应值开始增加并且一直持续到第 12 期到达最大,之后逐步回落,至 22 期回落至 0,之后继续到负值,预测期 30 个月内平均累计脉冲响应值为 0.1040,由此可以说,股票价格对通货膨胀影响的中期作用并不显著。对此可能的解释是:我国股市虽然经过多年的发展完善,但还存在很多制度内在的缺陷。这些制度上的"硬伤"严重扭曲了股票市场的投资和资源配置功能,再加上股市中"政策市""人为市"等外部原因,因此削弱了资产负债表效应和财富效应对物价的影响程度。

从上面的分析可知,这 5 个变量对通货膨胀的影响各不相同,也从侧面进一步佐证了涵盖多个变量的综合指标(例如广义价格指数 FCI)在反映未来通胀方面,较之单独变量(如 CPI 等)具有更合理、更全面的因素,能够更好地反映并预测预期通货膨胀,揭示更多的货币政策操作意义。

3. 金融状况指数 FCI 的测度。

(1) 中国金融状况指数 FCI。根据广义脉冲响应函数的分析结果,可以得到预测期 30 个月内 FCI 各变量(5 个变量)对通货膨胀增长率影响的方差分解和平均累积脉冲响应值。为了得到 FCI 中各变量的系数,根据式(5.4)求得,将上述平均累积脉冲响应值进行处理,即可得到各变量的权重系数 w_i。

$$\gamma_i = \beta_i / \sum_{i=1}^{n} |\beta_i| \quad (5.4)$$

其中,β_i 是第 i 个缺口值的单位冲击在 30 个月内对通胀率的平均累计脉冲响应值。结合式(5.3),我国 FCI 的具体表达式可表示为:

$$FCI = 0.0333 \times M2gap + 0.0265 \times RHgap \\ - 0.0333 \times EXgap + 0.0316 \times IRgap + 0.0213 SPgap \quad (5.5)$$

表 5-2 展示了国内外研究关于 FCI 各变量所占权重的比较。通过对比各种研究结论中 FCI 变量的权重估计值,发现在数值上存在很大出入,深入分析之后甚至可能得到一些有趣的解释,有助于对我国一些问题的理解:

表 5-2　　　　　国内外研究中 FCI 各变量所占权重比较

指标\变量\国家	股价	房价	汇率	利率	货币供给量
美国	0.03	0.58	0.02	0.37	—
日本	0.05	0.48	0.04	0.43	—
加拿大	0.04	0.1	0.28	0.59	—
德国	0.03	0.46	0.08	0.43	—
法国	0.04	0.51	0.04	0.41	—
英国	0.03	0.35	0.17	0.45	—
意大利	0.03	0.29	0.13	0.54	—
均值	0.04	0.4	0.1	0.46	—
何平（2007）	0.03	0.16	0.33	0.38	0.1
戴国强（2009）	0.05	0.54	0.24	0.17	—
巴曙松（2011）	0.4429	0.0619	0.2086	0.1459	0.1406
本文（2017）	0.0213	0.0265	-0.0333	0.0316	0.0333

注：国外数据来源于戴国强等（2009）的整理。

首先，关于 FCI 中利率所占比重在国内外研究结论中的差异。与国外研究对比，发现国内研究结果所得的利率权重普遍较小[①]。对此可能的解释是，这可能和我国利率市场化程度较低有关，管制的利率水平体系尚难以真实反映资金供求关系和信贷风险水平。

其次，关于 FCI 中汇率所占比重在国内外研究结论中的差异。对比国外研究结论，汇率所占权重在国内研究中普遍高于国外研究结果。对比可能的解释：一是人民币尚未成为国际货币，因此非国际储备货币的事实使得人民币汇率波动的影响无法向外传递。这样带来的后果之一，即是人民币汇率波动的风险主要由国内出口企业被动承担，因此在数据上表现为人民

---

① 通过查阅国外研究发现，利率占比之所以在国外研究中比较低，主要是基于以下两个事实：其一，国外利率指标大多利用市场程度高的短期利率或长、短期利差作为指标选择，我国由于缺乏相应利率期限结构的定价手段，对未来通货膨胀的预期很难模型化，长期利率也无法真正由市场形成，因此利用短期利率变化影响长期利率，进而影响经济的货币政策传导机制在我国无法真正实施。长短期利差市场化的缺失，是导致目前国内研究结果中利率指标权重较低的原因之一；其二，我国利率市场化程度较低，目前的利率水平体系尚难以真实反映资金供求关系和信贷风险水平，导致利率的调控作用较弱。

币汇率对 CPI 的影响权重较高；二是我国改革开放 40 年的经济增长依靠出口刺激的发展模式，在产业结构和经济增长中表现为经济出口贸易依存度很高，然而出口产品中高附加值、技术（自主创新型）产品的数量太小，大量低附加值、低技术含量的产品由于缺少定价权，自然决定了产品结构价格容易受到汇率波动的冲击。

（2）FCI 对我国 1999—2017 年的金融状况描述。根据式（5.5）计算得出 FCI 指数的线性表示图（图 5-2）。其中，零水平线代表零通货膨胀与金融形势松紧适度的均衡状态，当 FCI 指数位于水平线以上，代表金融状况较宽松，而 FCI 指数在水平线以下，则代表金融状况指数较紧缩。根据此分类，下面的内容对中国 1999—2017 年的金融状况指描述按照分阶段的顺序进行描述。

第一阶段：1999 年初至 2006 年初，FCI 指数线全部位于水平线以上，但在 2005 年底呈现逆势上扬趋势，且上行趋势明显。其中在 2002 年初至 2003 年中期出现上扬周期，这主要是受银行放贷数量增加和房地产市场投资加速驱动，银行等金融机构的贷款增速明显提高、不良债权率增加，整个社会通胀水平出现上扬，因而金融指数上扬明显。不过这一现象仅维持 1 年半的时间，政府出于对市场高涨的潜在担忧，陆续出台了规范房地产信贷市场、加强对商业银行的窗口指导，提高金融机构存款准备金率等措施的影响，金融趋势开始趋于紧张，价格水平呈现下滑态势。

第二阶段：2006 年初至 2008 年初，FCI 指数迅速抬升。受政策转向作用影响，银行信贷额度增加、经济增长速度较快、各项固定资产投资加快，整个金融形势呈现宽松状态，金融指数快速从底部拉升，不断由负转正，且在 2007 年不断攀升并在 2007 年底达到波峰位置。在趋势上，FCI 趋势转变明显先于 CPI 指数且幅度较大。由筑底阶段转向，FCI 指数领先于 CPI 一个时期；在达到峰值之前，FCI 更是领先于 CPI 指数数期。如果政策层能够预先设定预警指标，及时监测到市场变化，在周期波动对实体经济尽早干预可以减少实体经济可能遭受的损失。

第三阶段：2008 年底至 2010 年初，金融整体形势波动较大。随着美国次贷危机影响逐步显现，市场对出口减少、经济增速放缓和世界经济前景的悲观预期，同时银行等金融机构出于安全考虑，加大了对损失拨备计提比率、央行货币政策从之前的宽松开始转向紧缩，于是在 2009 年初，迎来了一轮金融收缩的大背景。FCI 的指数表现很好地契合了货币政策周期及信贷市场的实际表现。在 2008 年底至 2009 年初,国内货币环境宽松、信贷层扩张明显,此时 FCI 快速上扬,其趋势变动明显领先 CPI;在 2009 年货币政策开始紧缩周期时,很快就呈现下降趋势,并且高于水平线之上,其趋势依然领先 CPI,具有明显的金融预测功能。

第四阶段:2013 年中至今,FCI 指数至零水平上,表明整个金融形势逐步转向宽松。受经济增速放缓等因素影响,政府实施"4 万亿"经济刺激计划,银行等金融机构的信贷额度飙升,经济体内的流动性充足,于是出现了房地产、资本品的价格高升。此后,由于担心房地产市场投机性泡沫,中央政府从 2011 年开始调整经济增长目标,宽松的货币政策转为稳健型,FCI 在达到峰值后开始缓慢下降,表明金融宽松形势有所收紧。在随后的几年里,受经济增速下滑影响,货币政策再次转为宽松,房地产价格和股市等资产价格泡沫累积的金融风险开始显现时,货币政策转为稳健型。FCI 的指数变化很好地诠释了货币市场对资产价格周期性波动的影响。

通过上述描述可看到,FCI 指数在刻画货币政策变动和资产价格变化对金融形势的影响上,比单一的测度指标具有代表性。

(3) FCI 指数与通货膨胀率 CPI 的比较。如图 5-2 所示,图中展示了 FCI 指数线性图与 CPI 月度同比数据的对比关系。通过图中两条线的对比可以看到,在整个样本观察期间,FCI 指数一直显著地领先于 CPI 通胀率,其领先趋势保持一至两个季度,且保持同趋势变化。值得注意的是,从 2008 年底开始,在其后一段时间内,FCI、CPI 指数之间的同趋势波动的间隔较之前出现的间隔时间缩短了。

图中对比可见,FCI 指数与 CPI 通胀率具有很强的相关性,同时 FCI 绝对领先于 CPI 指数的性质,表明 FCI 指数在预测未来通货膨胀率方面具有很好的指示功能,这种预测性对于政策制定部门制定和执行政策具有很好的意义。在很多发达国家,例如加拿大、澳大利亚都公开制定一系列检测资产价格变动的指数和部门,并定期向社会公众公布指数,以期形成正确、合理的预期。这样做的好处是显而易见的。一方面,有利于公众对通货膨胀和未来通货膨胀形成合理预期;另一方面,有利于中央银行制定和执行政策建议,对于资产价格波动形成良好把握和掌控力。对我国的启示在于,随着我国金融市场不断深化、金融机构不断增加、金融层次多元化向纵深方向发展，资产价格对于政策层面的指示意义变得异常重要，由于 FCI 指数在刻画货币政策和金融形势的变化上，比单一指标更具代表性。因此随着我国金融市场建设的逐步完善而日益增强，对于政策制定和执行具有重要意义，有必要建立广义价格指数体系并定期向社会公众公布。

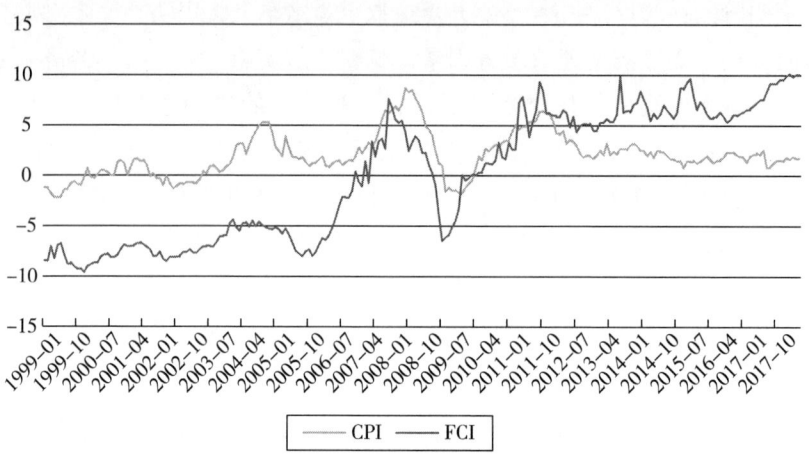

图 5–2　FCI 与 CPI 的线性比较

（4）FCI 的政策含义。实证结果表明，FCI 指数包含未来预期通胀趋势变化的有用信息，在运行趋势预判上一般领先 CPI 指数一至两个季度，可以作为通胀趋势判定的先行指标，为中央银行调控通货膨胀提供了金融指示器的功能。

考虑到房地产价格在 FCI 中的重要作用，以及通胀测度中尚未囊括房价等资产价格信息，本书建议政府应设立一个包含资产价格的指标体系作为通货膨胀的辅助指标，有助于央行对通货膨胀的预测和判断。由于 FCI 指标是一种包括多种资产价格的指标体系，相关政策部门在关注该指标的同时，最好能设立专门机构定期公布观测数据和结果，为消费者预期货币政策走向提供参考，以避免市场非理性行为的集中爆发。

5.2.5　本节结论

本节内容主要探讨包含资产价格在内的货币政策框架的实践。内容安

第 5 章　资产价格波动与最优货币政策目标　　137

排上首先介绍了理论界关于干预资产价格的货币政策建议,然后详细论证了通货膨胀目标制在我国的可行性和适用性问题。虽然具有前瞻性的通货膨胀目标制的货币政策框架,为实现一般物价水平稳定和金融稳定提供了良好政策框架,但是由于我国在市场化利率机制、汇率制度安排、央行独立性等方面软硬件条件皆不具备,现阶段实施通胀目标制还为时尚早;但鉴于资产价格对宏观经济、金融影响,建议先构建包含资产价格在内的广义金融状况指数为货币政策提供信息。实证检验表明,FCI 能够很好地预测通货膨胀,同时包含了货币政策的诸多信息,中央银行应该建立一整套资产价格的预警指标,为政策决策提供信息和预警。

5.3　"逆风而动"策略对货币政策操作实践的启示

5.3.1　广义价格指数的理论争鸣

国际金融危机后,鉴于资产价格波动对货币政策的影响以及其包含的预期通胀和未来产出信息,关于货币政策应对资产价格波动的代表性意见之一即是构建包含资产价格内的广义价格指数(Alchian and Klein, 1973; Shibuya; 1992; Goodhard and Hofmann, 2001; Bryan, Cechhetti and Sullivan, 2002)。然而关于广义价格指数在政策操作层一直存疑,主要基于以下几点:(1)资产价格与预期通胀的形成机制不同,其信息预测和精准程度难以说明,不能成为预期通胀的替代或预测变量。资产价格是由基本面的变动引起的(可能是信贷需求也可能是信贷供给,非理性的资产价格泡沫是由于其价值基础偏离了基本面),而预期通胀则是由通胀预期引起的,二者的形成和作用机制完全不同。(2)具有理性预期的投资者预期到政策层可能通过货币政策稳定资产价格会引发道德风险从而激励他们进行更大风险承担,难以达到政策预期效果。(3)资产价格与物价水平不存在简单的线性关系,简单地综合二者会忽视或者弱化其中的复杂因果联系,干扰货币政策执行或对实体经济产生负向冲击。(4)监测资产价格波动的其他指标,较广义价格指数可能具有更直观和精确的预测性和实践指导。例如欧洲中央银行(ECB)通过密切监测反映资产价格波动诸如信贷—收入比、杠杆率、抵押贷款比率以及信贷标准执行情况等指标被认为是一种很好的风险预警指标。

5.3.2 中国货币政策操作实践的一点启示

1. 来自历史经验的一些启示。相比于其他类型的经济危机（通货膨胀、货币危机和资产价格泡沫破裂，Reinhard and Rogoff, 2012），基于高杠杆率支撑、以资产价格泡沫膨胀—破裂为标志的金融危机（在某些国家可能诱发银行危机和金融系统双重危机），对实体经济的损害显然更为严重和持久，历史上的经济危机事实上已经证明了这一点。Cechhetti 和 Rich（2001）通过研究 1959—1997 年的数据揭示，通货膨胀引起的产出水平下降在较小区间（通胀降低 1%，GDP 下降 1.3%~9.8%），IMF 对比了房地产、股价泡沫破裂对 GDP 的负向冲击，显示由资产价格波动引发的产出紧缩远超过以上比例，达到了 12% 以上（股市泡沫破裂对导致的产出损失为 4%，房地产市场泡沫破裂的产出减少为 8% 以上，如果同时发生的效果叠加对产出的影响将远超 12%）。以美国和日本为例，日本在 1990 年股市和房地产泡沫破裂后，宏观经济就一直深陷衰退泥潭，至今没有企稳快速增长的迹象。对比美国在 20 世纪 70 年代经历的"滞胀"到 90 年代新经济的增长，其经济快速恢复能力和经济增长质量令人咋舌。一个很重要的原因在于，日本是由资产价格泡沫破裂导致重创银行金融体系及其资金配置能力，严重损害了日本经济增长的基础，导致其经济衰退痛苦而持久；而由通货膨胀引发的滞胀，美国经济在底部徘徊 10 年多就实现了重新跃升，其经济基本面没有受到损害。

历史经验已经明确告知我们，资产价格周期性运动引发的金融危机对经济损害持续而严重，相比事后救助，事前对于泡沫认知、预测和遏制显得尤为重要。理论层面就资产价格泡沫预测机制及其指数构建已有诸多讨论，政策实践层面也积累了一些有益探索。在上一节尝试构建了广义价格指数试图为央行货币政策执行提供思路，既有研究和实践操作对广义指数在理论基础和预测能力存疑也部分妨碍其政策应用。因此，考虑到中国资本市场特点及货币政策实践，建议以逆向操作和密切监视资产价格泡沫指标修正货币政策在应对资产价格波动和金融风险失衡的一些不足。

2. 资产价格、逆风而动与货币政策实践的一些思考。资产价格泡沫成因复杂，其扩散传染、负面溢出效应以及对实际效应又与其他诸多要素综合，很难预判其时机、程度、方向以及可能造成的损失。因此，尽管普遍认同资产价格波动可能潜在的负面影响，但2008年国际金融危机前关于货币政策干预资产价格波动似乎没有多少共识，这主要是基于以下缘由：预先干预取决于对资产价格泡沫识别、成因、风险测评及其精度、传染溢出和负外部性等方面具有充分信息识别和测度，同时金融系统内生脆弱性、金融机构与非金融机构关联风险敞口、风险定价机制、影子银行、政策工具选择等微观基础、结构特点以及制度层面的因素对危机实际产出效果也要考量。此外，干预时点选择、干预目标或风险建模、干预效果评估以及货币政策外部性对宏观经济的冲击和影响都束缚了货币政策操作层可能采取的行动。

中国的实际情况，特别是以银行信贷为主导的金融结构安排决定了资产价格泡沫波动很容易诱发金融系统性风险累积，因此货币政策当局在货币政策抉择上面临的问题更复杂、调控难度更大、风险溢出更严重，更大的困难与风险。周小川（2009，2011）曾经在不同场合对中国货币政策进行阐述，他认为新兴国家货币政策框架与发达国家存在很大不同，相较于以通货膨胀为货币政策决策目标的通胀目标制，新兴经济体的货币当局需要在多重目标间进行权衡，侧重于在经济周期的不同时期进行切换。因此，必须"基于我国货币政策实施条件和基础"（许桂华，2013），探讨适合我国国情的货币政策应对资产价格的政策选择。

前文曾论述，国际金融危机后理论界和政策操作层面关于货币政策"逆风向行事"达成了共识。由于金融失衡和风险累积往往发生于经济上行时期，信贷扩张顺周期性更加剧了这一趋势，因此，货币当局在宽松时期采取"逆风向行事"原则及时干预泡沫形成，相比于事后救助可能造成的巨大社会代价更治本，欧洲中央银行在这方面的一些做法具有借鉴意义，对我国的货币政策应对资产价格波动提供启示。具体进行以下尝试：

（1）监测信贷指标，及时捕捉异常并定期公布。在信贷指标上，监测房地产市场转手率、具体执行的首付比率、银行信贷流向房地产的抵押贷款和开发贷款等有关房地产市场信贷数据，监测并关注信贷规模、信贷—

收入比、企业、家庭资产负债表和风险敞口、保证金率、抵押品价格、市场风险产品定价、信贷标准软化和结构性变化以及信贷的违规操作等指标及实际情况。同时，关注并分析检查信贷供给中的底层数据及其数据构成变化（其数据变化蕴含诸多信息），并在每季度的《货币政策执行报告》予以公布，及时向市场传递相关信息和可能预示风险。

（2）密切关注市场的流动性。监测信贷市场流动性指标，例如关注公司贷款流向和贷款调查，特别是在市场过热期间，防止银行信贷资金以各种形式躲过监管流向股市和房地产市场，通过微观数据识别流动性和泡沫。监测金融体系资本和流动性及其缓冲能力测试、关注个体金融机构风险测度和财务稳健性测度、关注特定行业信贷集中度、风险承担和聚集、关联风险敞口以及基于跨机构流动性传染的网络分析或者风险敞口关联性分析，预判个别金融机构风险引发系统性风险网络传染，预先减少金融失衡和系统性金融风险累积。

（3）关注资产价格与货币政策，建议建立专门的团队或机构就资产价格波动与货币政策关系开展研究，重点研究资产价格波动纳入货币政策框架的理论和实践操作，以及政策效果评测。

总体来说，央行应密切关注资产价格波动，在货币政策实践中构建有关资产价格波动的预警指标，预先判断资产价格波动情况，为货币当局制订和执行货币政策时提供信息依据。考虑到资产价格波动对金融体系稳定性的影响以及货币政策在应对金融失衡不足，货币当局应该调整货币政策，以宏观审慎监管框架和思路，应对金融失衡。当然我们现在"一行三会"的监管框架与混业经营大趋势和金融风险系统性不协调，也与央行承担货币政策和金融稳定指责不匹配（吴培新，2011），因此适时加快机构改革，构建宏观审慎监管框架和政策体系，在增强货币政策有效性的同时，有效抑制资产价格泡沫和金融失衡。很欣喜的是，高层已经开始重视并推进宏观层面金融监管框架的改革。2017年11月8日，国务院金融稳定发展委员会成立，作为国务院统筹协调金融稳定和改革发展重大问题的议事协调机构，其作用类似于英格兰银行引入宏观审慎监管机构——金融政策委员会（FPC）的职责。2018年3月13日，国务院机构改革方案公布，合并银监会和保监会为中国银行保险监督管理委员会，并强化中央银行在金融稳定中的职能,将银监会、保监会拟定银行业、保险业重要法律法规草案和审慎监管基本制度的职责划入央行。至此,我国金融监管格局由原来的"一行三会"(中国人民银行、银监会、证监会、保监会)升级为"一委一行两会"新的金融监管架构。尽管在新的金融监管框架下,各个监管主体在角色定位、职能划分、监管规则机制以及监管协调等重大问题上尚待确定,但改革方向无疑是向宏观审慎监管框架迈进的重大转变。关于这一部分内容在接下来两章将重点讨论。

第6章 资产价格、系统性风险与金融稳定

国际金融危机后有关资产价格泡沫与货币政策的关系成为理论和政策操作层面的热点,并取得了有益的研究成果。本书前几章就货币政策与资产价格泡沫的关系以及是否将资产价格波动纳入货币政策目标的争论进行了论述。与此相对应的另一层面问题,即资产价格波动、系统性风险与金融稳定也成为理论研究热点和政策实践的一次深刻反思,并促成了理论和政策操作层面的重大调整。如果说,国际金融危机前货币政策稳定一般价格水平的政策目标自动隐含金融稳定的设定事实上造成了对金融稳定的忽视,在国际金融危机后银行信贷总量指标与资产价格泡沫以及系统性金融风险累积的关系研究存在经验联系(Weber, 2010b)的事实依据已经取得了广泛共识。因此对现行的货币政策框架进行调整并探索宏观视野下的货币政策、资产价格与重构金融监管框架成为后危机时代新的命题。

本章和下一章正是在这样的背景和国际共识下,重点阐释现行的货币政策框架应对信贷周期、资产价格波动与金融稳定之间的理论冲突和政策操作局限,并在此基础上提出以货币政策和构建宏观审慎政策框架共同应对资产价格波动和金融稳定,以及构建宏观审慎监管框架和改革现行金融监管体制的国别经验。本章内容安排按照如下结构:首先,论述资产价格泡沫、信贷扩张与金融稳定的关系,指出信贷周期在资产价格泡沫形成中的作用机制以及对金融稳定的冲击;其次分析货币政策在现行的货币政策框架下难以实现金融稳定目标,这主要表现在货币政策决策模型、政策工具有限性、社会产出成本以及动态不一致问题等方面,因此从金融稳定和货币政策关系再思考出发,提出金融稳定的目标下以宏观审慎监管框架有效补充货币政策面临的挑战和不足的必要性。下一章节将就宏观审慎政策的内在逻辑、基本问题、制度安排以及发达国家加强宏观审慎、改革金融

监管体制实践及对我国的启示等内容展开详细论述。

6.1 资产价格波动、系统性风险与金融稳定的理论研究

2008年的国际金融危机尽管在根源形成中存在诸多解释和争议,但关于银行信贷扩张、资产价格与系统性风险累积（金融稳定）① 之间的关系得到了来自诸多国家的事实依据支撑,而货币政策目标在既有的政策框架下忽视货币信贷增长指标,在国际金融危机后这些指标的重要性和揭示的金融不稳定信息开始得到重新认识并成为金融监管框架转向的重要促进因素。事实上,历史上发生的诸多金融危机,几乎都伴随着资产价格波动的身影,此次危机也不例外。信贷扩张与资产泡沫高度的相关性可以看作是典型特征：银行信贷在推动资产价格上涨中的作用,两者相互依存,并呈螺旋状上升或下降。资产价格与银行信贷的密切关联,使得一旦出现资产价格泡沫破灭,会对银行资金配置功能和金融体系整体稳健造成巨大冲击。因此本节主要侧重于从银行信贷增长、资产价格波动角度讨论其对金融稳定的影响和作用机制。

6.1.1 资产价格波动、信贷扩张与金融不稳定的研究

早期关于金融稳定的研究,主要侧重宏观层面,缺乏微观层面的解释,特别是资产价格如何影响金融稳定以及对其影响机制缺乏深入探讨。从20世纪80年代起,Stiglitz和Weiss（1981）、Bernanke,Gertler和Lown（1991）等的研究旨在解释货币政策的信贷渠道,但其微观化研究视角推进了理论界对金融稳定性的研究。

资产价格、银行信贷扩张与金融失衡之间存在某种复杂的内在关联,

---

① 在这里没有严格区分"系统性风险"和"金融稳定"这两个联系紧密的概念。关于2008年国际金融危机成因以及监管体系的反思和质疑中,较多研究认为金融体系内生性的系统性风险被忽略了,因此危机后宏观审慎监管框架在维护金融体系整体稳定中的作用得到了广泛认识,而金融稳定被认为是宏观审慎的最终目标,系统性金融风险是宏观审慎监管的直接目标,从时间维度和空间维度应对金融体系的顺周期性,在具体操作上针对如何识别、捕捉金融体系内的系统性风险（早期预警指标）、测度系统性风险累积和金融不稳定、针对系统性风险类别设计不同的审慎监管工具以及构建宏观审慎监管框架。

特别是对银行间接融资占主体地位的发展中国家,银行稳定(商业银行重要功能之一即信用创造能力)是整个金融体系稳定的基石。Fisher(1933)的工作为探究资产价格波动与银行系统稳定性之间的关系打开了思路。银行过度扩张的信贷行为与资产价格的节节攀升似乎有着天然的联系,而这之前一直不被重视的联系被后来的很多学者看作是资产价格波动、银行信贷风险和金融失衡的一大根源(Minsky,1972,1991;Kindleberger,1978;Eichengreen and Portes,1987;Allen and Gale,1998)。如 Minsky(1977)就认为,资金借贷与金融市场波动存在密切关联,因此他的研究通过将借方融资方式分为三类来阐释不同状况下的金融市场情况;Kindleberger(1978)的研究更进一步,将金融危机的形成分解为六个阶段来阐述。虽然 Fisher—Minsky—Kindleberger 的理论在实证检验结果上存在出入,但实证检验支持因果关系的预期方向及不稳定性的原因,这一点毋庸置疑。事实上他们的研究揭示了资产价格与银行非稳定性之间的关系,即股票或房地产市场价格的急剧上涨或下降趋势,与银行等金融机构的非稳定性扩散之间存在紧密关系。Allen 和 Gale(2000)认为是银行信贷的过度扩张,助长了资产价格的攀升,使银行风险头寸暴露。Goodhart(2005)的研究表明,银行信贷—资产价格波动—金融稳定形成了一个相互影响的关系链条(其中房地产市场价格变动尤为值得密切关注)。金融部门参与资产市场程度越深,即意味着股票价格、房地产价格的波动对一国金融机构的资产负债表的影响程度越深入,这表现为直接影响渠道和间接渠道。当资产价格发生变化时,受非信贷资产的价值重估和资产交易的经纪费用的变动,银行收益会直接受到冲击,此为资产价格波动影响的直接渠道;而另一条间接却关键的渠道即通过家庭和企业净财富的变动来影响金融机构资产负债表。发生在发达国家或新兴市场经济体的已有的金融危机表明,严重的银行问题大多与资产价格的大幅波动如影相随(Kaminsky and Reinhart,1996;Herring and Wachter,1999;Hofmann,2003)。虽然资产价格的迅速下降并不总是会导致银行危机,或者银行危机的发生也可能出现在资产价格未有显著波动时,但事实上资产价格与银行信贷、金融稳定性之间确实存在很强的相关性,大量的理论研究和实证结果也佐证此观点。IMF 的 Collyns 和 Sengadji(2002)对东南亚金融危机进行的研究重点即是关注房地产价格泡沫与银行

第6章 资产价格、系统性风险与金融稳定

信贷扩张之间的关系。

国际金融危机后大量研究再次证实了银行金融部门的信贷急剧扩张在推高资产价格泡沫、引发事前金融失衡及系统性金融风险的推手作用。与此同时，事后干预（央行注入流动性、政府资产重组等救助措施等）可能引发道德风险从而导致银行及其金融中介机构更严重的风险承担，继而引发更严重的金融失衡和系统性风险累积。如 Schularick 和 Taylor（2012，2014））的研究证实，银行金融机构在危机前的信贷扩张（主要表现为债务规模总量和杠杆率升高）和事后发生银行危机可能性之间存在强相关关系。他们搜集了覆盖 14 个发达国家、1870—2008 年的有关银行信贷和银行资产结构的面板数据，结果显示：当银行信贷与广义货币脱钩后，快速推高了银行杠杆和非货币资金增长，因此银行信贷繁荣成为金融危机最重要的事前相关指标。Jorda、Schularick 和 Taylor（2013）的研究更进一步。他们发现，与普通衰退（例如，通胀引发的经济衰退）相比，由信贷杠杆引发金融危机继而产生经济衰退更加严重。可能的原因是繁荣时期的信贷增加提高了金融系统内生脆弱性从而带来更加负面的影响。Reinhart 和 Rogoff（2008）通过历史和跨国数据实证检验证明，私人部门在危机前的加杠杆行为加速了银行危机的发生，并导致危机向其他金融机构传染；并且在一些新兴国家发生银行危机同时会伴随主权债务双重危机，并且主权债务危机是银行危机的结果而非相反。Maddaloni 和 Peydro（2011）通过对欧元区、美联储和地方联储对商业银行贷款条件和标准的调查分析发现，危机中经济表现更差的国家都是那些事前贷款约束更加软化的国家。Laeven 和 Valencia（2013）比较了不同国家发生金融危机的产出损失，发现发达国家和新兴经济体相比于发展中国家，在遭受银行信贷危机后引发的产出紧缩将导致更大的产出损失，这些损失在某种程度上是因为更复杂的银行体系。

国内很多研究（钱小安，1998；易纲，2002；瞿强，2003；武康平、皮舜，2004；伍戈，2005；张涛、龚六堂和卜永祥，2006；郑朝旭，2009 等）也证实了银行信贷扩张在推高资产价格泡沫及引发金融风险的作用。而且国内几次房地产市场价格、股票市场价格波动与货币政策宽松和银行信贷繁荣存在双向关系，货币政策对房地产市场调控效果不显著也与资产价格波动显著相关。

6.1.2 信贷扩张、资产价格波动与金融稳定的成因及作用机制

大量理论和实证数据证实了资产价格泡沫—破裂周期性运动在金融危机爆发中的作用,然而从 2008 年国际金融危机中观察到的事实则是,金融部门杠杆率增加、风险过度承担和风险敞口高度关联引发的金融失衡和系统性风险累积是此次金融危机爆发的触发机制。此次危机具有历史上其他金融危机同样的特征(表现为很长一段时期内,在宽松货币政策和长期低利率环境下,流动性过剩、银行信贷迅速扩张、资产价格泡沫膨胀、金融机构和私人部门杠杆率高企以及金融体系过度风险承担等特征),但也有一些新特征(金融创新促进风险分担降低了异质性,增加了金融系统内部遭受同种总体冲击的风险敞口(周小川,2009;Allen and Gale, 2000a),并通过风险容量扩容和偏好趋同增加了系统性风险。Shin, 2009)。因此本小节重点探讨金融部门内部过度风险承担和金融失衡触发系统性风险累积的成因及其作用机制。这种系统性风险内生性的观点刷新了理论和实践操作层面关于系统性风险的固有认知,也为危机后关注、测度系统性的动态演进、金融监管思路和框架以及丰富监管工具和实践提供了思路。

1. 资产价格泡沫、信贷繁荣与过度风险承担:来自行为金融的解释。现代金融理论是建立在有效市场假说基础之上的,但理论界对有效市场假说的批评和质疑越来越多(Schiller, 1981)。事实上,受信息摩擦、道德风险以及外部性等因素限制,金融市场及其机制并不完美;同时,市场参与主体完全理性的设定也与实际相去甚远,诸如羊群效应、价格超调等建立在心理学、社会学研究上的行为金融(或者"非理性繁荣")或许更能反映市场真实情况。从这个角度解读,此轮国际金融危机中金融市场内部过度风险承担和系统性金融风险累积可能首先源于投资者行为金融意义上的不完全理性和由此导致的过度风险承担(在这其中,货币政策通过银行信贷供给为这种过度风险承担提供了充裕的流动性,并通过银行及其他金融中介机构、私人部门的风险承担引起了信贷总量和风险构成的改变)。例如,在顺境中过度乐观忽视尾部风险,或者对过去危机仅具有有限记忆(Shleifer, 2012)。

实证研究显示，在国际金融危机前贷款标准弱化，这可能是基于过去繁荣过度推演至未来并忽略掉尾部风险发生可能概率（尽管其发生概率被认为是极其微小的），偏好的改变带来了信贷市场繁荣和借贷资源过剩和廉价，造成了信贷市场扩张和资产价格泡沫膨胀。Kahneman 和 Tversky（1982）的研究提出了预期外推理论，Barberis（2012）的研究也支持乐观预期的趋势将会延续，这对理解国际金融危机前股票、房地产价格等资产价格泡沫也同样适用（Frazzini and Lamont，2008；Yagan，2014）。Gennaioli，Shleifer 和 Vishny（2013）的研究显示，当投资者乐于忽视尾部风险时，金融创新实质上扩容了资产负债表和增大金融机构风险敞口关联，放大了系统性风险累积和金融系统脆弱性。而加入心理学或社会学的一些行为金融研究在解释金融危机上也具有说服力。Benabou（2013）研究表明，群体思维（拒绝坏消息的群体否认和故意视而不见）极大地左右了市场情绪，加剧了市场价格波动、传染扩散效应和负向冲击。

2. 资产价格泡沫、信贷繁荣与过度风险承担：委托—代理理论。对金融机构过度风险承担的另一个解释则是源于委托—代理理论。这主要因为：一方面，金融机构具有期限错配、高杠杆率的内生脆弱性，但在制度安排上却遵循有限责任公司制度设定，这种收益、风险与责任严重不对称制度安排极容易导致委托—代理问题，因此金融机构及其非金融中介机构具有很强的动机过度风险承担；另一方面，隐性或显性的政府担保和补偿（例如，央行事后救助流动性注入；政府债务重组等措施），甚至一些重要系统性金融机构"大而不能倒""太关联而不能倒"，更加剧了委托—代理问题，造成金融机构更大的风险承担，毕竟投资收益私人所有比起损失成本社会承担具有更强的风险偏好和承担机制。

很多来自理论和实证层面的研究说明了资产价格波动与银行危机之间的关系是具有解释力的（余晓东，2006）。在资产价格上涨的初期，许多银行会不顾潜在的风险而对价格不断上涨的资产趋之若鹜。这是由于银行扩大信贷规模的逐利性，但更主要的原因恐怕是因为政府隐性担保、存款保险制度、最后贷款人职能等传递的信息。实际上由于商业银行的不稳定性和外部性，每个国家为防范银行业诱发金融危机的风险，都为商业银行建立了一个安全网,而这让债权人相信,他们受到国家担保的保护[①]。铸造银行系统安全网伴随着经典的道德风险。银行经营者发现,监管层的监督不足或缺失,为银行用高风险资产替代安全资产创造了便利的条件。银行通过增量发放房地产按揭、投资贷款或接受股票抵押贷款等,可以有效提高银行自身的盈利水平和股东的回报率;并且银行相信,作为宏观经济的核心部门,政府对于任何关乎银行系统安全的风险,绝对不会充耳不闻。政府的假以援手导致的一个直接结果就是,银行体系的风险转嫁给政府和社会。银行体系"大而不倒"的问题,在给中央银行和监管层面带来无限困扰时,银行经营者和股东们却能够独享回报收益。

同时,委托—代理问题的存在以及存款人之间互相"搭便车"的行为使得存款人对监督银行风险缺乏积极性[②],因此银行的冒险行为根本得不到有效监督。当资产价格下跌,抵押品价值下跌,银行可能蒙受由此带来的损失。在这种情况下,银行往往会选择对借款人的不良贷款展期。银行何以倾向于选择不良贷款的展期,主要是因为通过利息的如期偿还,可以暂时掩盖银行潜在危机,双方均在等待资产价格上涨的到来。如果资产价格上涨,抵押品价值回升,银行和贷款人将顺利度过这次危机,谁也不会遭受损失;但当资产价格下降趋势持续时间较长,银行通过处置资产贱卖、囤积流动性等个体审慎行为以隔离风险和保证监管要求,其操作方式有:市价大于账面价值的资产被销售,市价小于账面价值的资产继续以账面价值记录,最终当银行面临危机时,特别是一些"大而不能倒""太关联而不能倒"的大型金融机构因为会引发系统性风险在危机中和危机后会得到政府救助,或者政府无法区分"好的"和"坏的"银行,或在政治力量干预下,不是督促金融市场开展重组兼并等有效行为,反而通过救助行为(直接注入流动性)或者宏观政策(降息等货币政策操作)进行干预,这就解释了为什么房地产市场上,面对房屋空置率很高且房价继续飙升时,银行贷款不减反增。政府隐性或显性担保和救助可能引发银行金融机构的道德

---

① 尽管实际上政府从未对外宣布它会保护这些庞大的国有银行在资不抵债时免于倒闭,但大家都深信不疑,以至于根本没有存款人或债权人会去监督国有银行借贷决策的风险。

② Dewatripont 和 Tirole(1993)认为,银行存款的分散性特征限制了存款人对银行的监督能力。

风险和事前过度风险承担行为，由此导致的危害是金融危机爆发以及由于金融机构呆坏账累积和对金融市场融资能力和资金优化配置功能的损害。

在实证研究上，Agarwal 和 Wang（2009）、Agarwal 和 Ben – David（2014）、Stein（2013a）、Rajan（2005）、Freixas 和 Rochet（2008）、Chevallier 和 Ellison（1997）等研究显示了在委托—代理框架下，金融机构有限责任、治理结构等决定了信贷周期和资产价格波动，显著增强了系统性金融风险。

6.1.3 资产价格冲击、银行系统脆弱性和金融稳定

作为市场经济核心的银行，由于运营方式的特性决定了其本身就具有内生的不稳定性和脆弱性。Fisher（1933）是第一个研究金融系统脆弱性影响实体经济的学者。他认为20世纪30年代的大萧条起源于金融市场运行失常，而导致金融市场大幅波动的根本原因则是同时出现了过度负债和通货紧缩，因此他的学说被称为"负债—通缩理论"。他认为，经济状况好或坏，表面上看好像是由于投资者新的预期收益引发的经济主体设备过快、投机活动及对经济前景的非理性预期等因素，实则在于过度负债引起的金融变异，打破了金融与实体经济之间的平衡关系，陷入一种螺旋式的循环紧缩状态，直至爆发金融危机才得以释放。

Goetz von Peter（2004）认为一个非线性的、间接的和相互反馈的关系存在于资产价格下降与银行脆弱性的双向互推反馈机制。他创建了一个世代交替的宏观经济学模型，在模型中银行作为支付中心存在（受资本约束限制），而资产价格居于中心地位，该模型将宏观经济和银行的资产负债表连接起来，这在理论上是一个重大突破。

国内学者孔庆龙、高印朝、樊锐（2008）在 Peter 模型的基础上，对银行体系的资产进行了扩展。他们认为，银行的资产负债表中除了信贷资产、债券、外汇等多种金融资产外，随着金融自由化的发展，通过发行股票、债券等筹集资本也成为银行融资的手段之一，此时资产价格波动通过影响银行账面价值从而影响银行的资本充足率、利润率就成为现实，因此研究资产价格波动与银行脆弱性之间的关系，除了原有的几点分析外，还应将房地产、股票、债券、外汇价格以及金融衍生品等资产价格的波动原因和

波动性质纳入考察范围。实证经验数据支持，金融资产价格下降对资本金的冲击，显然大于对信贷渠道的冲击。

6.2 资产价格波动、银行信贷扩张与金融不稳定：中国的故事

前面第二章在分析资产价格泡沫形成机制时，强调了银行信贷扩张在泡沫形成中的作用。可以说，借贷扩张和资产价格上升往往是相互支撑、相互促进、螺旋式上升的（余晓东，2006），资产价格、信贷扩张与金融不稳定之间存在某种复杂的内在关联。

对中国而言，银行体系占据宏观经济的核心地位，而银行业务的核心围绕信贷展开。中资银行的存贷差一直以来都是其主要盈利点。近几年随着房地产市场火热和城镇化推进，房地产市场贷款（不管是个人住房按揭贷款，还是房地产投资开发项目贷款）都是银行贷款的主要流向。房地产市场最显著的特点有二个：严重依赖银行贷款和上下游较长的产业链条。因此一旦房地产市场出现价格大起大落，银行会首先受到冲击。当然股票市场波动对银行稳健经营的影响也不可小觑。在我国，银行资金通过正常渠道进入股市的规模和方向受到国家政策的严格控制，但随着近年来股市改革，也允许部分资金进入股市；此外通过违规操作和非法手段进入股市的银行资金也不在少数，因此股市波动虽不至于像房地产市场那样牵动银行风险的神经，但股价通过影响企业信用、居民财富效应及宏观经济环境等因素，也会反馈于银行等金融系统。总之，资产价格泡沫与银行风险之间的典型事实表明，银行信贷扩张—资产价格飙升—反馈带动银行系统风险的机制使得银行系统本身内在的脆弱性外露，对于以银行为间接融资手段的国家，特别是金融传导渠道不健全的国家来讲，这是资产价格对银行系统风险影响的一个很关键的环节。而我国以银行间接融资为主的金融系统特征决定了银行等金融机构在金融系统中至关重要的作用，因此本节阐述资产价格、银行信贷扩张与金融稳定性的中国故事。

发生在诸多国家有关资产价格波动的历史经验表明，银行信贷扩张、资产价格泡沫、金融系统稳定性三者之间具有很强的因果关系（Collyns and

Senhadji, 2001; Borio and Lowe, 2002; Hofmann, 2001; Gerlach and Peng, 2002)。

6.2.1 资产价格、银行信贷和金融稳定性之间的反馈作用机制

理论和实证研究也勾勒了有关资产价格、银行信贷和金融稳定性之间的反馈作用机制，即资产价格波动与金融稳定密切相关，银行信贷渠道被认为是连接二者的桥梁。一般来说，风险累积总是发生在经济繁荣时期，这是因为经济上行时期，宽松的货币政策为充裕的流动性创造了条件，银行有动机通过增加信贷供给获得利润，而异常廉价而丰富的信贷创造为资产价格泡沫提供了良好条件（银行信贷宽松与资产价格和金融稳定之间的经验关系在此轮国际金融危机中得到了经验依据）；然而一旦经济体面临内部或外部负向冲击，资产价格大幅下跌及其随后的价格调整，事实上对金融系统的稳定性和实体经济造成了严重冲击。这是因为，在信息不完全的市场缺陷条件下，银行对于贷款人的资金用途并不能充分认知，处于信息优势方的贷款人具有风险偏好投资的内在激励，当过多的资金流入风险资产市场时，就会形成资产价格泡沫。

如果泡沫能够长期维持，至少暂时的维持，银行和金融系统似乎是安全的，以下三方面有力地支撑了上述结论：一是为克服信息不对称带来的潜在危险，银行在出借资金给企业的同时，会要求企业提供相应资产作为抵押品（如房地产、股票等），确保银行在企业投资失利时能够通过出售抵押品收回正常贷款。因此，资产价格上涨有利于消除银行的违约风险。二是商业银行的经营范围允许拥有一定比例的自用不动产投资。房地产投资能增加银行的自有资本金，并直接获得收益，因此银行乐于见到房地产价格的上涨。三是资产价格的上涨使得这些贷款似乎更有安全保障，始终在盈利性、安全性之间寻求平衡点的银行大有在此时追加资产抵押类贷款的冲动。同时，银行业普遍存在的竞争、部分商业银行的短视行为，都可能引发资金转向风险资产，使得银行成为资产价格泡沫的助推剂和刽子手。

然而事实无数次证明，以银行信贷支撑的资产膨胀由于缺乏内在基础，

在一段时间后将难以维系。随后出现资产价格暴跌不可避免,因此貌似欣欣向荣的繁荣光景即刻逆转。对潜在违约风险的担忧和银行信贷数量的顺周期特性①,银行在出借资本时表现为惜贷,借款人受银行借贷资金预期规模不足和利润率不足等双重约束,最终加剧了借款人的违约行为,由此产生银行呆坏账、银行资本金侵蚀等后果。另外,出于对市场负向连锁反应的担忧,央行货币政策向着紧缩方向收紧,金融监管的顺周期性②表现为监管当局更为严厉的紧缩监管措施和要求。在这些力量的共同作用下,市场可能表现为以下结果:信贷数量的急剧收缩、加快和放大了资产泡沫的破裂过程、银行资产负债表严重恶化,当主要金融机构均受到冲击就会演变为系统性的银行危机并最终演变成一场全社会的金融危机。图 6-1 描述了资产价格波动、银行信贷与金融系统稳定三者之间的反馈作用机制。

6.2.2　银行信贷、房地产价格与金融稳定

1. 房地产市场的发展状况。我国从 1998 年开始进行住房市场化改革,在经历了十多年时间的发展壮大后,房地产业已成为国民经济的支柱产业。2000—2017 年,房地产开发完成投资额不断走高,在 2011 年之前投资年均增长率保持在 20% 以上的水平(见图 6-2),同比增长率在 2010 年最高接近 31% 的历史新高。研究显示(陈守东等,2006),房地产经济对国内生产总值的贡献在一段时间内陡增,其对 GDP 的拉动作用高达 0.13%(即房地产投资每增加 1 个百分点,对经济的贡献为 0.13 个百分点)。但在 2014 年

---

① Bernanke 和 Gertler(1999a)证明了银行信贷的顺周期问题,即银行信贷、资产价格波动与宏观经济之间存在自我强化的互动机制,并呈现出顺周期性的态势。当经济处于上升周期时,资产价格上涨、银行信贷扩张与投资增长相互推动,形成正向的互动机制;一旦经济增长放缓、资产价格下跌,银行从安全性出发会减少对企业的放贷数量,银行信贷收缩与生产投资下降相互强化,这种顺应经济周期性的特性与资产价格波动结合,会放大资产价格调整对实体经济和金融体系的负向冲击。

② Goodhart(2005),Carmichale 和 Esho(2005)等的研究表明,金融监管的顺周期性在资产价格下跌时期会产生严重的紧缩作用,使得本来受资产价格下跌冲击的经济和金融雪上加霜,这是因为:在经济高涨时期,房地产市场和股票市场的繁荣,一方面使得银行抵押产品价值上涨,银行乐意出借资本金以期获得更高收益,另一方面银行更易以发行新股等方式筹集资金补充资本金的不足。然而当资产价格下跌时,由于常规的资本充足率和损失拨备等并不足以防范和抵御风险,反而因为严厉的紧缩监管要求,使得银行信贷资金进一步萎缩,加剧了经济体的紧缩效应和金融体系的周期波动。

第6章 资产价格、系统性风险与金融稳定　　153

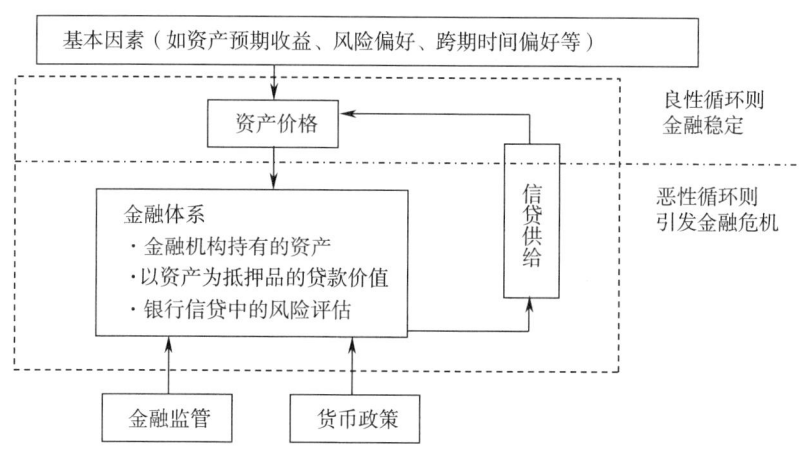

图 6-1　银行信贷、资产价格与金融稳定性

之后，房地产市场泡沫引发了高层担忧并对房地产市场进行有效调控以来，房地产市场开发投资完成额在 2015 年、2016 年出现断崖式缩减，很大程度上抑制了房地产泡沫及对宏观经济的影响。

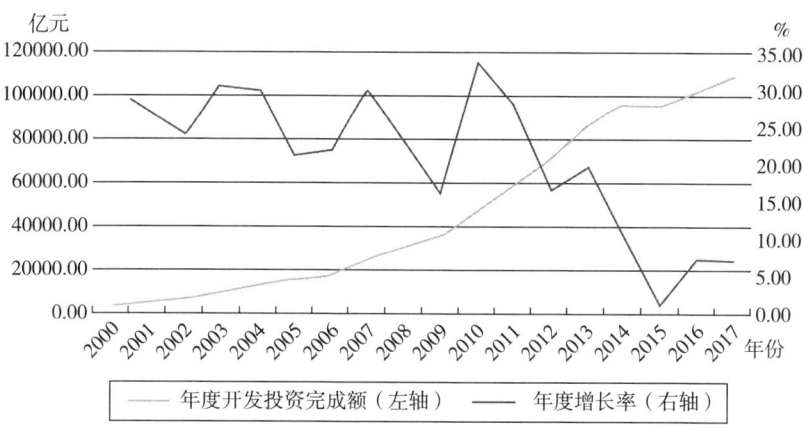

数据来源：根据国家统计局数据整理得。

图 6-2　房地产开发投资完成额（2000—2017 年）

反映房地产业发展的另一层面是房地产价格的走势。2003 年房地产市场开始进入快速上行通道，在 2007 年达到峰值，各个城市的房价均出现不同程度的上涨，全国房价在震荡中大幅上涨，具体见图 6-2。通过

全国房地产平均销售价格指数可以看到，房价在2004年、2008年和2010年形成了几次高峰。值得注意的是，受美国次贷危机引发的国际金融危机预期影响，中国房价曾在2008年底呈现明显下滑，然而国家"4万亿"经济刺激计划的推出，使得房价在2009年初即迎来了上扬拐点，但随后又经历了一轮上扬—下挫的周期波动，目前房价在调控下保持继续下滑态势。

2. 房地产市场的信贷状况分析。房地产市场是一个典型的资金密集型产业，这意味着房地产开发中需要巨额资金来源。国内资本市场的发育水平，决定了现阶段我国房地产市场的资金来源还比较单一，主要依赖银行贷款支持的间接融资手段，房地产直接融资渠道，如房地产企业上市发行股票融资、债券融资或信托融资等所占比重过小。而银行对房地产业的资金供给，自1998年住房市场化改革后也由单纯地向企业发放贷款向两类主体转变，即对房地产企业的贷款支持和对个人住房消费信贷的支持。因此，房地产业的繁荣与银行信贷扩张、国家金融政策支持休戚相关。从好的方面来讲，银行信贷资金支撑了国内房地产业的发展，金融政策的走向直接影响着房地产前景和公众预期，因此房地产市场的发展在国家相关政策引导下能够保持良性发展态势；然而也应看到这一机制潜在的风险性，以银行间接融资方式为主导的房地产业，事实上是将风险滞留在银行内部。一旦房地产市场价格从高位逆转，以住房抵押贷款为最低屏障的银行风险即刻暴露，将引发银行大量呆坏账，继而演变成为银行体系的危机并最终酿成整个金融系统崩溃的惨剧。

以房地产企业的资金来源构成为例，一般有5种资金渠道：国家预算内资金、国内商业银行贷款、企业自筹资金、利用外资及其他资金（购房者的定金及首付款等）。表6-1显示了我国2000—2016年房地产开发资金构成的情况。从数据显示来看，单纯从国内银行贷款占房地产开发资金的比重来看，貌似20%的占比还不足以构成风险暴露，然而如果将占比较高的其他资金（包括定金及预收款和个人住房按揭贷款）考虑在内，前面已经介绍，个人住房消费信贷的资金方法依然有赖于银行信贷，因此房地产开发资金中，银行信贷的比重超过半数以上。以2010年数据为例，这几项资金加总所占全部资金来源的比重高达60%。

表6-1　　　　2000—2016年我国房地产开发资金构成　　　单位：亿元

时间	总计	国内贷款	利用外资	外商直接投资	自筹资金	其他
2000	5997.63	1385.08	168.7	134.8	1614.21	2819.29
2001	7696.39	1692.2	135.7	106.12	2183.96	3670.56
2002	9749.95	2220.34	157.23	124.13	2738.45	4619.9
2003	13196.92	3138.27	170	116.27	3770.69	6106.05
2004	17168.77	3158.41	228.2	142.56	5207.56	8562.59
2005	21397.84	3918.08	257.81	171.41	7000.39	10221.56
2006	27135.55	5356.98	400.15	303.05	8597.09	12781.33
2007	37477.96	7015.64	641.04	485.39	11772.53	18048.75
2008	39619.36	7605.69	728.22	634.99	15312.1	15973.35
2009	57799.04	11364.51	479.39	403.32	17949.12	28006.01
2010	72944.04	12563.7	790.68	673.45	26637.21	32952.45
2011	85688.73	13056.8	785.15	689.54	35004.57	36842.22
2012	96536.81	14778.39	402.09	358.52	39081.96	42274.38
2013	122122.47	19672.66	534.17	467.12	47424.95	54490.7
2014	121991.48	21242.61	639.26	598.91	50419.8	49689.81
2015	125203.06	20214.38	296.53	286.08	49037.56	55654.6
2016	144214.05	21512.4	140.44	132.53	49132.85	73428.37

数据来源：根据国家统计局数据整理得。

实际上，银行贷款规模与房地产价格走势在一段时期内表现出很强的同步趋势。中国房地产从2003年开始进入快速上升渠道，与国内银行信贷支持密不可分（这既包括银行信贷供给流向房地产开发贷款增速高涨，也包括个人住房贷款增速攀升，这由2015年开始的热点城市家庭住房杠杆率迅速攀升可见一斑）；面对美国次贷危机对国内实体经济的冲击，央行货币政策从紧缩开始转为适度宽松，货币供应量激增在客观上也刺激了银行信贷的跳跃式增长。从2009年1月至2012年，国内银行信贷宽松为房地产价格在2008年短暂回落后开始报复式上涨提供了充足流动性。2015年至今经历的此轮房地产周期也遵循同样逻辑，由此可见我国房地产市场价格波动与银行信贷扩张、货币政策宽松背景具有较高关联度。

综上所述可以得到如下结论：房地产价格的快速上涨与银行资金参与房地产市场的程度加深存在关联，这种关联性为房地产市场波动通过银行信贷资金传送提供了渠道和某种机制，埋下了系统性风险的隐患。

3. 银行信贷质量和金融稳定性。从 2003 年开始，部分地区的商业银行存在放松贷款的行为，这种违规行为在某种程度上成为部分地区房价过快上涨的助推力。2003 年 6 月中国人民银行发布《关于进一步加强房地产信贷业务管理的通知》，在随后的《中国房地产金融报告 2004》中强调了我国房地产信贷目前存在的 6 大风险，表达了对银行涉足房地产开发资金所占比重过大的担忧。目前，我国房地产抵押贷款占银行贷款总额的比重达 10% 以上，一旦房地产价格大幅下跌，银行体系的稳定性无疑会受到冲击，这对以银行间接融资为主的金融体系来说无疑是一场灾难。2011 年下半年开始，随着曾经领跑全国房价的温州、鄂尔多斯等城市房地产泡沫破裂，一些主要城市的房价下跌已诱发国内部分银行房地产抵押贷款不良率的上升，这为银行等金融机构敲响了警钟，并引起了金融监管部门的注意。

2007—2008 年中国房地产价格出现下跌，中国银监会开始要求商业银行每季度对其发放的房地产开发贷款进行压力测试。2010 年 4 月房地产调控出台后，中国银监会于 2010 年 5 月部署房贷压力测试，对商业银行个人住房贷款、开发贷款、土地储备贷款以及房地产上下游贷款质量的迁徙情况进行检测，分别检测房价下跌 10%、20%、30% 和利率上升 27 个、54 个、108 个基点时，对银行开发贷款与个人贷款不良率的影响。各家商业银行对房价下跌容忍反映不一，但大体来看，轻度、中度压力测试结果显示，房地产贷款不良贷款率影响不大；而在严重压力情景下，房地产贷款不良率上升幅度加大，贷款损失拨备计提也大幅增加。2011 年银监会开始对银行业金融机构开展压力测试，此次压力测试的情景假设更加细致；升级版的压力测试还明确要求将北京、上海、深圳、广州、重庆、杭州、南京这七大城市列为房贷高风险区，密切跟踪北上广一线城市和过度炒作地区的房地产价格变动，并对钢铁、建材、水泥贷款敞口也做压力测试。从测试结果来看，房地产开发贷款目前还处于低位，在极端假设下（压力预设房价下跌 50%）商业银行可能承受的损失仍在可控区间[①]。

---

① 针对银行的压力测试能否完全反映楼市风险，存在不同看法。有观点认为，国外房地产泡沫的形成基础和机制与中国不同，监管部门的房贷压力测试会由于未真正找到压力点，在反映银行风险方面存在很大局限性。他们认为真正的风险点是购房需求下降引起的泡沫破裂，由此导致金融体系非稳定和经济的硬着陆。

第6章 资产价格、系统性风险与金融稳定

各种严厉的调控政策彰显中国政府房地产调控政策的决心。此轮调控在热点城市取得了一定效果，房价和交易量连续数月下滑表明房地产市场投机性需求得到抑制、房地产贷款总量和结构风险得到控制，但房价下滑可能造成的对金融体系的冲击还存在，监管层也在密切关注房价变动对银行体系的冲击。总体来说，房地产调控可能造成资产价格更大波动，这一方面凸显了调控思路缺乏长效调控机制和手段，另一方面也反映了实体经济与虚拟经济某种紧密的风险联动和监管困境。我国间接的银行融资结构使得房地产市场大幅波动，风险极易在金融体系积累和暴露，因此在构建房地产市场长效机制的同时，也要从金融市场稳健方面整体认识资产价格波动造成的系统性风险累积，在强化银行微观审慎监管的同时，推进金融监管体制改革和强化宏观审慎监管框架的建构。

6.2.3 银行信贷、股票市场和金融稳定

在我国，股票市场波动影响银行和金融体系的稳定性也是不可忽视的。一般来讲，银行较少直接参与股票市场，因此股价波动对银行的直接影响较小，但随着银行信贷资金进入股市的增加，银行系统安全与股票市场之间联动机制增强，加之股票市场通过影响宏观经济环境、借款人信用和居民财富效应等，资产价格波动增加了金融系统的信用风险。

从1999年开始，国家对有关银行信贷资金入市的监管规定作出了改变——规定证券公司、基金管理公司可以进入银行间同业拆借市场融通资金；2002年2月，中国人民银行联合中国证监会共同发布了《证券公司股票质押贷款管理办法》。该办法规定：对于符合条件的证券公司，允许其以自营股票和证券投资基金作为质押向银行申请贷款。这条法规的颁布意义重大，它为银行信贷资金间接入市提供了两条合法的通道（郭田勇，2006）。除此之外，还存在一大批企业信贷资金以违规操作方式流入股票市场。这些合法或非法入市的资金，在一定程度上打通了资本市场和货币市场的流通渠道，也将资产市场的信用风险向银行等金融系统传递。以2008年之前一轮牛市为例，当时受股权分置改革红利释放及资本回报率强劲增势吸引，大量资金［如证券投资基金、保险基金以及合格境外机构投资者（QFII）］流入股市，当然也不乏一些违规流入股市的信贷资金。为防止大

量资金入市带来的风险,银监会在 2006 年底颁布《关于进一步防范银行业金融机构与证券公司业务往来相关风险的通知》,意在将其纳入政策监管范畴。除了企业信贷资金大量入市外,居民个人信贷资金违规入市也不容小觑。有研究认为(殷剑峰,2008),在 2006—2008 年的一轮牛市中,个人消费贷款入市规模达 3000 亿元以上。另据中国人民银行统计,受房地产调控政策限制,大量以房产或汽车作抵押的"房贷""车贷""消费贷"等创新资金形式悄然间接入市。因此国内股票市场在牛市后的大幅回落必然对我国银行体系的稳健性造成负面冲击。

6.3 货币政策与金融稳定目标的再思考

2008 年国际金融危机后对货币政策的批评主要集中两点,即传统货币政策对金融稳定"善意忽视"和央行"事后救助"受到质疑。

批评一:货币政策目标是防止通胀而非控制金融失衡

在 20 世纪 90 年代以后,发达国家货币政策相继转向通货膨胀目标制,防止通货膨胀成为央行最主要的政策目标。货币政策当局认为,维持一般物价水平稳定的货币政策目标能自动实现金融稳定目标,反对将金融稳定纳入其货币政策目标体系。然而 2008 年国际金融危机的发生使得"物价稳定能够保障金融稳定"的传统货币政策观点受到了冲击和质疑,金融危机造成经济衰退的巨大代价使学界和政策实践层面意识到,即使货币政策能够保持通胀处于温和水平,但疏于管理信贷和资产价格泡沫造成的系统性风险累积和金融顺周期性依然可以酿成巨大风暴。Trichet(2005)在危机前就指出,央行致力于稳定物价,导致经济中物价的上涨压力从实体部门向虚拟部门转移,在一些国家信贷飙升、资产价格泡沫快速膨胀正是发生在物价稳定的政策环境下(对此可以理解为,货币当局保持充足流动性以压低长期利率的政策环境诱发了过高杠杆和过度风险承担,这一观点并不新颖,Kindleberger(1978)就曾说过,"投机狂热在货币和信贷扩张中逐步加速,在某些情况下,恰巧始于最初的货币和信贷扩张")。

当然,质疑和批评并未否定流行的货币政策框架,而是基于对危机的认识和反思,从金融稳定与货币政策关系,思考和改进有关货币政策框架。

但问题是，对现行的货币政策目标加入金融稳定的可行性在危机前就是被否定的，在危机中及危机后即便认识到资产价格泡沫和金融失衡，但纳入货币政策框架依然缺乏可行性。Blanchard等（2013）认为，"货币政策利率并非治理危机前金融失衡和金融机构过度风险承担的最佳工具，它的影响面太宽以至于成本太高"。Lomer（1990）指出，货币政策在影响信贷供给方面的效力有限。而且央行选择遏制泡沫的政策工具实在有限（Bernanke and Gertler，2003；Blanchard等，2013），这点并不会因为危机有所改变。

现有的改进方向和有益实践主要体现在：（1）改进货币政策分析模型，"加强央行对金融失衡和金融风险的检测和分析，将金融部门因素纳入模型"（吴培新，2011）。如果说国际金融危机前忽视资产价格泡沫、信贷增长可能隐含的系统性风险累积信息，国际金融危机后关于金融机构资产负债表、金融中介媒介和网络合同形成的共同风险敞口以及资产价格波动从理论和实证层面涌现了诸多研究和佐证，货币政策当局应该将这些因素及其动态演进纳入政策视野和宏观决策模型，难点在于如何有效改进（或构建）模型评估以反映金融市场运行与价格、产出等实际变量的关系和作用机制。（2）考虑到货币政策与金融周期之间的相互依赖，货币政策应该对金融周期作出更均衡的反应（Weber，2010b）。一般来说，货币政策的应对策略基于较短时间周期（小于2年），但金融失衡或者说系统性风险累积在达到爆发点之前都是经历了较长时期（7~8年甚至更长）的动态累积演进过程，传统的货币政策策略不考虑金融失衡问题。因此央行适度延长政策考虑期限，将金融稳定纳入决策过程以应对金融失衡（Borio and White，2004；Gerlachetal，2009）。Gerlachetal（2009）证实了，采用更均衡的货币政策策略，金融失衡在一定程度可以被减缓，但货币政策关注物价稳定的目标可能受到冲击，可能表现为CPI指数波幅扩大。但也存在一些问题，如即便采取均衡货币策略，货币政策在实现资产价格、纠偏金融失衡方面表现更好，特别是在金融监管存在明显缺陷的情况下，这意味着单靠货币政策难以有效应对资产价格泡沫和实现金融稳定目标。

批评二："事后救助"受到广泛质疑

国际金融危机前央行虽然意识到资产价格泡沫可能造成金融不稳定，但"很难实时识别泡沫"（Bernanke and Gertler，2003；Blanchard等，

2013),这意味着"央行可能不知道资产价格大幅波动是由于基本面强劲支撑还(仅仅是)泡沫,因此难以作出迅速反应"(Blanchard 等,2013),因此央行认为不应提前刺破资产价格泡沫,而是选择"事后救助",并且认为只要救助及时,泡沫可能带来的损失就能被有效控制。然而国际金融危机后"事后救助"受到了激烈批评,有学者认为(Borio and Lowe,2002,2004;张晓慧,2009;Farhi and Tirole,2012a),中央银行的事后救助可能鼓励银行或其他市场参与者的道德风险,从而导致更大的事前风险承担和过度投机行为。这种货币政策内在的时间不一致难以通过货币政策自身有效解决。

与"事后救助"相对应的观点则是"事前干预",或者认为央行应该"逆风而动"的货币政策策略(Borio and Lowe,2002)。以货币政策抑制资产价格波动的策略,需要一系列前提条件,例如,央行决策机构能够从金融变量中筛出早期预警信息或领先指标,以实现对资产价格泡沫抑制(欧洲央行在早期预警指标方面进行大量探索,他们双支柱的货币政策在抑制资产价格泡沫方面取得了一些成果,但货币政策有效抑制泡沫的实践经验尚未得到证实)。但逆风而动的货币策略纠偏金融失衡,可能会使通胀增大(Gerlachetal,2009),从而加大产出成本(Bank of England,2009)。这对央行操作时间和策略决策都是一个巨大挑战。

与此同时,针对金融体系可能存在的风险,巴塞尔协议Ⅱ作出了诸多努力,但存在的一些缺失(本质上是宏观审慎监管缺失)导致巴塞尔协议设计的合理性遭到了质疑,这些缺失主要表现在:(1)没有解决顺周期性问题。甚至在危机中以资本充足率为监管导向的监管要求强化了金融顺周期性;(2)对流动性风险的监管缺位。巴塞尔协议Ⅱ关注资本充足率,却忽视了流动性监管,特别是在金融衍生创新中大量运用批发融资并共同持有相似风险敞口,导致在危机中资产贱卖,造成了金融体系流动性枯竭;(3)缺乏对"影子银行体系"的有效监管(Vinals,2009)。这些宏观审慎监管政策的缺失导致银行体系非但没有起到稳定器的作用,反而起到了推波助澜的作用。因此,实施宏观审慎监管在危机后成为共识,并被认为是微观审慎监管的补充。

总体来看,货币政策在资产价格泡沫的识别监测、政策工具限制、社会成本以及关于稳定目标可能的动态不一致（央行信誉问题）问题，说明了单纯依靠货币难以达到金融稳定的目标，宏观审慎被认为是货币政策的有效补充，并在维持金融稳定的认知上取得了国际范围内的广泛共识。

6.4 宏观审慎监管框架的提出

资产价格泡沫广泛存在于虚拟经济，其大多由于市场预期或过度投机引发。由于泡沫在膨胀—破裂周期性运动后，有可能对实体经济和金融稳定产生严重破坏力，关注或适时干预泡沫成为各国中央银行的普遍做法。然而遗憾的是，单一货币政策框架下央行采取货币政策手段干预资产价格泡沫的效果并不显著[1]，需要辅以其他措施配合。美国次贷危机后，学术界和各国央行的政策实践达成了共识，即在现有的货币政策框架下，构建宏观审慎监管框架以有效补充传统货币政策的不足和挑战。这种宏观金融审慎政策框架至少应包括两个内容：（1）从宏观、逆周期的视角建立审慎监管的制度；（2）有效补充货币政策框架及其政策效果。可以说，加入宏观审慎的货币政策框架被认为是后危机时代逆周期操作的范本。

6.4.1 对金融体系的审慎监管：巴塞尔协议Ⅲ的努力

国际金融危机中关于资产价格波动与金融失衡的经验研究已经在很多国家得到了佐证，在理论和政策操作层面密切关注资产价格成为广泛共识。次贷危机后理论界比较有意义的进展在于，监管政策已经重视银行信贷扩张在资产价格泡沫中的作用，并从其形成机制入手，通过对银行等金融机构施行"事前规制—事中监管—事后救助措施"的一整套宏观慎重监管机制，对可能发生的资产价格波动做足准备以确保金融体系的稳定。

金融系统构成一国经济的基础，也是经济的核心所在，金融系统的安全和稳定直接关乎宏观经济的健康运行。因此，良好的金融监管制度能有效抵制资产价格波动对实体经济的破坏，减少投资、金融等的周期运动。

---

[1] Bernanke（2002）认为利率在纠正资产价格或金融稳定中是一种钝的工具，美联储屡创新低的利率实践也佐证利率下调或发挥作用的空间有限；金融体系过度的顺周期性也使得货币政策调控方式失效（Borio and Lowen, 2002）。

在过去很长一段时间，金融监管的侧重点是进行微观监管，即为防止单个机构风险而实施一系列监管规定和要求，以避免单个银行或其他金融机构因经营不慎、过度承担风险或违规操作出现问题。巴塞尔协议Ⅰ和巴塞尔协议Ⅱ的有关规定，是巴塞尔银行监管委员会对商业银行的资本构成、风险偏好、内部风险控制以及银行信贷行为等的微观审慎监管。然而对资本金有更强标准的巴塞尔协议Ⅱ在维护银行体系的稳定性上并没有发挥积极的效用，美国次贷危机的爆发被认为是金融监管措施（宏观审慎的缺失）的重大失误。强化宏观审慎管理的逆风向操作开始更多地进入政策视野。

宏观审慎管理是相对于微观审慎监管而言的，其监管的核心思想，即以宏观的视角、逆周期性的操作评估金融体系潜在风险，在此基础上建立一系列健全的金融体系制度安排及政策反应，以防范金融体系顺周期性波动或跨部门传染导致引发的系统性风险，维护整个金融体系的稳定。我们以巴塞尔协议Ⅲ框架下的宏观审慎监管为例说明。

巴塞尔协议Ⅰ和巴塞尔协议Ⅱ建立了银行风险动态监管的一些框架协议，包含了三大支柱：最低资本要求、监管当局对资本充足率的监管约束和市场纪律（在巴塞尔协议Ⅲ中为信息披露）。针对国际金融危机中暴露的问题，巴塞尔银行监管委员会进行了深刻的反思和研究，并于2010年12月16日批准了第三版巴塞尔协议（Basel Ⅲ）的基本框架，最主要进展表现在引入宏观审慎管理制度和逆周期操作，被看作是中央银行从微观审慎监管到宏观审慎政策转变的风向标。微观审慎和宏观审慎并举的监管制度安排，既关注对单个金融机构的风险及时识别、检测和控制，同时树立全局监管的意识，监管的重点不再局限于银行系统内部，而是将整个金融体系涵盖在金融监管的范围内，努力在微观审慎管理和宏观审慎管理中取得平衡。

首先，巴塞尔协议Ⅲ提高了资本要求的数量和质量。由普通股构成的核心一级（Common Equity Tier 1，CET1）资本比率的下限要求从2%提高至4.5%。在此基础上，再增加2.5%的强制性资本留存缓冲（Capital Conservation Buffer）要求。防护缓冲要求银行在危机期间限制股利分配和奖金发放，以保持充足的资本缓冲。此外，还增加了一个逆周期资本缓冲，各国监管部门可依据自身和银行的具体情况，比如在信贷增长时期，再增加0~2.5%的超额资本要求。逆周期资本缓冲将会因银行个体和不同时期而变化，从而使资本要求具有了周期属性。巴塞尔协议Ⅲ除了引入最低资本要求、资本留存缓冲以及逆周期资本缓冲要求，还要求系统性重要金融机构再增加1%～2.5%的附加资本，并且将额外损失吸收能力通过普通股来满足。

其次，引入逆周期银行资本缓冲。这样做的目的在于，期望同时实现两方面的宏观审慎目标。第一，提高经济高涨时期的股本要求为经济低迷时期提供了额外的资本缓冲，这将有助于缓解危机时的信贷紧缩和为去杠杆化的资产贱卖。第二，更高的银行自有资本要求能够对信贷拉动的经济繁荣降温，因为信贷违约带来的潜在社会成本将更多地被银行内化吸收（通过投入更多来降低道德风险），或银行会因为更高的资本成本而提高贷款利率。因此，顺周期性资本要求（或逆周期性资本缓冲）能缓解信贷的顺周期性。如果银企关系具有价值，并且企业在不景气时寻求新的信贷关系十分困难，则平滑银行的信贷供给周期将会对企业产生更多的正面影响。

最后，对系统性重要金融机构提出更高的资本要求，目的是减少横截面维度的系统性金融风险。要求规模较大和关联度更高的银行持有更高的资本缓冲，能够降低系统性金融风险爆发的概率，一旦危机爆发，还能缓解强烈的负面影响。

就流动性而言，巴塞尔协议Ⅲ提出了两个新的监管要求。一是流动性覆盖率（The Liquid Coverage Ratio，LCR），要求银行的优质流动性资产能够满足未来30日的资本净流出量。这一监管指标旨在危机或恐慌发生时，帮助银行抵御流动性冲击。二是仍在开发中的净稳定融资比率（The Net Stable Funding Ratio，NSFR），要求在一段较长时间内的压力情景下，可获得的稳定资金来源应该超过支撑表内表外业务所需的稳定资金来源。这一指标旨在降低流动性危机发生的概率。

巴塞尔协议要求惩罚银行之间的短期金融关联，比如隔夜无担保银行间贷款。这使得金融中介机构之间的资产和债务关联程度以及复杂性降低，理论上传染效应也随之降低，从而可能降低系统性金融风险。而且，因为银行在危机前拥有更高的流动性缓冲要求，所以危机后从批发性融资市场的金融关联中退出所导致的负面效应也将降低。此外，由于银行是影子银行部门主要的资金供给方，而与之相对应的银行业务部分会受到监管（例如,表外业务流动性要求),所以新的流动性监管可能会降低来自较少受到监管金融领域的系统性风险。此外,大量监管工具和针对流动性要求和金融体系内相互关联的监管仍在发展中。

总体来看,巴塞尔协议对系统性重要金融机构实施附加资本要求以及额外的逆周期资本缓冲要求,虽然仅适用于大型的和国际上活跃的银行机构,并且仍然存在确定适当的资本要求水平问题,但对于应对系统性金融风险而言已是一大进步。

6.4.2 预先防范的货币政策措施

首先,鉴于银行信贷与资产价格泡沫的密切关联,中央银行应适度控制信贷增长幅度,避免过多流动性通过合法、非法或违规操作进入资产市场,减少对金融体系的冲击。一旦过多资金涌入资产市场,不仅容易形成泡沫膨胀—破裂的周期性运动,还会对货币政策有效性产生干扰,即降低央行货币政策的有效性。同时考虑到金融体系的承受力度,货币政策应努力保持一致性,或者说减少货币政策的多变性,这样有利于减少泡沫形成和金融动荡不定。

其次,中央银行除运用常规货币政策手段外,适时适度选取选择性政策调控手段也被认为是一些新兴市场国家和发展中国家在此次国际金融危机中承受较小损失的政策管理措施。例如在房地产价格的调控过程中运用不动产信贷控制手段,调控效果较价格型的货币政策手段明显。这类不动产信用控制手段,包括房地产贷款最高额度限制、房地产贷款最长期限规定、首次置业的按揭比率和利率以及头款(首付款)的最低比率要求等。前两种工具被认为是对房地产投资的控制,即对房地产市场投入的信贷资金供给的规模管制;后两种是从需求一方设立的诸多限制,也被称为住房消费控制,旨在通过提高购房者的购房成本或限制购买者的购置资质达到抑制房地产消费需求的目的。例如,2010年我国为遏制快速上涨的房价,颁布出台了《国务院关于坚决遏制部分城市房价过快上涨的通知》(简称"新国十条")。"新国十条"实行了差别化的住房信贷政策规定,其中对购置首套个人住房的面积、首付款比率提出了具体的要求,个人首套自用房面积不超过90平方米,首付款应最少按照30%的比率进行缴纳;限制二套住房的需求，其首付款不得少于50%，个人住房按揭贷款利率不得低于基准利率的1.1倍。部分房价上涨过快的城市还出台了"限购令"，如北京市就规定，对拥有京籍户口的家庭暂停发售第2套（及以上）住房，非京籍家庭可限购1套住房，且必须出具缴纳连续5年（含）以上社会保险或个人所得税证明。对于房地产开发项目资金，也由各大商业银行按照央行有关规定，严格控制放贷数量和用途。

最后，随着金融机构数量的增加、金融体系的不断完善，面对资产价格的膨胀—破裂，中央银行应该适时推进数量型货币政策手段，如利率手段、汇率制度手段等的运用。利率具有调剂资金余缺、引导资金供需双方的作用。当资产价格高涨时，通过提高利率可部分抑制资产的投资需求，增加企业资金成本。当然利率提高可能引发部分国际游资涌入，迫使人民币升值或升值预期形成，然而这其中并不具备必然的因果关系，因为在低利率水平时热钱涌入的数额有时也是巨大的。

第 7 章 资产价格、系统性风险与宏观审慎监管框架

本轮国际金融危机带来了几点重要启示：其一，货币政策难以保证金融稳定，需要与宏观审慎监管一起应对金融失衡；其二，个体金融机构稳健经营的微观审慎监管不会自动保证金融体系的整体稳健，危机爆发及动态演进说明了传统微观审慎监管框架在思路和制度框架上存在重大理论缺陷。因此，微观审慎转为宏观审慎成为危机后的广泛共识，在传统微观审慎监管的基础上加强宏观审慎政策并构建宏观审慎监管框架，促成了金融监管理念和方式的重大调整和国际范围内的实践探索。上一章详细论述了启示一所揭示的内容，本章则重点论述宏观审慎政策的内在逻辑、基本内容以及为加强宏观审慎在金融监管体制改革方面的实践。本章的结构安排如下：第一节讨论微观审慎监管的局限性，并从监管目标、风险特性、监管方式等方面对微观审慎与宏观审慎进行比较；第二节是本章的重点内容，主要论述宏观审慎政策的内在逻辑和主要内容，以"金融体系内生脆弱性和系统性风险"为逻辑起点，在结构安排上按照宏观审慎政策目标、监管工具、制度安排等详细阐述宏观审慎政策的基本内容；第三节论述宏观审慎与货币政策的关系；第四节则是在前述内容的基础上，对危机后主要国家在加强宏观审慎政策和推进金融监管体制方面的改革实践进行论述，重点介绍西班牙动态拨备规则以及英格兰银行、美联储在危机后加强宏观审慎和金融监管体制改革的国别经验及其启示。

7.1 微观审慎向宏观审慎的转型

7.1.1 微观审慎监管的局限性

此次国际金融危机的爆发暴露了微观审慎在设计上的内在缺陷，其中

失败的根源在于其过于关注单个金融机构风险而忽视了金融体系整体风险（系统性风险）。微观审慎的框架设计基于如下假定：如果金融体系内每个金融机构都是稳健的，理论上整个金融体系风险就处于较低水平，不会爆发系统性金融危机。然而这种"合成谬误"一方面反映了以局部视角忽视了或者低估了金融机构、金融中介机构、金融市场之间网状合同复杂性、风险敞口共持以及传染效应可能引发的负外部性冲击程度，因此无法识别、消除金融体系内部的系统性风险；另一方面忽视了个体风险向系统性风险转化，因为其设计理念假定当金融体系内单个金融机构基于理性达到的最优或者次优，其效果"加总"或者"合力"必然保证金融体系的整体稳定，很遗憾的是，这种理论上的"Σ个体理性＝总体理性的"理念与实践相去甚远。一般来说，信贷繁荣以及信贷支撑下的资产价格泡沫大多发生于经济繁荣时期。此时，单个经济主体的资产负债表现稳健，增加信贷规模被认为是一种理性行为。如果整个经济体内市场参与者受此乐观情绪左右或者基于历史乐观过度外推，整体信贷规模将迅速增加，资产价格泡沫迅速膨胀和流动性过剩显著改变风险结构和类型，为风险累积和金融危机爆发增加了可能性。一旦面临外部或内部冲击，单个金融机构出于理性的资产贱卖的审慎行为会导致金融体系整体的非审慎，此时资产价格迅速下滑，家庭和私人投资者的资产负债表迅速恶化，再考虑到金融监管要求促使银行减少企业和家庭授信的紧缩行为、囤积流动性资产（如撤出批发融资市场）、补足资本充足率强化了金融体系的顺周期性，经济体系内将面临流动性枯竭、资产泡沫破裂和实际经济变量（总产出、总需求等下滑）衰退，进而诱发经济危机和金融危机。

显然，微观审慎的监管显然既无法应对系统性风险顺周期性（这表现为系统性风险的时间维度，即在金融周期的高涨阶段具有增加风险敞口的倾向，在萧条阶段则过度厌恶风险），也无法有效识别系统性风险的空间分布（这是系统性风险的横截面维度，即时间点风险在金融体系的分布。风险的分布是机构信贷规模、杠杆率、业务集中度以及机构间相互关联度的函数（IMF，2011b）。其中关联性产生于机构间直接的风险敞口或者面对共同冲击时的脆弱性（例如，间接但相关的风险敞口，金融创新及其衍生产品强化了共同持有的敞口），并通过金融机构间的溢出效应形成传染渠道。

这些直接或间接、广泛且复杂的关联性,将极大地放大系统性重要机构或某些金融机构倒闭的传染扩散效应并将引发瀑布效应,造成整体金融体系的风险爆发。同时,在危机后也没有有效的手段或工具减少或者阻止系统性风险可能造成的实际损失,甚至金融监管顺周期在危机中扮演推波助澜的作用,因此危机后的警示之一即是改变传统的监管范式,在微观审慎基础上全面加强宏观审慎监管,监管改革目标直指系统性风险。

7.1.2 微观审慎与宏观审慎的比较

概括起来,宏观审慎监管是微观审慎监管的有力补充,着眼于整个金融体系的稳定性,因此同微观审慎监管在监管视角、监管目标、风险性质等方面存在不同(具体见表7-1):

1. 监管对象或者监管视角的不同。微观审慎监管是针对单个金融机构或非金融机构,关注的是单个金融机构经营是否稳健,其监管重点在于资本充足率和信用风险监管,监管视角是着眼于局部视角分析;宏观审慎监管则着眼于整个金融系统整体稳定,监管重点在系统性重要机构(国际金融危机后巴塞尔协议Ⅲ首提,考虑到大型金融机构处于金融体系关键网络节点,在市场导向和关联度以及风险传染的重要作用)、影子银行体系以及对"金融工具以及金融市场在内的整个范畴予以关注"(IMF,2011b),是一般均衡的视角。

2. 监管目标的不同。微观审慎基于传统的金融危机理念,即单个金融机构倒闭触发偿付困难可能传染扩散引发金融危机,因此关注单个金融机构资产负债表和防范其倒闭成为监管目标;宏观审慎监管以维持金融体系整体稳定为目标,关注金融体系内生脆弱性和共同风险暴露,在直接目标上关注系统性风险的识别、监测、早期预警以及消除或者降低系统性风险累积可能引发的金融危机和实际产出损失。

3. 风险特性存在不同。微观审慎监管假定风险是外生的,对测度风险基于金融机构个体的在险价值(Value at Risk,VaR),与其如何获得资本和流动性以及产生潜在负外部性无关;宏观审慎监管认为风险具有内生性,金融体系顺周期性内生于金融与经济行为中,其风险在金融创新、金融全球化等趋势中得到强化和放大,并通过复杂的网状金融市场结构将风险扩散反馈形成系统性风险。由于系统性风险的复杂性（这可能基于：金融自由化、混业经营以及风险定价和管理的模型化趋势降低了市场参与主体的异质性，增强了系统性风险累积；金融体系内部顺周期性制度安排，如，风险评估模型趋同、公允价值盯市准则、金融监管资本要求顺周期性、评级模式和方法等趋同以及金融摩擦理论揭示的金融系统内生周期会放大经济周期；金融过度创新及对创新监管的缺失以及资本跨境流动、监管政策缺失和不确定性，使得系统性风险在传统微观审慎监管框架下难以被捕捉和检测，宏观审慎监管通过关注风险时变动态演进和特定时点风险分布控制或有效防止系统性风险演进。

4. 金融机构风险暴露相关性不同。微观审慎监管基于风险外生的假设，金融机构之间不相关；然而此轮危机展示了另一种机制，即共同持有的风险敞口和金融网络效应的传染扩散充分证明了金融机构（直接或间接的）风险暴露关联性在系统性风险累积中的巨大作用，以及市场上羊群行为、忽略尾部风险以及相互风险关联造成的过度风险承担成为金融体系统性风险累积的重要触发机制。因此国际金融危机后，宏观审慎监管对于金融机构的共同风险暴露给予重点关注。

5. 监管方式的不同。微观审慎在风险特征、目标等基本理论指导下，在监管方式上遵循由单个到整体、由下而上的监管模式；宏观审慎监管关注系统性风险和金融稳定目标，因此采取的是由上及下、系统整体的监管理念，除关注金融体系系统层面的整体风险外，对网络关键节点的重要系统性金融机构、金融市场结构等重点监测作为系统风险监测的有力补充。

表 7-1　　　　　　　　微观审慎和宏观审慎监管的比较

	微观审慎监管	宏观审慎监管
视角	局部均衡	一般均衡
监管对象	单个金融机构	金融体系
风险	个体风险	系统性风险
对风险特征的认识	外生性无关	内生性
机构之间共同风险暴露及相关性	不相关	重要
直接目标	减少金融机构风险	系统性金融风险
最终目标	保护消费者或投资者利益	金融稳定

资料来源：Borio, 2003; Brunnermeier, 2013。

总体来说，国际金融危机后国际社会在加强宏观审慎政策和监管框架构建上形成了广泛共识，宏观审慎监管作为微观审慎监管的有力补充在多个国家得以实践，并在理论和实践操作层面积累了丰富的研究成果和实践经验。目前，有关宏观审慎政策的开放研究正在稳步推进，有关宏观审慎政策的基本问题、监管框架构建、组织机构设计及制度安排、监管实践以及未来发展方向是研究重点。

7.2 宏观审慎政策：内在逻辑和基本内容

从金融危机的角度来说，此轮国际金融危机与历史上数次金融危机并无本质区别，其特征也曾反复上演：危机前金融体系流动性过剩、信贷超速扩张、资产价格泡沫积聚以及市场乐观情绪和过度风险承担。如果说此轮危机能够带来些许受益，那可能是传统的、长期被忽视的金融体系内生性的系统性风险及其基本要素在危机后被重新审视并得以重视。本质上，微观审慎监管失败的根源在于，通过貌似逻辑严密的宏观模型及无数基于历史数据构建的经验模型和关键变量的研究范式和实践操作（学界和政策操作广泛存在）看似消除了系统性风险（及其引致要素），实际上刻意忽视系统性动态累积机制及其在时间和空间维度的系统演进的理想愿景只会与实际越行越远，最终以金融危机和巨大社会成本实现纠偏。

此轮国际金融危机正是金融体系内生性的系统风险（包括促成系统性风险形成的基本因素、传染扩散机制、经济主体非理性、制度设计以及监管缺位等因素共同作用）不断自我演化积累的必然结果，因此微观审慎监管失败是应有之义，因为它从源头上首先忽视了系统性风险的产生和系统性变化，那么在风险早期预警和事后救助自然乏善可陈。要控制或者降低系统性风险，必须首先回归并正视系统性风险和金融体系内生不稳定性或者脆弱性。可喜的是，危机后从微观审慎转向宏观审慎目标并构建与之相匹配的宏观政策工具和框架，可以说是直中要害，尽管在具体操作层面由于侧重点和认识不同仍存在模糊之处。

7.2.1 系统性风险与宏观审慎政策目标

一般认为，宏观审慎最终目标是维持整个金融体系的稳定（Borio、

BIS、G20，2011）。这意味着为实现金融稳定目标，必须能够抑制金融体系内部的过度风险承担和增强金融体系在遭遇负向冲击时的弹性和自我恢复能力，这需要从金融整体稳健性的宏观视野进行相应的制度设计和安排，以识别风险来源、风险结构、领先指标、系统性风险演化、扩散传染渠道和机制以及金融市场与实体经济的相互关系，重点监测金融体系内生共同风险暴露、金融市场结构和风险时变和分布演进、关键重要金融机构以及金融体系结构的脆弱性。

国际金融危机爆发的源头和警示之一是忽视系统性风险累积，因此危机后宏观审慎研究重点关注系统性风险评估及测度，在具体操作层面则以防范和降低系统性风险为直接目标或操作目标。其核心旨在解决系统性风险的两大特定维度：时间维度和横截面维度（Borio，2009；Bank of English，2012）。

1. 系统性风险评估和测度。此轮国际金融危机的爆发很大程度上在于对系统性风险的忽视，因此危机后系统性风险重新得到了重视，并从金融体系宏观视角对系统性风险评估和测度作为研究的重点。但是由于系统性风险具有内生性、不确定性和复杂性等特征，对其概念界定、风险来源、模型测度等方面分歧较多，目前尚未形成统一认识，也缺乏有效的风险识别和评估模型。实践层面，危机爆发以来，国际组织和各国监管当局加强了对系统性金融风险的研究和实践探索，取得了一些成果。国际货币基金组织先后开发了"网络模型、CO-RISK 模型、危机依存度矩阵模型以及违约强度模型"等定量模型，用来对系统性风险进行评估和测评。金融稳定理事会（FSB）成立了金融脆弱性评估执委会，负责对全球金融体系的系统脆弱性进行定期评估。在国别实践层面，对系统性危机的认识也取得了一定成果，并针对系统性风险引发危机爆发的缘由和作用机制方面开展了有意义的研究，深化了对这一未知领域的认识和实践探索，例如在德国、英国、比利时等国尝试构建系统性风险的预警指标和风险评估机制，这方面的尝试主要有：采用网络分析法对系统重要性金融机构进行甄别、推算金融系统的敞口矩阵以及压力测试评估风险。奥地利还设置了系统性风险预警线。但总体而言，关于系统性风险认识在危机前属于未知领域，危机后的风险管理认识和技术远远落后。

2. 系统性风险的时间维度。系统性风险的时间维度主要反映金融系统的顺周期性，即金融市场内生的脆弱性和系统性风险是如何随时间动态演进的、金融系统内部在系统性风险动态累积中的机制作用以及"亲周期性"如何放大实体经济周期（Benanke，1995；FSF，2009；）。其特征主要是在金融周期高涨时期积聚风险敞口，在萧条阶段则过度厌恶风险，主要表现为：金融市场的信贷和资产价格的周期性波动在经济繁荣时期积聚大量系统性风险，在经济崩溃时期的非对称性进一步加速泡沫破裂和信贷市场紧缩程度，这种金融体系的顺周期性与经济周期相互强化"共振"，增加了金融危机爆发的可能性，同时也抬高了社会实际付出的成本。值得注意的是，金融系统的过度风险具有内生性（在危机前普遍认为风险是外生的，外部冲击引发金融市场失衡和风险暴露），其风险上升可能基于心理学、行为学等解释市场参与主体的非理性（Borio and Lowe，2001）、金融市场结构不完美以及金融契约设计有关（而这与新古典完全理性的理论假设相悖，很可惜这恰恰是最真实的市场反映）、银行治理结构以及显性或隐性政府救助的道德风险问题。因此宏观审慎监管重点关注引起金融体系顺周期性的因素，并采取多种方式缓解或降低金融体系的顺周期性，如研究风险预先预警指标、改善风险治理框架（资本要求、流动性要求等增强应对风险的有效性和风险评估的全面性）、国际会计准则以及风险评估模型等。

3. 系统性风险的横截面维度。系统性风险的横截面维度反映给定时间点风险在金融体系内的分布，这可能会引起风险传染、资产甩卖、宏观非审慎状态以及其他负向溢出效应。系统性风险的分布可能包括单个金融机构投资组合和金融产品的关联、跨部门金融机构之间持有的共同风险敞口或者与这些资产相关的其他资产、金融市场异质性降低和趋同、系统性重要金融机构关联性以及影子银行体系所累积的系统性风险。这主要是基于某一负向冲击由于金融机构相似的风险敞口或共同风险暴露或相对集中的金融期限在某一时点集中爆发，导致金融市场流动性不足（这被称为"拥挤交易"）继而诱发金融危机。造成这一局面的主要原因则是风险评估和管理同质性（银行内部评估模型、评估机构风险评估模型、国际会计准则等）、金融标的资产过于集中在某一行业（例如房地产行业）或者不同金融机构持有相似的风险敞口。此外，高度复杂的金融网络使得金融机构之间的关联度较之前更易扩散、放大和传导风险,特别是处于网络关键节点问题的重要系统性大型金融机构一旦出现问题,经由资产负债表效应会迅速蔓延至其他金融机构和整个金融体系,形成系统性金融风险。因此,危机后宏观审慎监管重点关注金融机构的投资组合和金融机构之间的关联性和相互影响、管理金融机构整体风险暴露或共同风险敞口以及对系统重要性机构的监测和风险分布进行有效监管,并通过设计有针对性的政策工具降低金融网络效应和共同风险暴露。

当然,系统性风险的横截面维度与时间维度并非相互独立。异质性冲击传递和对共同冲击的相似反应,在系统性风险累积过程中实现了强化反馈(Lyer and peydro,2011)。当金融系统基本面恶化时,高度复杂、网状化的金融结构会迅速放大某一节点风险冲击并传染扩散危及整个金融系统,特别是当金融结构化产品及创新衍生产品众多并且这些金融产品的期限相似或风险头寸相近时,一旦特定风险暴露将严重威胁金融体系整体稳健。这也能够解释为什么金融危机对金融市场发达的国家造成的冲击大于新兴市场国家,高度复杂的金融市场是重要因素(西班牙和爱尔兰的例子则主要是金融全球化背景下跨境资本流动形成了信贷和资产价格飙升以及随后金融危机爆发)。

7.2.2 宏观审慎政策工具

宏观审慎监管直接目标瞄准系统性风险的两大维度,国际金融危机后有关宏观审慎工具的设计也大多围绕这两大维度,通过构建一系列政策工具降低系统性金融风险的顺周期性和横截面风险,表7-2梳理了部分宏观审慎工具。

表7-2 宏观审慎工具部分梳理

时间维度	横截面维度
逆周期资本缓冲	系统性资本附加要求
时变的系统性流动性附加要求	系统性流动性附加要求
特定部门风险敞口的风险权重逆周期变化	非核心债务征收
跨周期的回购协议的利润或折价估值	为未使用共同对手方清算所(CCP)进行结算的贸易要求更多资本

续表

时间维度	横截面维度
时变的贷款价值比、负债收入比以及贷款收入比上限规定	基于系统性风险考虑拆分金融公司的操纵力
时变货币错配限制或者资产风险敞口限制	应付衍生品的资本要求
时变的信贷总量、信贷增长和存贷比限制	对系统性风险敏感的存款保险风险溢价
动态拨备制度	对许可的业务活动范围的限制（例如，禁止系统重要性金融机构从事自营业务）

资料来源：IMF，2011b。

1. 系统性风险时间维度的宏观审慎政策工具。由于系统性风险具有时变和非对称性的顺周期性，会强化风险累积和崩溃可能带来的成本，宏观审慎工具设计应着力降低顺周期性的影响。具体思路即是按照"逆风而动"原则，在经济繁荣时期通过构建防御机制以减少金融体系顺周期性，防止或降低金融失衡累积和金融系统整体稳定性。

引入逆周期监管的政策工具。主要针对资本要求、国际会计准则等产生的顺周期性，通过加入宏观审慎视角的巴塞尔监管框架修订、公允价值准则的修订等措施减少外部规则的顺周期性。

国际金融危机后关于巴塞尔协议Ⅱ监管顺周期性批评之一是其内部评估法的顺周期问题。其根源在于内部评级法的风险参数与经济周期的"亲周期性"，即经济繁荣阶段，借款人的资产负债表因抵押品价格上扬等表现良好，相应地使以违约概率（LD）、违约损失率（LGD）、违约风险暴露（EAD）等衡量银行信用风险的内部评估所要求的资本监管要求放松，一旦经济出现问题，内部评级法的顺周期性强化了风险权重和资本监管要求顺周期性，恶化了危机进程和破坏程度。因此危机后内部评级法受到了激烈批评，监管机构启用平滑风险权重函数缓解这一机制的顺周期性，但在实际操作和理论界还存在巨大分歧。

巴塞尔协议Ⅱ有关资本监管的顺周期性在危机中起到推波助澜的作用。此轮危机后金融稳定论坛（FSF）和巴塞尔委员会对监管框架有关设定进行了重大修订，主要通过资本留存建立超额资本缓冲和逆周期资本缓冲缓解顺周期性。主要措施包括：要求银行增加2.5%的普通股资本缓冲，从而使普通股资本充足率达到7%的超额资本水平，加强银行在压力时期的抗风险能力和稳健性；建立逆周期的资本缓冲（要求在信贷过度增长和系统性风险累积的情况下，增加0~2.5%的逆周期资本缓冲）以约束银行放贷能力。除此之外，还加强了对资本监管标准和流动性管理的重视。强化资本监管标准主要表现在：（1）提高资本质量、增强资本构成一致性和透明性[①]，目的是强化资本质量和提高各类资本工具的损失吸收能力。巴塞尔协议Ⅱ过于注重资本充足率监管要求，但却忽视资本质量（本质上体现为吸收损失的能力）。一般来说，资本包含普通股、优先股、附属债以及长期债券等，其中尤以普通股的吸收损失能力最强，其他种类资产吸收能力较差且差异显著。危机中尽管金融机构大多符合资本充足率要求但对危机恶化没有缓解作用，一个重要原因即是其损失吸收能力低效率（相当一部分资本并不能起到损失吸收作用）。因此危机后确立提高普通股资本要求，确立普通股在资本监管中的主导地位。（2）针对危机中资本对风险覆盖不足的设计缺陷，巴塞尔协议Ⅲ通过加强对交易对手信用风险的资本要求、强化交易对手信用风险计量管理和减少过度依赖外部评级等改革，修正对之前风险覆盖不足的框架缺陷。流动性管理要求主要是针对危机中流动性短缺造成的金融市场压力，使得人们重新认识到流动性管理在维护市场稳定中的重要性。巴塞尔协议Ⅲ提出流动性覆盖率和净稳定资本比率两个基本指标和其他流动性监测工具。此外，FSA（2009a）、De Larosiere 等（2009）和 IMF（2009）强调，为更大程度缓解顺周期性，还应增强跨周期评级法的使用。在实践中，英国金融服务局已经引入根据经济周期确立的变量调整系数的准跨周期评估方法，以降低巴塞尔协议Ⅱ顺周期性。总体来说，巴塞尔协议Ⅲ以宏观审慎视角对相关监管框架的修订，被认为是具有历史性意义的改革。

此次危机还暴露了国际会计准则，特别是以公允价值盯市原则带来的金融体系的顺周期性。主要表现在增加了金融机构资产负债价值波动、加剧金融体系顺周期性，形成了"价格下跌—资产减计—恐慌性抛售—价格进一步下跌"的恶性循环以及"缺乏在非活跃市场运用公允价值的指引加

[①] 其内容包括"强调普通股在监管中的主导地位"。

剧了市场的动荡"（周小川，2009）。因此危机后，针对公允价值顺周期性展开了广泛讨论，形成的共识即这一准则虽然存在问题，但并未否认其作为目前最佳资产计价方式和其使用，只是在具体运用时需要进行修正和完善以降低其顺周期性，主要体现在增加信息披露和透明性、明确在不活跃市场运用公允价值准则的指引、合理恰当使用公允价值以及对使用公允价值存在困难的金融工具建立估值储备或估值调整（李文泓，2009）。同时建议加强与银行监管部门的协作，寻找监管金融稳定和财政状况真实反映的有效方式（G20，2009；De Larosiere 等，2009）。

在金融体系内设"内在稳定器"，释放系统性风险，主要措施包括实行逆周期的拨备制度以及杠杆率等操作（Fernandez，2000；Borio，2001；Jimenez，2006；Shin，2009；Hanson，2010 等）。

国际金融危机前关于银行贷款拨备顺周期性问题已有论述（Borio，2001；Bikker and Metzemakers，2002），危机后关于其顺周期性得到了广泛认识，其基本原理与资本监管顺周期性类似，在这里不一一赘述。为降低其顺周期性目前比较公认的做法是建立逆周期性操作，考虑经济周期顺周期性构建有效拨备制度，如前瞻性拨备和动态拨备制度，主要操作是在经济繁荣时期增加拨备计提，抵销为应对经济下行阶段违约率上升需要增加的信用损失，而不必追加拨备计提从而缓解信贷紧缩和经济下滑。但在具体操作和实践操作层面存在困难（与会计准则目标的冲突、关键参数缺失致使其准确性和可靠性打折以及银行套利机会增加）和分歧，目前尚未形成统一认识。西班牙中央银行从 2000 年开始在政策实践中就已经采用动态拨备制度，在提高拨备前瞻性方面进行了有益探索和积累了实践操作经验。

基于国际金融危机期间，银行资本充足率与杠杆率严重背离，危机后在应对系统性风险的逆周期操作层面重视并引入杠杆率成为主流认识（G20，2009；IMF，2009；FSA，2009；FAF，2009a，Brunnermerier 等，2009 等）。这主要是因为，此轮国际金融危机中，银行金融机构过度风险承担导致的杠杆率高企以及私人部门高杠杆率积累了系统性风险，成为引发金融危机的重要原因，而成为考察风险累积的重要参考变量，同时杠杆率指标还具有简单、透明、不具有风险敏感性（因而也排除了顺周期性存在），兼具微观审慎和宏观审慎双重目标，因此成为银行资本充足率监管指标的重要补充，例如，G20在伦敦峰会后发布的《加强监管和提高金融透明度》报告中建议，将杠杆率作为实施宏观审慎和降低新协议顺周期性的一项重要政策工具（G20，2009）。

2. 系统性风险横截面维度的宏观审慎工具。受金融创新、现代交易技术以及金融自由化推动，金融体系已发展成为高度复杂的、由资产负债表相互连接形成的金融网络巨系统，单个金融体系的稳健性已不足以保证金融系统的稳健性，这主要是因为：依托于复杂的金融产品结构化创新或者跨部门的金融机构投资组合策略，金融体系内部单个金融机构的风险得以在金融机构内部实现分布，这些风险分布通过相同的或类似的资产投资组合，或者与这些资产类别相关的其他资产实现直接或间接的共同风险敞口或关联行为反馈。当某一时点风险暴露时，金融体系内密切的直接或间接关联性将这些负向外溢效应迅速传染扩散至整个金融系统继而引发金融危机。微观审慎关注单个金融机构稳健性的监管要求根本不足以应对系统性风险，因为局部视角无法识别和防范系统性风险以直接或间接方式实现的金融系统共同风险暴露，特别是一些处于重要网络节点位置的系统重要性大型金融机构的风险暴露会引发整个金融系统的震荡。因此国际金融危机后，宏观监管当局的监管重点是针对具有系统重要性的大型机构及其对金融体系的风险贡献度进行重点监测。

事实上，宏观审慎目标在系统性风险横截面维度正是从"金融系统总体风险偏好"出发，在具体操作上以某种程度的自由裁量的判断和干预实施"自上而下"的干预，即对系统性尾部风险进行量化进而确定单个金融机构对系统性风险的贡献度，这意味着对那些具有较强关联性、重要影响的系统性金融机构将采取更严格的监管标准（如更严格的资本要求、治理结构以及表外监管等）。这方面的研究很多（Adrian and Brunnermeier，2009；Zhou，2010；Tarashev，2009；Drahmann Tarashev，2011），在研究方法上汇集了矩阵法、网络模型以及条件在险值（CoVaR），在具体宏观审慎工具上提出"系统重要性资本附加、系统重要性税以及风险集中度限制"（Basel，2011）等工具降低系统性风险累积。在国际监管要求改革中，根据G20峰会的精神和要求，国际货币基金组织（IMF）、国际清算银行（BIS）和金融稳定理事会（FSB）在2009年发布了《系统重要性金融机构、市场和工具的评估指引》，从金融机构的规模、可替代性以及系统性风险关联性3个方面对系统重要性金融机构的评估及其监管进行了规范。针对"大而不能倒""太关联或太复杂而不能倒"的大型金融机构隐性或显性担保的道德风险问题引致的事前过度风险承担和风险关联内生增加金融系统的系统性风险，金融稳定理事会在2011年首次公布了29家全球重要系统性金融机构名单（具体见表7-3）并给予重点关注，并适用于"系统重要性附加资本要求"审慎工具。

表7-3　　　　全球系统性重要性金融机构（2011年）

银行名称	原属国
美国银行（Bank of America）	美国
纽约梅隆银行（Bank of New York Mellon）	美国
花旗银行（Citibank）	美国
高盛集团（Goldman Sachs）	美国
摩根大通（JP Morgan Chase）	美国
摩根士丹利（Morgan Stanley）	美国
道富银行（State Street）	美国
富国银行（Wells Fargo）	美国
苏格兰皇家银行集团（Royal Bank of Scotland）	英国
劳埃德银行集团（Lloyds Bank）	英国
巴克莱银行（Barclays）	英国
汇丰控股（HSBC）	英国
法国巴黎银行（BNP Paribas）	法国
农业信贷银行（Credit Agricole）	法国
人民银行（Banque Populaire）	法国
兴业银行（Societe Generale）	法国
德意志银行（Deutsche Bank）	意大利
德国商业银行（Commerzbank）	意大利
裕信银行（Uni Credit）	意大利
瑞士银行（UBS）	瑞士

续表

银行名称	原属国
瑞士信贷集团（Credit Suisse）	瑞士
德夏银行（Dexia）	比利时
荷兰国际集团（ING）	荷兰
桑坦德银行（Banco Santander）	西班牙
北欧联合银行（Nordea）	瑞典
三菱日联金融集团（Mitsubishi UFJ）	日本
瑞穗金融集团（Mizuho Financial）	日本
三井住友金融集团（Sumitomo Mitsui Banking）	日本
中国银行	中国

资料来源：金融稳定理事会，2011。

与此同时，针对影子银行体系在系统性风险累积中的作用，将金融监管范围拓展至覆盖对冲基金、影子银行等非金融机构以及包括金融衍生产品在内的金融创新交易产品及其投资组合、市场机构和基础设施均纳入其中（欧盟监管实践，2009）。此外，为降低风险扩散和传染速度，对金融衍生品的交易也进行了规范，包括信贷链条、加强支付与清算体系建设、推动交易合约标准化以及鼓励场外市场等（Shin，2009；Hanson，2009；Brunnermeier，2009；Gorton，2009）。巴塞尔银行监管委员会、金融稳定理事会和英美等国监管机构都推出了强化系统性监管的工具（BIS，2008；FSB，2009）。

当然，必须认识到系统性金融风险具有内生性，内生于金融和经济活动中。任何针对系统性风险时间维度和横截面维度的风险识别、监测或者工具、规则设计都只能降低、减少系统性风险而不能消灭风险，这意味着任何一种工具或者手段在应对系统性风险累积方面都不是万能的或者绝对有效的，因为金融系统风险的产生本身就是由多种因素共同引起的。这意味着宏观审慎工具需要与微观审慎监管一起，也需要与其他政策工具，如财政政策、货币政策、汇率政策等协调使用。宏观审慎的最终目标是维持金融体系的稳定，因此要加强与监管当局的沟通配合以及信息共享交流。这方面英国、美国等国家在国际金融危机后对监管负责和管理体系进行适当修改，为宏观审慎政策有效性的评估提供了实践经验。关于这部分的内容在后文中会详细论述。

7.2.3 宏观审慎制度安排

与宏观审慎政策空间密切相关和具有争议性的另一个层面则来自宏观审慎制度安排层面，主要围绕审慎监管职能主体和监管规则的争论。

此轮金融危机暴露了现行的监管框架缺乏宏观视野和系统整合机制，其结果必然导致系统性风险累积和金融稳定目标实现的内在缺陷。因此国际金融危机后要求构建与宏观审慎目标相匹配的监管框架。这样的监管框架要求：其一，构建一致性的监管标准，使其与整个金融系统层面的风险水平相匹配，消除多头监管可能存在不平等竞争、"监管套利"及"逆向选择"等问题；其二，能够有效分配监管资源和最大化监管效率，实现金融体系风险分布和时变演进的动态跟踪；其三，实现信息交流和内部决策有效统一，减少协调成本。有鉴于此，有理论认为（Blanchard，2010）由中央银行承担审慎监管职能具有先天优势，主要表现在央行具备监测宏观经济运行的先天优势，能够降低多头管理的协调成本以及货币政策对杠杆率和风险水平的潜在影响；Borio（2009）肯定了中央银行集宏观审慎与货币政策于一身，能够提高货币政策的有效性和一致性。但反对一方的观点认为央行在货币政策目标与金融稳定目标之间存在冲突（Goodhart，Schoenmaker，2005；Gros，2009），政策有效性仅存在于目标不冲突这一前提假设的成立。一旦物价稳定目标与金融稳定存在冲突，将损害央行的信誉（Goodhart，2002）。目前发达国家已着手进行监管体制改革，已充分对接宏观审慎政策内在要求。在改革具体层面上，主要通过成立新的机构等强化系统性风险监管。例如，英格兰银行通过设计金融政策委员会确立了英格兰银行宏观审慎监管主体地位；作为危机前多头监管典范的法国，在央行之下设立"审慎监管局"，合并行使之前银行、保险以及证券监管机构的相关职能。美国通过金融改革法案建立金融监督管理委员会，负责和防范系统性金融风险。关于国别层面的监管实践在下一节内容将详细论述。

另外一个侧面的争论则主要集中于规则之争，即宏观审慎到底是基于决策主体的相机抉择还是遵循某一规则机制。相机决策的好处在于，决策层在应对系统性风险不确定和复杂结构性时具有灵活性以及与其他政策相互协调的有效性，例如通过金融稳定报告或者市场喊话提示市场风险以及审慎工具的数量调整（Hilbers，2007），然而其劣势也异常明显，即缺乏规则的确定性容易造成市场预期不明确，从而降低政策有效性或者受政治因素影响；而基于确定性的规则则有利于克服政策决策的不确定性，树立决策机构信誉（Goodhart，2004）和以内置稳定器实现系统性风险内生化（Borio and Shim，2007）。因此这是一个"鱼与熊掌不可兼得"的选择。

7.3 审慎监管政策与货币政策

与此同时，对宏观审慎政策无法回避的重要方面是宏观审慎政策与货币政策关系的讨论。这一方面是危机爆发暴露了现行的货币政策框架在实现货币政策目标与金融稳定目标的冲突，凸显了宏观审慎的正当性（Rochet，2004）。另一方面，宏观审慎政策维持金融稳定是货币政策维持物价稳定的前提条件。因此关于宏观审慎政策与货币政策之争实质上是关于宏观审慎内涵和目标的理解。

7.3.1 宏观审慎目标与货币政策互为补充

很多研究认为，审慎政策目标与货币政策目标不存在冲突，而是相互补充的，这主要是因为宏观审慎政策旨在维持金融稳定，是货币政策有效发挥作用的前提条件。货币政策的有效性也会减少宏观审慎政策工具的使用。因此宏观审慎政策与货币政策之间实现良好搭配可以实现双赢，而宏观审慎与货币政策相互分离则蕴含着金融危机的隐患，此轮国际金融危机即是明证。如果从一个较长期限来考察二者的关系，宏观审慎与货币政策似乎不存在冲突（Caruana，2011）。相较于货币政策策略期限，金融失衡一般经历较长的时间周期且爆发频率低于经济周期，因此货币政策实际是在这样一种缓慢变化的政策背景下进行的，如果货币政策能够适度考虑延长政策期限，实质上是将金融稳定目标纳入决策范畴，在一定程度上缓解金融周期波动（Borio and White，2004；Gerlach，2009）。同时，二者在政策工具使用上具有层次性和等级（张健华，贾彦东，2012）。当然关于宏观审慎政策与货币政策冲突的研究也不少（Filardo，2004）。主要体现在货币政策着眼于相机抉择的总量管理会产生顺周期性，而这与宏观审慎相冲突，与此同时，协调货币政策与宏观审慎政策存在较大冲突。目前关于二者关系的研究还在进行，对其认识和推进主要依赖于人们对宏观审慎基本问题的认识（如，系统性风险与金融稳定、金融体系与实体经济关系及其机制）。

7.3.2 宏观审慎目标与货币政策冲突：监管主体

宏观审慎政策与货币政策之间的关系研究，还主要体现在关于监管主体选择的问题上。这方面的内容已有论述，在这里就不再一一赘述。

7.4 宏观审慎金融监管体制改革的国别经验及其启示

国际金融危机后宏观审慎政策得到广泛共识。为应对系统性风险，各国在实践层面引入宏观审慎政策视野和工具，对现有金融监管体制进行调整，为构建宏观审慎与微观审慎互补监管框架进行了探索和尝试，这为我国推进监管体制改革、提升监管效率、防范系统性金融风险提供了很好的参考案例和借鉴意义。

7.4.1 动态拨备规则在西班牙的实践及其启示

西班牙从 2000 年开始实施动态拨备制度，在前瞻性动态拨备方面积累了实践操作经验。

前瞻性贷款拨备规则、动态拨备规则设计的原理。国际金融危机后，为降低金融机构贷款拨备的顺周期性，在操作层面通过改革银行贷款拨备规则、构建前瞻性拨备规则设计以应对系统性风险累积，具有典型性的设计是引入动态拨备规则。其基本原理基于预期损失实行逆向操作，在增加经济上行时期贷款拨备损失准备以备经济萧条时期损失，在经济下行期间减少贷款损失拨备。这样操作的直接后果是，经济繁荣时期累积的动态拨备在经济萧条时期释放出来以抵消应对经济下行阶段因违约率上升需要增加的信用损失，从而达到平滑信贷和贷款拨备产生的顺周期性。

西班牙银行动态拨备规则设计及其机制。西班牙从 2000 年开始实施动态拨备规则,这一阶段的贷款拨备由一般拨备、专项拨备和统计拨备三部分构成。在实际计算统计拨备时,以标准法(外部评级机构)模型计算应计提的统计拨备并在损益表进行反映。当统计拨备为正时(风险资产组合头寸类别与其风险系数乘积加总与按照个别贷款损失计提专项拨备的差作为应计提的统计拨备数额),计入当期费用;当统计拨备为负时,计为当期利润。2004 年欧洲开始实施统一国际会计准则,西班牙银行在维持旧拨备体系反周期的同时对拨备构成进行调整,将统计拨备和一般拨备合并统称为一般拨备以形成新的拨备体系。2005 年 7 月西班牙银行实施新拨备体系,新的一般拨备由三部分构成,新发放贷款的潜在损失($\alpha\Delta L$)、长期平均贷款损失(βL)和按照会计准则扣除的专项准备(SP),参数 α、β 根据跨周期历史数据估计得到风险系数数值。这样处理的好处很明显,一方面保留了原系统反周期的特性,同时监管原则与会计准则之间的潜在冲突得到弱化。

动态拨备规则在西班牙的政策效果。2000 年西班牙银行具有前瞻性地在货币政策框架内引入并实施动态拨备规则,其目的在于通过内置动态拨备规则抑制银行信贷顺周期性,在具体操作上通过增加经济上行时期的贷款拨备损失以抵消因经济萧条时期上升的信贷违约增加或者经济下行时期实行反向操作,从而减少金融周期波动与经济周期波动强化放大作用。2008 年国际金融危机爆发,为西班牙动态拨备规则的政策效果评估提供了难得的实践检验机会。整体而言,尽管在实施伊始受到了银行业的普遍反对(担心与欧洲其他金融机构竞争优势弱化),但较高的拨备覆盖率(贷款损失拨备存量/不良贷款,在 2006 年高达 266%,明显高于欧洲其他国家,具体见图 7-1)和繁荣时期积累的动态拨备在危机时期的释放给西班牙银行体系提供了巨大的资本缓冲,特别是危机中面对西班牙国内房地产资产价格泡沫破裂,银行体系因动态拨备规则内置稳定器机制和可观缓冲机制在泡沫破裂时极大地提升了应对危机的信心。Jimenez 等(2013)从危机中和危机后银行信贷供给角度分析了西班牙金融危机中基于贷款损失拨备规则的银行资本是如何影响信贷供给和实际政策效果的。他们发现,危机前具有充足动态拨备损失准备金的银行相比于较多贷款拨备损失存量的银行,在危机冲击时能够更大程度地维持承诺的信贷发放。此举带来的实际效果则是，受信贷合约和资产抵押品价值下跌可能减少的来自银行的企业授信额度没有减少，或者说依靠动态拨备规则政策在危机中增加了信贷供给，成功缓解了企业（在西班牙金融危机中，资产负债表冲击主要来自企业，而美国则主要是家庭）信贷紧缩和受负向冲击的程度，也在危机中帮助银行提高了吸收冲击的能力，形成了较强的实际效应。当然动态拨备规则体系在某种程度上可能抑制经济过热。另外值得强调的是，尽管动态拨备规则可以缓解或降低金融体系顺周期性，但在经济上扬持续时间较长时可能会改变市场预期和风险承担行为，过热主要表现为房地产价格飙升、流动性过剩（西班牙银行系统规模总和大于GDP，与国际资本大量涌入有关，这就是为什么主权债务危机爆发在冰岛、爱尔兰、西班牙等国的原因）以及银行或企业杠杆率高企，此时动态拨备尽管能够缓解顺周期性，但对银行信贷扩张和资产价格飙升的抑制作用有限。

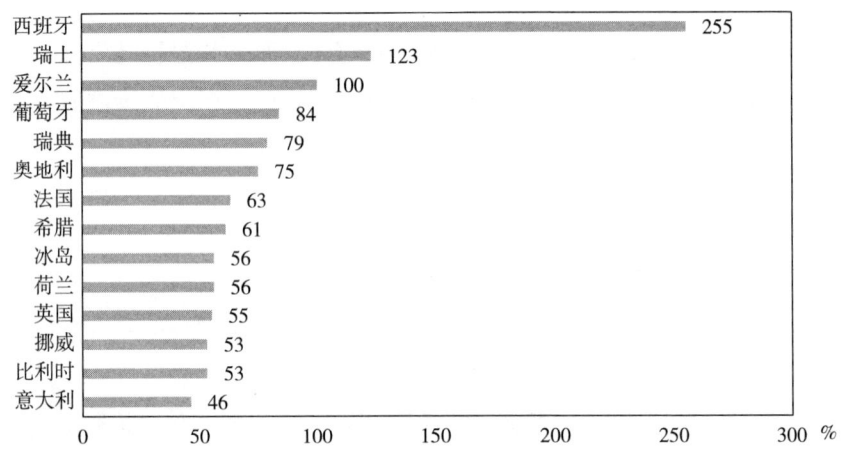

资料来源：Bala 和 McKenna（2009）。

图7-1　2006年欧洲各国贷款拨备率

总体来说，危机前由于监管思路和框架忽略系统性风险，缺乏宏观审慎监管框架在事前应对金融失衡以及事后助力金融系统恢复，最终导致金融危机爆发并将世界经济拖至衰退泥潭。西班牙由于较早就前瞻性地引入动态拨备规则机制和宏观审慎操作，比较成功地缓解了资产价格泡沫破裂对金融体系和实体经济的打击，因此正如国际会计标准委员会2009年研究报告所述，西班牙动态拨备规则相比于欧美其他国家银行业，较好地降低了金融体系顺周期性和具有正面作用（Jimenez，2013）。其实践经验能够为危机后开展宏观审慎政策实践提供启示和借鉴。

7.4.2 宏观审慎监管和金融监管体制改革：英国的实践

此轮国际金融危机充分暴露了英国监管体制的内在缺陷，因此英格兰银行从2011年开始对国内金融监管体制进行全面改革，总体思路是重点关注系统性风险，突破单个金融机构稳健经营的局限，构建基于金融整体稳定和监管协调机制的宏观审慎政策框架，与微观审慎监管形成互补性框架。具体改革操作主要有：以"准双峰"[①] 监管模式取代混业经营下的多头监管体制，成立了三个新部门：金融政策委员会（FPC）专门负责宏观审慎政策；审慎监管局（PRA）在英格兰银行管辖下对各类金融机构进行监管（这些机构包括银行、建筑协会、信用合作社、保险公司以及主要投资公司）以及金融行为监管局（FCA）对其他金融企业（如非银行资产管理公司）实施监管职责并确保金融市场竞争及所有金融企业的行为监管（该机构是独立机构，不受英格兰银行管理）。原来监管体制中的金融服务管理局被解散，其审慎监管职能和行为监管职责分别由后两个机构承担，并接受金融政策委员会的指导。

新监管框架下的机构监管目标、职责及其运行机制。首先，金融政策委员会的设立目的主要是为了弥补旧监管体制在审慎监管层面的监管漏洞，以全视角、大系统高度审视系统风险和协调监管政策及其沟通机制，奠定了整个宏观审慎监管基石。在职能设定上主要是识别、监测系统性风险，并通过向审慎管理局和金融行为监管局发出指示和发布《金融稳定报告》等措施降低风险和维护金融稳定。审慎监管局和金融行为监管局按照监管领域、监管客体履行各自监管范围内的监管职能。在监管具体操作和方法上，审慎监管局遵从"判断导向"监管方法，通过前瞻分析，识别金融机

[①] 之所以称英国监管改革"准双峰"模式，主要是区别于澳大利亚的"双峰"模式。英国新监管框架是构建在英格兰银行内部（运作上保持独立），宏观审慎和金融行为局监管职责均受英格兰银行指导。澳大利亚审慎监管局、证券投资委员会与澳大利亚储备银行相互独立。

构可能存在的弱点和必要的主动干预对其进行处理，操作重点即是前瞻性分析和赋予监管当局更大自由裁量权。金融行为监管局的操作也基于前瞻性进行主动干预，同时还赋予其例如"禁止被许可实体与特定实体签订特定协议"的干预权限。

此外，有效、清晰、及时的监管沟通机制也成为监管体制改革的重点。监管体制改革及其审慎监管政策有效性的重要一环即是监管资源的有效整合和监管协调沟通机制以确保系统性风险能够被全面、准确地识别和有效干预。英国监管体制改革显然意识到了这一问题，并在这方面进行有益探索。按照《金融监管新方法：改革蓝图》规定，审慎监管局和金融行为监管局的沟通成为重点，此外，金融政策委员会与上述机构以及与英格兰银行的沟通协调都被纳入框架。审慎监管局与金融行为局通过一般协调机制、具体监管范畴或领域协调机制实现协调沟通。而金融政策委员会与这两个监管机构通过有关金融稳定信息、建议以及专业知识合作实现双向交流；支持英格兰银行与金融政策委员会在关键领域的密切合作，重点集中于认可清算所的监管合作。

对宏观审慎监管在英国的实践评价。总体来说，国际金融危机后英国正视监管体制内在缺陷，积极吸收并采取多种监管理念对国内金融监管框架全面推进改革，改革重点是遵循系统性风险和宏观审慎视野，以"准双峰"监管框架和制度设计变革，与微观审慎一起构建互补性政策框架。其重要启示：一是以目标原则为基础，设立监管机构和划分监管职能，体现了机构监管和功能监管的结合；二是重视监管沟通协调机制和监管资源有效整合，这是宏观审慎监管效果的有力保障。

7.4.3 宏观审慎监管和金融监管体制改革：美国的实践

低利率、低通胀的货币政策为信贷加速扩张、杠杆率内生增加以及资产价格飙升提供了绝佳的环境和条件，在金融创新及其衍生产品层出不穷以及金融监管漏洞等推动下，金融机构庞大的交叉风险敞口和金融失衡被不断积累放大并最终演进成波及全球的金融危机，美国货币政策框架和金融监管体制的内在缺陷在这场危机中暴露无遗，全面改革现行监管框架和政策体系成为刻不容缓的重大议题。

第7章 资产价格、系统性风险与宏观审慎监管框架

危机后为应对系统性风险，美国也认识到宏观审慎监管的重要性，以系统性风险识别为起点，积极引入宏观审慎监管框架，与微观审慎监管一起共同维护金融稳定。2010年美国国会通过了美国新的金融监管改革法案——《多德—弗兰克华尔街改革和消费者保护法案》，成为金融体制监管的重大变革。该法案的重要改革内容之一是扩大美联储宏观审慎监管权限和特定权力，另一改革重点内容则是创建金融稳定监督委员会（FSOC）专门负责对系统性金融风险进行全覆盖的监测和监管。

对美联储扩权，主要是基于金融危机所反映的监管缺失和漏洞，这一缺陷根植于监管框架的"功能性监管"设计思路和多头管理模式（虽然有助于金融监管高效开展，但也因监管机构交叉、金融法规不统一等造成监管套利，特别是难以识别金融之间高度关联风险敞口和金融体系失衡）。危机后金融监管体制改革对美联储扩权，正是着力弥补监管真空和加强监管权限及其力度的体现；此外，法案还赋予美联储维护金融稳定的权力，重点关注系统重要性金融机构，并实施更为严格的资本金和审慎工具要求以强化系统性审慎监管。应该说，美联储在改革后除了传统监管职能外，被赋予更大、更特定的权力，这有利于从宏观层面对金融体系整体风险进行监测，但同时过度赋权也会带来过度监管和央行信誉问题。法案的另一重要改革是创建跨部门的金融稳定监督委员会，以辅助美联储开展跨部门系统性风险监测、统一监管标准、协调监管冲突以及风险警示等宏观审慎具体实施和协调机制工作，其目的是为了纠正之前监管体制监管漏洞、监管权限受限等缺陷。此外法案还强化了对金融市场整体监管、监管领域全面覆盖、保护消费者投资者权利以及监管国际合作，在监管全面性和有效性方面有所提升。

总体来说，美国金融监管改革反映了加强宏观审慎政策和关注系统性风险的内在要求，但这场号称大萧条以来最彻底的改革却显得有些"虎头蛇尾"，主要体现在：改革重新定义了监管机构并对部分监管职能进行了重新配置，但对组织架构未做根本变革，混业经营与分业经营的背离以及监管协调困难仍然存在、法案流于原则缺乏具体举措使得法案落实和监管有效性会打折扣、过度监管和金融创新两难以及美联储在"新问题上的信誉"仍然困扰监管层。

7.4.4 宏观审慎监管体制改革的国别经验及其启示

以金融体系发达、金融创新众多、金融自由化程度高等著称的发达国家成为此轮金融危机的重灾区，一方面暴露了高度结构化金融网状具有内生性自我触发机制，央行物价稳定目标难以维持金融稳健，本质上是对央行金融稳定职能的忽略；另一方面则暴露了监管理念及监管框架的内生缺陷，突出表现在：在监管理念上过于关注单个金融机构经营稳健性的微观审慎监管，忽视了对系统性风险和金融整体稳定性的宏观审慎视角；在监管客体上，强调对金融机构和传统金融产品的监管，却忽视了对非金融机构、影子银行体系和金融衍生产品的监管，以及对金融机构之间风险关联性、银行治理结构和激励机制的忽视；在监管机构上，监管机构职责不清或者监管职能交叉，造成过度监管和监管空白并存，监管机构信息、资源共享不足，监管协调机制缺失导致难以识别金融整体风险；在监管手段上，缺乏对微观审慎监管顺周期性与经济周期相互强化作用的认识，缺乏逆周期操作实践。因此危机后，发达国家深刻认识到现有金融监管滞后性和金融监管体制的内在缺陷，以系统性风险的宏观视野构建宏观审慎与微观审慎监管互补的政策框架，对现有的金融监管体制进行改革和有益探索。可以说，各国改革措施尽管各异但在精神上凸显了G20伦敦峰会《加强金融体系》要求，同时其改革方向的一致性也代表了危机后全球监管体系改革的趋势。本部分内容在前面国别经验的基础上，总结这些国家金融监管改革的共性，揭示全球监管理念和监管体系的整体潮流，希望能够为我国构建宏观审慎政策和金融监管体制改革提供借鉴。

第一，强化了中央银行在金融监管上的职能设置。国际金融危机前，中央银行金融监管职能事实上处于被忽视的地位，而专注于货币职能（在通货膨胀目标制下央行关注一般物价水平稳定目标）。危机爆发促使各国政策重新关注系统性风险和宏观审慎监管框架构建，因此在监管体制改革中均不约而同地明确了中央银行开展宏观审慎监管的核心地位。这主要是因为：央行具备监测宏观经济运行、降低多头监管的协调成本以及对杠杆率和风险水平的潜在影响的先天优势。美国通过新的监管改革法案确定美联储"全能超级监管人"的定位，并通过监管赋权强化联储在金融监管框架中的核心地位。英国赋予英格兰银行维护金融稳定和实施宏观审慎监管的核心地位,并通过立法保障英格兰银行在维持金融稳定和开展审慎监管操作中具有更大的灵活性和主动性。欧盟金融监管体制改革,建立欧洲系统性风险委员会(ESRB)负责宏观审慎监管,委员由各成员国央行行长构成。

第二,创建新的监管机构,强化系统性风险监管和宏观审慎实施。危机带来的重要警示之一即是对系统性风险的忽视和宏观审慎监管框架的缺失,因此国际金融危机后系统性风险被纳入监管,并针对降低系统性风险时间维度和横截面维度的动态演进和系统风险的积累实施宏观审慎监管,以弥补微观审慎监管不足。在英国,创建金融政策委员会负责系统性风险监测和宏观审慎,还建立了其他两个新的监管机构负责审慎监管实施;法国的监管改革是在央行之下设立"审慎监管局",合并行使之前银行、保险以及证券监管机构的相关职能。美国通过金融改革法案建立金融监督管理委员会,负责和防范系统性金融风险。在宏观审慎工具上,遵循"逆风而动"开展逆周期监管操作。例如西班牙动态拨备规则构建资本缓冲能够较好缓解顺周期性;构建资本缓冲机制,以兼具微观审慎和宏观审慎的杠杆率、信贷总量和结构等前瞻指标识别和防范系统性风险。改革还加强了系统重要性大型金融机构在系统性风险识别和关联度的识别,对这些机构实行更高标准和更严格的审慎监管要求。

第三,强化全面监管,弥补监管漏洞力图实现金融监管全覆盖。监管体制存在的监管职能交叉或者职能划分不清导致监管空白、监管套利导致系统性风险积累。危机后监管体制改革的重要举措之一是在全面监管思想的指导下,力图将金融市场所有机构全部纳入监管范畴,实现金融监管体系全覆盖。例如,美国的监管改革实践将原来监管体系之外的对冲基金、私募基金以及风险投资基金也列入监管之列;英国对对冲基金在信息披露、杠杆率、融资总量和结构以及特定的风险头寸等方面设置更加严苛的标准。此外,监管改革还加强对金融市场的监管,主要通过对衍生品市场交易、交易对手方结算体制和清算所、金融合同规范化以及批发融资市场监管等。美国、英国、欧盟及日本在这方面进行了很多尝试,力图弥补金融市场在此前监管体制中的薄弱环节。

此轮金融危机和国际监管改革实践将带来巨大而深刻的启示:金融系

统内生脆弱性和对系统性风险的忽视将诱发严重的金融危机，以及金融监管滞后于金融创新和金融市场发展将酝酿巨大风险。因此，尽快构建宏观审慎政策及其监管框架、推动国内金融监管体制改革，对减少系统性风险，平衡金融稳定和金融效率，推进金融市场有序健康和融入全球金融体系具有重大意义。

我国金融监管体制面临的问题很多，既有与发达国家监管体制类似的缺陷（忽视系统性风险和缺乏宏观审慎政策等），也有自身特殊性（分业监管与混业经营冲突、监管体制"一行三会"监管定位和职责划分不清被认为是现行监管体制症结所在）。如何基于我国实际问题和国际金融监管趋势，构建适合我国国情的审慎政策和监管体制是重大而迫切的问题。本书建议，对接国际金融监管的趋势加强宏观审慎，整合监管资源和明确监管职能，适度改革现有监管框架是当前金融监管体制改革的重点。具体改革措施建议：强化宏观审慎政策，明确人民银行在金融稳定和宏观审慎监管的核心地位，全面负责系统性风险和宏观审慎监管；明确监管职责和监管边界，引导"三会"由机构监管向功能监管转变，促进微观审慎监管有效性和全面监管覆盖；加强对系统重要性金融机构监管和金融市场监管，以及加强金融监管协调机制和宏观审慎监管工具实践。很欣慰的是，刚刚结束两会公布的国务院机构改革方案，形成的"一委一行两会"新的监管框架被认为是迈向宏观审慎监管框架改革的主要开端，而强化央行在维护金融稳定和宏观审慎监管中的核心地位，也与国际监管体制改革相符。

第8章 资产价格泡沫与货币政策的国别经验

20世纪80年代以来，资产价格泡沫在发达国家、新兴市场经济体相继爆发，对金融稳定和实体经济有灾难性破坏作用。各个国家的泡沫膨胀—破裂的周期特性及货币政策措施及效果不尽相同，本章详细描述了美国、日本、东南亚等国家和地区不同时期的资产价格泡沫膨胀—破裂周期运动，并对各自采取的政策措施及效果进行对比评析，旨在为我国货币和监管当局正确鉴别国内资产价格膨胀产生、作用机制、应对策略等提供借鉴意义。

8.1 资产价格泡沫与货币政策：日本经验

8.1.1 日本20世纪80年代经济泡沫回顾

日本在第二次世界大战后依托"出口导向型"战略，开创了经济增速的奇迹。然而20世纪80年代后期发生的一系列资产泡沫却断送了日本经济的前途，"失去的20年"成为日本经济巨变的代名词；时至今日，日本仍在衰退边缘挣扎，经济前景黯淡。已有研究发现，日本的泡沫经济中具有三大显著特征。

1. 资产价格快速膨胀。从20世纪50年代日本经济进入上行轨道，到80年代时，日本已是世界经济强国。从1983年开始，日本资产价格呈现上涨趋势，1986年即进入加速上涨。股票市场最先出现上涨且涨幅波动大。日经指数从1986年的225点飙升至最高点38915点（1989年），仅仅用了3年时间，涨幅达172倍。此后，股市一路下滑，1992年的日经指数已经跌至14309点，比最高点时下跌60%，数千亿元蒸发。在股价上涨的同时，土地价格、房地产价格也开始上扬。城市土地价格指数峰值数值（1990年达到峰值）大约是泡沫发生前的 4 倍，之后一路下跌约 80%，价格比泡沫前还要低 20% 左右。具体情况可参见图 8-1。

与资产价格膨胀相对应的是消费价格指数的低迷。1985—1990 年，价格指数略有上升，从 87 点上升到 90 点附近。

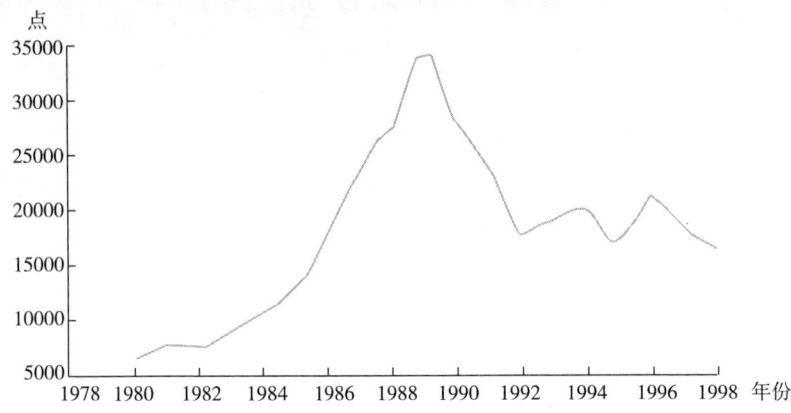

资料来源：李至斌、刘健，货币政策、股票市场与经济增长——中国证券市场实证分析 [M]. 北京：中国金融出版社，2004.

图 8-1　1980—1998 年日经指数情况

2. 货币供给量和银行信贷大幅增加。在此期间，央行货币供给量、商业银行国内信贷投放量均有大浮动增长。货币供给量 M2+CD 从 1986 年后期开始出现上扬趋势，到 1987 年中旬达到峰值，数据显示其增长率在 10% 以上。信贷情况较之货币供给量有过之而无不及。在金融管制放松的环境下，银行信贷、企业和个人融资额均出现大幅度上涨。

3. 经济过热持续时间长。日本经济在这一时期经历了一段长达 51 个月的长期繁荣，从 1986 年 11 月一直持续到 1991 年 2 月，GDP 年均增长率 5% 以上。企业固定资产投资的持续投入成为推动经济增长的发动机，同时也带动了住房和消费品价格的上涨。

综合起来，日本泡沫经济的产生，是在宽松的货币政策、银行信贷扩张、松散的财税政策和监管政策，以及过度乐观预期等作用催化下爆发的。其中激进的银行放贷行为被认为是造成此次泡沫经济的最根本原因，并通过其他因素放大了泡沫膨胀—破裂周期，造成了 20 世纪至今日本的经济低迷。

8.1.2 泡沫经济期间的货币政策的反应

在泡沫形成初期，日本央行已意识到资产价格的"异动"，然而，错误的央行货币政策延误了抑制泡沫的最佳时期，使得日益恶化的经济形势更加火上浇油。总结起来，此阶段日本央行货币政策出现明显的三阶段特征。

第一阶段：宽松货币政策时期（1985年9月至1987年2月）

1985年9月，日本签署了《广场协议》①。为缓解日元升值对国内出口、经济的打击，日本央行在1986—1987年先后5次降息（贴现率），贴现率在1987年2月第5次调整后降到了2.5%的历史新低，并在此低位保持了27个月。超低利率刺激了土地价格、房地产和股票市场的价格飙升，当政府意识到经济泡沫严重性时为时已晚。之所以日本央行犯下如此严重的错误，大抵是因为当时货币政策的重心围绕如何阻止日元快速升值。利率手段被认为是刺激国内经济的有力手段，却忽视了过于宽松的货币政策也是造成资产价格泡沫的有利推手。具体操作可参见表8–1。

表8–1　　　　　日本官方贴现率调整过程（1985—1987年）

利率调整日期	官方贴现率变化	备注
1986年1月30日	5%调整为4.5%	
1986年3月10日	4.5%调整为4%	公告日，美国、德国也降低了官方贴现率
1986年4月21日	4%调整为3.5%	降息日，美联储也降低了官方贴现率
1986年11月1日	3.5%调整为3%	
1987年2月23日	3%调整为2.5%	公告日签署了《卢浮协议》（Louvre Accord）

资料来源：Kunio Okina，Masaaki Shirakawa and Shigenori Shiratsuka（2000）。

第二阶段：紧缩政策转向阶段（1987年3月至1989年5月）

当经济过热的担忧在政策决策层面蔓延开来，日本货币当局加紧了制定贴现率调整的部署。出于对通货膨胀的担忧，日本央行提高了市场利率，开始向紧缩政策转变。这项有利于刺破泡沫的货币收缩，仅仅一个月后就

---

① 《广场协议》之后，日元按照5%的比率保持每年升值，股价、地价被推高，大量套利的国际游资集结，泡沫经济愈演愈烈。因此《广场协议》被认为是美国打击日本经济的"阴谋"。

宣告终结，因为美国股灾的爆发带来金融、外汇市场的不稳，出于金融安全的考虑，日本央行暂停了紧缩政策，短期利率重回低位。

第三阶段：紧缩货币政策执行期（1989年6月至1990年8月）

在重回加息道路上，日本央行走得并不顺利。1988年日本显现潜在通胀压力，日本央行于1989年开始正式考虑紧缩政策。然而提高贴现率的提议并未得到政府和民众的支持。因为担心利率提高对美国股市影响造成日本汇率波动，日本政府并不同意央行加息。直到1989年5月，官方贴现率才开始提高，并在其后继续提高，1990年8月贴现率在历经3次提高后重回5%的水平。货币政策的各方博弈延误了刺破泡沫的最佳时期，紧缩性政策最终无法挽救日本经济。具体操作可参见表8-2。

表8-2 日本紧缩货币政策转向阶段的政策操作（1987—1989年）

日期	日本官方采取行动
1987年8月底	鼓励货币市场利率上升
1987年10月19日	黑色星期一（美国纽约证券交易所）
1987年10月20日	货币市场操作呈松动态势
1988年1月13日	美日联合讲话
1988年7—9月	货币市场操作转向紧缩操作（CDs从近期底部抬升至0.7%）
1988年11月	引入新的货币市场操作框架
1989年4月1日	引入消费税
1989年5月30日	日本官方贴现利率升高（5月31日开始，利率从2.5%上升至3.5%）

资料来源：Kunio Okina, Masaaki Shirakawa and Shigenori Shiratsuka (2000).

8.1.3 对日本泡沫经济时期货币政策评价

一直以来，有关日本央行泡沫经济期间的货币政策操作被广为诟病。主流观点认为，日本央行错过了政策转向的绝佳时机：在泡沫发生时依然执行过度宽松的货币政策，而在泡沫崩溃之后又拖延采取政策。还有观点认为，央行应该将资产价格作为货币政策的目标之一，即货币政策关注资产价格。

这里，我们试图以泰勒规则衡量日本货币政策的优劣。泰勒规则是货币政策规则之一,其标准解释为:通货膨胀和产出缺口是央行货币政策的两大目标,央行偏好权重由系数表示。如果假定产出缺口是未来通胀的代表,则泰勒规则可以理解为当前和未来通胀的反应规则。由于资产价格包含预期通胀信息,因此资产价格的波动通过财富效应或资产负债效应对产出缺口的影响,会转化为影响通胀的因素。McCallum(2001)利用泰勒规则得出利率目标值,他将计算所得的利率目标值与日本央行实际利率操作值进行对比,认为降低利率的政策应该在1987年执行(日本从1986年1月连续5次降息);泡沫崩溃后(1992年跌至谷底),货币政策应该滞后执行,1993年后货币政策又不够宽松。一直以来,有关日本央行泡沫经济期间的货币政策操作被广为诟病。具体可参见图8-2。

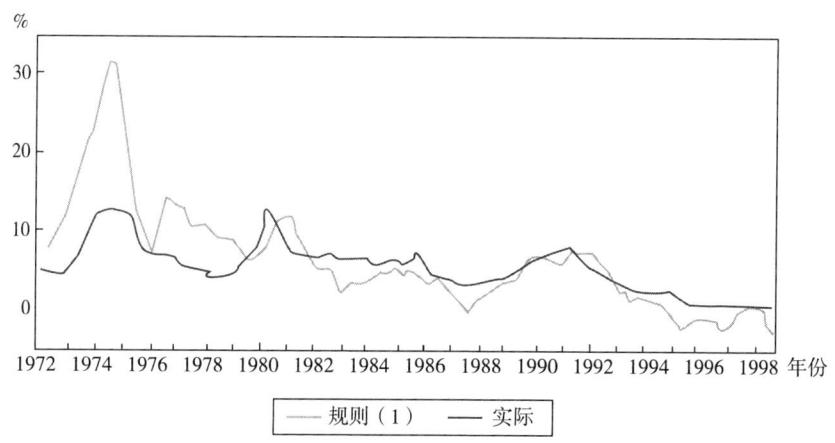

资料来源:McCalum Bennett T.,"Japanese Monetary Policy",2001.

图8-2　McCalum模拟的情况

8.1.4　日本的经验总结

日本20世纪80年代的泡沫经济,是由资产价格泡沫膨胀—破裂引发的一系列连锁反应。通过研究日本央行在泡沫形成—膨胀—破裂周期内的货币政策,可以得出以下经验。

第一,前瞻性货币政策的重要性。泡沫产生不是一蹴而就的,要对通货膨胀给予密切关注,避免通胀危险。前瞻性货币政策,能够大大降低泡沫的形成概率,减少对金融和经济的冲击。

第二，密切关注资产价格异常波动。由于资产价格包含了未来通货膨胀的重要信息，因此货币政策应该给予重视，并建立相关的机构，负责搜集资产价格信息，并定期公布检测数值，为货币政策提供信息支持。

第三，建立健全货币政策框架。日本央行在泡沫经济过多运用货币手段和工具，在经济、金融环境已然发生变化的状态下，致使货币政策无效。完善的货币政策框架，既包括独立高效的货币政策，还应将金融监管制度、财政税收制度等囊括其中。

8.2 资产价格泡沫与货币政策：美国经验（1995—2002年）

8.2.1 美国20世纪90年代股票市场回顾

20世纪90年代，美国经济迎来了一轮新经济黄金时代。三大股指作为经济的先行指标，展示了股票市场一片"牛气冲天"。从1995—2004年，道琼斯工业指数由1995年的5117点爬升至1999年底的11145点；标准普尔500股票指数和纳斯达克股票指数也经历了相似的走高趋势。在股票市场的一片繁荣中，几乎没有人关心支持资产价格繁荣的因素中有多少因素来自基本面改善，又有多少是由投机因素推高的。

2000年初，股价继续攀升，道琼斯工业指数达到11722点（2010年1月14日）、纳斯达克股票指数达到5048点的历史高位。到了2000年上半年，股市持续上涨突然出现逆转，然而并未引起人们警觉。就在所有人沉浸在股市将继续谱写奇迹的时候，"9·11"事件和一系列公司丑闻将股市从顶峰拉下，随后三大股指纷纷跳水，到2002年10月，股票指数已经跌破新经济时期前的水平。

8.2.2 美联储的货币政策反应

配合"新经济"，格林斯潘从1994年2月开始实施中性货币政策。1994—2000年，美国进入新经济时代。这其间美联储有几次微调政策：1994年中至1997年，美联储主席格林斯潘对于股市的异常繁荣有所警觉。

他在1996年堪萨斯央行会议讲话中曾用"非理性繁荣"形容当时的股市。股市应声而落，只不过没有过久，股价重新恢复攀升态势。由于担心"低通胀、低失业、高增长"下潜在的通胀风险，美联储于1997年3月进行了首次加息，在这之后并未有第二次加息，而是将利率维持了一段时间后降息，降息的原因是东南亚金融危机爆发可能造成的经济下滑的潜在风险和通缩风险，美联储在1997年至1998年底，连续多次降低利率，共降息1.5个百分点；随着经济增速加快、资产价格急速上扬，在新经济后期，美联储在短期内连续上调基准利率1.5%，试图给经济降温。2001年美国股市暴跌，美联储突然宣布降息0.5%，以应对股市下跌。随后3年内，美联储连续降息13次，联邦基金利率维持在1%的历史新低。然而经济颓势意现，美国历史上最著名的新经济时代因资产价格泡沫破裂被迫结束。

8.2.3 对美联储货币政策的再反思

应该说，美联储对长达6年的股市暴涨及随后的价格调整是有责任的。后来对美联储新经济时期货币政策的诟病也多表现为对美联储的"不作为"上，换言之，美联储的货币政策并未根据股价波动而作出适当调整。对美国彼时货币政策的再反思，可以看到央行在资产价格波动与货币政策操作上的两难选择。美国货币政策框架制度，本质上遵循弹性通货膨胀目标制。这意味着，美联储货币政策的首要目标是维持一般物价水平的稳定，政策操作上遵循泰勒规则，以联邦基金利率作为政策唯一工具。

那么，美联储是否应该牺牲物价稳定目标，转而追求其他如股价稳定、经济增长、失业率降低等目标呢？对这个问题的回答，又回到了前面论述中关于"货币政策是否干预资产价格波动"的问题上。按照丁伯根法则[①]，一种政策工具只能达到一种政策目标，对美国来说，联邦基金利率工具的唯一目标就是保持稳定的通胀水平。如果政策工具追求其他目标，如美联储在股价上涨时实行加息政策，反之实现降息，一般物价水平就会偏离核心通货膨胀区间（年均2%~3%的通胀率）。

[①] 丁伯根最早提出政策目标和政策工具的配合问题，他的理论认为，"实现几种独立的政策目标，至少需要相互独立的几种有效的政策工具"（丁伯根，1969）。

实践多次证明，通胀具有自我实现预期，对通胀的治理会带来经济萎缩，并最终损害股票市场。从这个意义上讲，美联储针对股票市场的任何努力都是徒劳的。格林斯潘本人也坚信，货币政策在干预资产价格上缺乏有效工具，且泡沫刺穿的代价过大，最好的策略是选择"善意忽视"，在泡沫破裂后央行充当最后贷款人角色，向经济体注入充足的流动性。Anna J. Schwartz（2002）的研究也显示，美国在1994年至2000年，银行贷款增加，但贷款结构中与资产价格相关的贷款，其增长率超过总贷款额增长率大约2倍，但考虑到银行资本金充足，有风险却并不危险。

8.2.4　美国的经验总结

有关货币政策"是否干预"资产价格波动，目前还缺乏公允的认识。但实际操作中，央行虽然不会将资产价格作为货币政策目标之一，但却对资产价格给予密切关注。货币政策框架中，一般物价稳定并不能自动达到金融稳定的目标，因此当资产价格大幅波动影响到金融体系稳定时，中央银行应该干预资产价格，维护金融体系的稳定和安全。

8.3　房地产价格泡沫与银行系统结构：东南亚国家的经验[①]

8.3.1　东南亚的资产价格泡沫（1991—1998年）

20世纪爆发的东南亚金融危机[②]，对亚洲国家和地区的金融体系和经济发展造成了长久的冲击。20世纪90年代的亚洲金融危机有一些典型的模式，这些引致危机发生的关键性因素包括资本账户和金融市场自由化，使得巨额的资金通过银行等金融系统流入经济体，为金融危机的爆发创造了温床；高企的投资率和快速飙高的资产价格（大量资金流入房地产市场和

[①] Charles Collyns and Abdelhak Senhadji, Lending Booms, Real Esatate Bubbles and The Asian Crisis, *IMF Working Paper*, 2002.

[②] 为了讨论的方便，本书将中国香港地区纳入东南亚地区进行讨论。这在有关东南亚金融危机的文献中也是常见的划分方式。

股票市场，造成了房地产市场价格的虚假繁荣以及股票市场泡沫）；配合金融监管放松的大政策环境，国内信贷也以令人无法置信的速度过度扩张，银行金融系统的风险暴露。于是，当国内经济增长速度放缓或遭遇国际市场环境变化（美国调整其国内经济政策，例如变动其利率、汇率政策等），资产市场价格遭遇反转，金融机构和企业的资产负债表开始出现不同程度的恶化趋势；随着这一局面的继续演进，投资者信心动摇，大量资金的撤出如同釜底抽薪般加速了整个区域的崩溃，银行金融系统、汇率危机等相继出现并最终造成了 20 世纪 90 年代的东南亚金融危机。

虽然亚洲国家和地区在东南亚金融危机爆发时普遍存在上述特征，然而不同国家和地区遭遇危机的境况却差异明显。泰国和马来西亚在危机中经受了最严重的资产价格膨胀—破裂周期性运动带来的破坏力，然而其他一些国家和地区，如韩国、新加坡、中国香港等虽然也在危机中遭遇了严重的资产价格泡沫及破裂后的价格调整，却并没有重创金融体系和汇率制度。具体情况见表 8-3。

表 8-3　　东南亚危机时期各个国家和地区的资产价格泡沫、
　　　　　银行危机及汇率危机状况

	国际资金流入量	国内信贷量	资产价格泡沫	股市泡沫	银行危机	汇率危机
印度尼西亚	√√	√	√	√√	√√	√√
韩国	√	√	√		√√	√√
马来西亚	√	√√	√√	√√		√√
菲律宾	√√	√		√	√	√
泰国	√√	√√	√√	√√	√√	√√
新加坡	√√	×	√	√	×	√
中国香港	√	√	√	√	×	×
中国台湾	×	√	√√	√	√	×

注："√" 代表温和的资金流入或温和的泡沫（危机）；"√√" 代表巨额资金流入或严重的泡沫（危机）；"×" 代表少量的泡沫（危机）。

关于东南亚国家股票市场在 20 世纪 90 年代的变动情况，大体来看，整体股市在危机发生的前十年经历了快速上涨阶段，并且以平均 165% 的增速在 1997 年达到顶峰。其中，泰国股市的表现最为显眼。泰国股市在 1994 年

1月即达到最高峰位置,且平均增速保持在156%,无论在增速还是时间上都远超其他国家。然而,从1997年中期开始,一直到1998年底,股市像坐上了过山车一般,短短一年时间从最高点一下跌至谷底。其中,韩国、马来西亚和泰国的股市一下子蒸发了70%的市值,而其他5国的股市综指回落至峰值时期的一半左右。即使在2001年全球经济回暖,东南亚国家的股市也仅仅恢复到十年前的水平。

8.3.2 东南亚金融危机的爆发与政策应对

东南亚金融危机的爆发及其后各国经济遭遇的重创过程,显然是一个复杂且多层面的过程。从1996年开始,这些国家的出口数量开始锐减,突出表现在印度尼西亚、韩国、马来西亚以及泰国。伴随着经济增速放缓,资产价格开始回落。由于银行等风险敞口大多出现在房地产市场领域,这场房地产市场价格泡沫刺破调整的过程造成了银行不良贷款率的上升。在泰国,房地产市场国际短期资金抽离造成流动性枯竭。市场开始将注意力集中在非银行资产负债表上,同样事情也发生在韩国、印度尼西亚等国家。

到1997年初,央行存款准备金率受区域币值高估及投资悲观情绪影响开始上升。各方面的不利影响出现,国际投资基金瞅准机会于1997年6月2日开始发起对泰铢的狙击。投机性冲击迅速蔓延至遭受同样打击的东南亚其他国家和地区。一些国家采取了利率政策调整以对抗国际投机势力对本国汇率的冲击。遗憾的是,由于高利率政策在高杠杆率的条件下难以维持,这一政策被认为缺乏可信度而收获甚微。

与此同时,依然恶化的企业和金融机构的资产负债表,随着本币贬值、经济衰退以及房地产市场风险暴露等因素进一步恶化。银行等金融机构遭受了大量违约贷款,其中大量资金损失来自房地产抵押贷款的蒸发,银行风险加大,惜贷在所难免。由于以银行间接融资为主的金融结构安排,企业的资金链条断裂,大量企业破产在所难免。于是出现了恶性循环链条,即资产价格暴跌—银行系统风险加大—流动性不足—企业破产—资产价格进一步下跌。

造成东南亚金融危机的原因是多方面的,对危机爆发的探究有利于对这一问题的深刻认识。总体来说,危机的爆发是多种因素综合作用的结果:

第 8 章 资产价格泡沫与货币政策的国别经验

对基本经济面的乐观预期，巨额的资本流入，金融监管放松和金融自由化思潮，以及银行信贷快速扩张下导致金融体系风险暴露等。

首先，经济增长速度在一段时间内保持了良好的态势，宏观上促成了对于经济增长过于乐观的情绪和预期，导致的直接后果即是对经济结构失衡的忽视。例如，在危机中遭遇重创的 5 个国家（位于表 8 - 3 上半部分的国家），除了菲律宾以外，印度尼西亚、韩国、马来西亚和泰国在 1991—1996 年，其 GDP 年均增速均保持在 7% 以上；经常账户赤字在此期间不断攀升，然而大量涌入的国际资金迅速弥补了这一缺口，使得这一问题没有得到政府重视。此外，明显的真实有效汇率，由于政府旨在消除过剩流动性而采取的紧缩性财政政策，并未实际出现升值，因此也促进了经济繁荣。

其次，东南亚模式也为危机的爆发埋下了隐患。典型的东南亚模式的基本特征即政府巨额的投资支出（包括直接或间接补贴、对企业等直接的信贷支持）、金融市场去监管化（一个直接的表现即为，企业能够以极低的成本在国际资本市场上融通资金）、采取盯住美元的汇率制度安排、出口导向型的经济发展方式等，这为危机的爆发埋下了隐患。

再次，东南亚金融结构中以银行为主导的制度安排增加了银行的道德风险。在大多数东南亚国家的金融结构安排中，银行金融机构占据绝对主导地位，这主要受制于债券市场发展落后，企业融资大多依赖银行间接融资。例如，曼谷国际银行业协会的建立旨在为离岸金融市场提供服务，然而由于银行在信贷风险评估方面发展不足，大多数情况下银行只能根据抵押品价值作为放贷决策的判定依据。于是，当资产价格膨胀时，抵押品价值上涨，银行乐于大量放贷；但是当资产价格出现波动，资产价格下跌使得低押品价值暴跌，银行系统的资产负债表恶化，银行风险头寸暴露并成为最终的风险承担者。由此可见，以银行间接融资为主的金融结构安排，在资产价格波动中演变为金融体系的系统性风险。

最后，监管当局的监管大大落后于金融业的创新（衍生品及衍生工具）。

表 8 - 4 显示了东南亚主要国家的房地产风险水平。截至 1997 年，中国香港、马来西亚、新加坡和泰国的房地产信贷量均超过银行信贷量的 30% 以上。其他国家和地区虽然没有那么高的比例，但是大量的资本通过泰国

银行信贷直接流入大型企业集团（如韩国）。

大量的银行信贷流入房地产市场，造成了东南亚地区的房地产市场繁荣。然而当房地产市场热度褪去后，巨额的房地产抵押品价值缩水，银行资产负债表弱化，大量的银行呆账、坏账产生，造成了金融的系统性风险，并最终成为压倒国民经济的沉重稻草。然而有趣的是，尽管表8-4中数据显示，新加坡、中国香港等地的房地产风险在银行信贷中所占比重较大，但是当东南亚金融危机爆发后，面对房地产价格一落千丈的落败局面，新加坡、中国香港的银行等金融机构却并未被资产价格泡沫破裂拖垮。相比较而言，泰国、印度尼西亚等国家则因为房地产市场、股票市场等的价格破裂，造成了银行金融机构的大量破产或引发系统性金融危机。

表8-4　　亚洲国家和地区银行体系中房地产部门的信贷比率　　单位：%

	房地产风险	抵押品价值	不良贷款		资本充足率
	1997年	1997年	1997年	1998年	1997年
韩国	15~25	80~100	16	22.5	—
印度尼西亚	25~30	80~100	11	20	—
马来西亚	30~40	80~100	7.5	15	—
菲律宾	15~20	70~80	5.5	7	15~18
泰国	30~40	80~100	15	25	—
中国香港	40~55	50~70	1.5	3	15~20
新加坡	30~40	70~80	2	3.5	18~22

数据来源：Corsetti, Pesanti, and Roubini (1998).

8.3.3　资产价格泡沫与金融结构安排

东南亚金融危机的爆发，虽然对亚洲国家和地区的经济造成了重创，然而横向对比之下，在这场经济金融危机中不同国家和地区所受的影响和过程是各异的。这种差异性的存在，从某种意义上来讲，是资产价格泡沫周期性运动过程和国内金融机构安排差异造成的，对此的研究能够为我国的资产价格、货币政策、金融结构改革和金融监管提供借鉴意义。

总体来看，泰国之所以受创最重，是资产价格泡沫膨胀—破裂剧烈变动和国内非稳健的金融结构的双重结果。在经济上升时期，大型金融机构迫不及待地将资金放贷给房地产部门，而这些资金大多数来自国内银行储蓄资金和曼谷国际离岸市场资金。从1993年底，房地产市场进入繁盛时期，直到金融危机爆发，始终都有密集资金涌入房地产市场。投资者错误地（一厢情愿地）认为，房地产市场价格下跌不会到来或是短暂的。马来西亚同样经历了房地产市场下跌和严重的不良贷款率。然而，其潜在的经济基本面仍然是强健的，特别是马来西亚的金融机构受到了政府的严格管制和融资限制。其结果是，本币汇率虽然同泰国一样，受到国际资本巨鳄的投机冲击，但是并没有崩溃。而且马来西亚政府在1997年底对外宣布对存款实行大面积担保的承诺是可信的，从而有效避免了银行系统的崩溃（Meesook et al，2001）。

印度尼西亚和韩国遭受了同样严重的汇率和银行系统危机，但是这2个国家的银行危机都起源于以美元标价的信贷违约以及与此相关的高杠杆率的企业。房地产等金融资产部门并不是造成危机发生的主要原因，表现在不明显的房地产市场泡沫和较小的银行风险暴露，因此房地产价格泡沫膨胀—破裂的周期性运动在金融危机中影响微弱。在韩国，早在危机发生前，股票市场和房地产市场的价格泡沫就已经破裂。菲律宾事实上在20世纪90年代初只经历了较为温和的经济增长，因此在东南亚金融危机期间，其经济下滑速度并不明显。同印度尼西亚和韩国一样，菲律宾的房地产部门的价格调整几乎不对金融和经济产生影响。

中国香港和新加坡的情况值得研究。在20世纪90年代初期，中国香港和新加坡都经历了十分明显的房地产市场繁荣，其中银行信贷风险敞口在房地产市场表现明显[1]。在新加坡，官方自1996年起就对资产价格泡沫出现保持密切关注，并采取一些措施挤出泡沫[2]。同样的，作为对日益高涨的房地产市场的回应，中国香港在1997年中突然宣布增加对私人住房的土地供给。虽然中国香港和新加坡在危机期间都经受汇率压力——在新加坡表现为允许汇率一定幅度的升值；中国香港则通过激进的利率政策捍卫货币

---

[1] 详细论述可参见 Hilbers，Lei 和 Zacho（2001）。
[2] 1996年，当新加坡房地产价格以平均30%的增长率上涨时，作为对资产市场泡沫的回应，新加坡政府引入了一系列打击投机的措施。这些措施包括征收资本所得税、限制银行贷款、增加政府对居民住宅用地的供给等。

局制度，同时对房地产市场强行干预以对抗量子基金的投机性狙击。房地产市场价格在中国香港和新加坡都经历了猛烈下滑，造成了银行不良贷款率增加；然而，与亚洲其他国家支柱银行的大量资本化相比，银行信贷问题带来的麻烦显然微不足道，同时也避免了经济衰退和银行资产负债表的好转。良好的资产负债状况有利于银行体系规避风险、走出困境，从而避免经受金融体系崩溃或其他形式的金融灾难。

因此经受了资产价格膨胀—破裂的亚洲国家和地区应该认识到，金融稳健性和加强银行监管的重要意义，既有效避免了初期发生金融资产价格泡沫的可能性，也有效减少了在泡沫破裂时可能遭受的巨大损失。

8.3.4 对中国的启示意义

第一，加强信贷评估，减少抵押品价值作为信贷决策的操作思想。在亚洲银行普遍存在的信贷决策大多依赖于对低押品价值的评估，由于抵押品具有很强的顺周期性，因此银行信贷资金不可避免地带有顺周期性的特性，而这种特性表现在资产市场价格上尤为明显：当资产价格飙升时，由于抵押品价值上涨，银行的信贷数量会增加，风险敞口增大；如果资产价格波动，受抵押品价值下跌影响，银行资产负债表恶化，银行惜贷行为增加，企业资金链条断裂，引发进一步的衰退和资产价格下滑。

第二，减少银行系统的道德风险。东南亚金融危机暗示，金融监管弱化背景下，信贷的过快增长会在一定程度上强化道德风险，而法律意义上的纠正措施大多数时候成本巨大或是失效的。为抑制道德风险，可采取以下措施：（1）建立透明、可信的存款保险和银行改革框架以确保借款人利益；（2）严格的资本充足率要求以确保银行风险可控；（3）更多的会计准则要求（特别是提供更多具有现实意义的资产评估要求以确保市场纪律性）。

第三，采取更加综合、全面的银行监管规则和制度。泰国在东南亚金融危机期间的经历显示了，宽松的金融监管、无节制的放贷行为是系统性金融风险的源头，而成熟的风险管理体系（包括严格的压力测试）有利于银行规避市场风险敞口。

第四，鼓励房地产部门财务更为多样化、多渠道的融资方式。成熟的市场需要实现多渠道融资方式和手段，而不仅仅局限于银行融资的方式。当然，一个成熟的培育、发展也需要配套的关于房地产市场的法律、法规的完善，确保市场具有充足的流动性和投资者利益的保护。

参考文献

[1] 谢平. 中国货币政策分析：1998—2002 [J]. 金融研究，2004 (8).

[2] 奥博斯特费尔德，若戈夫. 高级国际金融学教程（中译本）[M]. 北京：中国金融出版社，2002.

[3] [日]. 白冢重典. 资产价格变动与物价指数 [J]. 金融研究，1996 (5).

[4] [日] 白冢重典. 资产价格与物价：从泡沫形成到崩溃的经验考察 [J]. 金融研究，2001 (2).

[5] 伯南克，米什金. 通货膨胀目标制：国际经验（中译本）[M]. 大连：东北财经大学出版社，2006.

[6] 陈峥嵘，王虎. 股票市场对货币政策的传导效应研究：来自中国的经验证据 [J]. 科学发展，2009 (9).

[7] 成家军. 资产价格与货币政策 [M]. 北京：社会科学文献出版社，2004.

[8] 邓瑛. 不完全信息下的资产价格冲击与货币政策选择 [M]. 北京：中国财政经济出版社，2009.

[9] 范从来. 开放经济货币政策研究 [M]. 北京：商务印书馆，2010.

[10] 范志勇. 开放经济条件下中国货币政策的选择 [M]. 北京：中国人民大学出版社，2009.

[11] 封北麟. 资产价格波动与货币政策反应 [M]. 北京：经济科学出版社，2009.

[12] 冯涛，王宗道，赵会玉. 资产价格波动的财富效应与居民消费行为 [J]. 经济社会体制比较，2010 (4).

［13］郭宏宇，吕凤勇．我国国债的财富效应探析：1985—2002年间我国国债规模对消费需求影响的实证研究［J］．财贸研究，2006（1）．

［14］郭伟．资产价格波动与银行信贷，基于资本约束视角的理论与经验分析［J］．国际金融，2010（4）．

［15］葛兰．我国货币政策传导的信贷渠道研究［D］．西南财经大学硕士论文，2007．

［16］胡海鸥，马晔华．货币理论与货币政策［M］．上海：上海人民出版社，2004．

［17］黄广明．资产价格泡沫与货币政策理论的发展［D］．中国社会科学院博士论文，2003．

［18］黄静，屠梅曾．房地产财富与消费：来自于家庭微观调查数据的证据［D］．管理世界，2009（7）．

［19］黄平．我国房地产"财富效应"与货币政策关系的实证检验［D］．上海金融，2006（6）．

［20］李至斌，刘健．货币政策、股票市场与经济增长——中国证券市场实证分析［M］．北京：中国金融出版社，2004．

［21］刘建江，杨玉娟，袁冬梅．从消费函数理论看房地产财富效应的作用机制［J］．消费经济，2005，5（4）：93-96．

［22］骆祚炎．基于流动性的城镇居民住房资产财富效应分析——兼论房地产市场的平稳发展［J］．当代经济科学，2007（7）．

［23］骆祚炎．中国居民金融资产与住房资产财富效应的比较检验［J］．中国软科学，2008（4）．

［24］吕江林．我国的货币政策是否应对股价变动做出反应［J］．经济研究，2005（3）．

［25］马丁·沃尔夫．下一轮全球金融［M］．北京，中信出版社，2009．

［26］莫里斯·戈登斯坦，菲利浦·特纳．货币错配——新兴市场国家的困境与对策［M］．北京：社会科学文献出版社，2005．

［27］钱小安．货币市场与资本市场之间的联结机制及其疏导［J］．金融研究，2001（9）．

［28］钱小安. 资产价格变化对货币政策的影响［J］. 经济研究，1998（1）.

［29］瞿强. 资产价格波动与宏观经济政策困境［J］. 管理世界，2007（10）.

［30］瞿强. 资产价格与货币政策［J］. 经济研究，2001（7）.

［31］瞿强. 资产价格波动与宏观经济［M］. 北京：中国人民大学出版社，2005.

［32］涉谷浩. 动态均衡价格指数的理论与应用：资产价格与通货膨胀［J］. 金融研究，1991（4）.

［33］石建民. 股票市场、货币需求与总量经济：一般均衡分析［J］. 经济研究，2001（5）.

［34］谭昊. 重估中国股市"财富效应"［N］. 21世纪经济报道，2006（12）.

［35］汪洋. 中国货币政策框架研究［M］. 北京：中国财政金融出版社，2008.

［36］王柏林，何炼成. 资产价格波动与货币政策的内在关联［J］. 山西财经大学学报，2010（10）.

［37］王煜. 中国货币政策传导机制现状、问题与政策［J］. 中国金融，2001（7）.

［38］伍戈. 货币政策与资产价格：经典理论、美联储实践及现实思考［J］. 南开经济研究，2007（4）.

［39］夏斌. 货币供应量不宜作为货币政策中介目标［J］. 经济研究，1999（3）.

［40］小川一夫，北坂真一. 资产价格与景气变动：现代日本经济的实证分析［M］. 日本：日本经济新闻社，1998.

［41］谢平. 中国货币政策分析：1998—2002［J］. 金融研究，2004（8）.

［42］徐滇庆等. 泡沫经济与金融危机［M］. 北京：中国人民大学出版社，2000.

［43］徐慧贤. 资产价格波动与最优货币政策选择［J］. 中央财经大学

学报，2009（11）.

［44］杨伟，谢海玉. 资产价格与货币政策困境："善意忽视"能解决问题吗？［J］. 国际金融研究，2009（11）.

［45］姚玲珍. 中国房地产市场财富效应分析——基于生命周期假说的宏观消费函数［J］. 云南财经大学学报，2009（12）.

［46］易纲，王召. 货币政策与资产价格［J］. 经济研究，2002（2）.

［47］易行健. 经济转型与开放条件下的货币需求函数：基于中国的实证研究［M］. 北京：中国金融出版社，2007.

［48］余晓东. 资产价格波动与货币政策、金融监管［D］. 复旦大学博士学位论文，2006.

［49］余永定. 两率改革是当务之急［J］. 财经，2011（12）.

［50］张晓慧. 关于货币政策与资产价格［J］. 财经，2009（15）.

［51］周晖，王擎. 货币政策与资产价格波动：理论模型与中国的经验分析［J］. 经济研究，2009（10）.

［52］周小川. 关于改变宏观和微观顺周期性的进一步探讨［J］. 中国金融，2009（8）.

［53］王志成，徐权，赵文发. 对中国金融监管体制改革的几点思考［J］. 国际金融研究，2016（7）.

［54］张晓朴，卢钊. 金融监管体制选择：国际比较、良好原则与借鉴［J］. 国际金融研究，2012（9）.

［55］陈雨露，马勇. 宏观审慎监管：目标、工具与相关制度安排［J］. 经济理论与经济管理，2012（3）.

［56］张健华，贾彦东. 宏观审慎政策的理论与实践进展［J］. 金融研究，2012（1）.

［57］王晓，李佳. 金融稳定目标下货币政策与宏观审慎监管之间的关系：一个文献综述［J］. 国际金融研究，2013（4）.

［58］周小川. 关于改变宏观和微观顺周期性的进一步探讨［J］. 中国金融，2009（8）.

［59］周小川. 金融政策对金融危机的响应：宏观审慎政策框架的形成背景、内在逻辑与主要内容［J］. 金融研究，2011（1）.

[60] 苗永旺, 王亮亮. 金融系统性风险与宏观审慎监管研究 [J]. 国际金融研究, 2010 (8).

[61] 马勇. 系统性金融风险: 一个经典注释 [J]. 金融评论, 2011 (4).

[62] 廖凡, 张怡. 英国金融监管体制改革的最新发展及其启示 [J]. 金融监管研究, 2012 (2).

[63] 李妍. 宏观审慎监管与金融稳定 [J]. 金融研究, 2009 (8).

[64] 巴曙松, 王璟怡, 杜婧. 从微观审慎到宏观审慎: 危机下的银行监管启示 [J]. 国际金融研究, 2010 (5).

[65] 李文泓. 关于宏观审慎监管框架下的逆周期政策的探讨 [J]. 金融研究, 2009 (7).

[66] 谢平, 邹传伟. 金融危机后银行监管改革的理论综述 [J]. 金融研究, 2010 (2).

[67] 徐明东, 肖宏. 动态拨备规则的西班牙经验及其在中国实施的可行性 [J]. 财经研究, 2010 (10).

[68] 许桂华, 余雪飞, 周奋. 资产价格背景下的货币政策范式 [J]. 经济学动态, 2012 (3).

[69] 陆晓明. 美联储利率决策框架的变化、困境及未来发展 [J]. 国际金融, 2016 (9).

[70] Adrian, Tobiasand Brunnermeier, Federal Reserve Bank of New York Staff Report 348, 2009.

[71] Adrian, Tobias, Paolo Colla, and Shin, Which financial frictions? Parsing the evidence from the financial crisis of 2007 – 09, NBER Macroeconomics Annual. *Chicago*: *University of Chicago Press*.

[72] Adrian, Tobias and Shin, Money, Liquidity and Monetary Policy, *Americat Economic Review*, 2009, 99 (2), 600 – 605.

[73] Agarwal, Sumit, and Faye H. Wang, Perserve incentives at the banks? Evidence from a natural experiment, *Work Paper of Federal Reverse Bank of Chicago*, 2009.

[74] A. Greenspan, Opening Remarks, at a Conference, Fed of

Kansas, 2002.

[75] A. Kashyap, J. Stein, The role of banks in monetary policy: A survey with implications for the European Monetary Union, *Economic Perspectives*, 1997.

[76] A. Meltzer, Money, Credit and Transmission Processor: A Monetarist Perspective, *Journal of Economic Perspective*, 9 (4), 1995.

[77] Alchian. A and Klein. B, On a Correct Measure of Inflation, Journal of Money, *Credit and Banking*, Vol. 5, 1973.

[78] Alexander Ludwig, Torsten Slok. , The Impact of Stock Prices and House Prices on Consumption in OECD Countries, *IMF Working Paper*, 10, 2001.

[79] Andrew J. Filardo, Should Monetary Policy Respond to Asset Price Bubbles: Some Experimental Results? *FRB Working Paper*, 6 (1), 2001.

[80] Barro. R. J, Rare disasters, asset price, and welfare costs, *American Economic Review*, 2009, 99 (1), 243 - 264.

[81] B. Bernanke, M. Gertler, Asset Price Bubbles and Monetary Policy, *Remarks before the New York Chapter of the National Association for Business Economics*, 2002.

[82] Bayoumi T. , Edison H. , Is Wealth Increasingly Driving Consumption?, *IMF Working Paper*, 10, 2002.

[83] Brean C. , Asset Prices, Financial Stability and Monetary Policy, *American Economic Review*, 94 (2), 2004.

[84] Brunnermeier, Croeket, Gooodhart, Persaud, Shin, The Fundamental Principles of Financial Regulation, *Geneva Report on the World Eeonomy* 11, 2009.

[85] B. Bernanke, M. Gertler, Monetary Policy and Asset Prices Volatility, *Economic Review*, 1999b.

[86] B. Bernanke, M. Gertler, Should Central Bank Respond to Movements in Asset Prices?, *American Economic Review*, 91 (2) . 2001.

[87] B. Bernanke, M. Gertler, Monetary Policy and Asset Prices Volatility, *Economic Review*, 1999b.

[88] B. Bernanke, M. Gertler, In Side of the Black Box: the Credit Channel of Monetary Policy Transmission, *Journal of Economic Perspective*, 9 (4), 1995.

[89] Bayoumi T., Edison H., Is Wealth Increasingly Driving Consumption? *IMF Working Paper*, 10, 2002.

[90] Ben Bernanke, M. Gertler and S. Gilchrist, The Financial Accelarator in a Quantitative Business Cycle Framework, *Handbook of Macroeconomics*, Vol. 1 (C), 1999a.

[91] Benjamin, Chinloy P. and Donald. G., Real Estate Versus Financial Wealth in Consumption, *Journal of Real Estate Finance and Economics*, 3 (2), 2004.

[92] Bernoulli, Exposition of a new theory on the measurement of risk, *Econometrica*, Vol. 22, No. 1, 1738, 23 – 36.

[93] Blanchard, Olivier, Giovanni Dell'Ariccia, and Paolo Mauro, Rethinking Macroeconomic Policy, *Jounnal of Money, Credit and Banking*, 2010, 42: 199 – 215.

[94] BOE, The role of macro – prudential policy, *A Discussion Paper*, 11, 2009.

[95] Borio, Drehmann, Towards an Operational Framework for Financial Stabllity: "Fuzzy" Measurement and Its Consequences, *BIS Working Paper* No284, 2009.

[96] Brean C., Asset Prices, Financial Stability and Monetary Policy, *American Economic Review*, 94 (2), 2004.

[97] Brunnnermeier, Markus K, Decipheing the 2007 – 2008 Liquidity and Credit Crunch, *Jounnal of Economic Perspectives*, 2009, 23 (1): 77 – 100.

[98] Caballero, Rocardo J, Crisis and Reform: Managing systemic risk, *Prepared for the Angelo Costa Lecture delivered in Rome*, 2010a, March 23.

[99] C. A. Sims, Macroeconomics and Reality, *Econometrica*, 48 (1), 1980.

[100] C. Carroll, M. Otsuka, J. Slacalek., How Large is the Housing

Wealth Effect? A New Approach, *Working Paper*, 10 (18), 2006.

[101] C. A. Sims, Macroeconomics and Reality, *Econometrica*, 48 (1), 1980.

[102] Cecchetti, Genberg, Lipsky and Wadhwani, Asset Prices and Central Bank Policy, *Geneva Report on the World Economy*, 2, 2000.

[103] Charles Goodhart, Boris Hofmann. , Asset Prices, Financial Conditions, and the Transmission of Monetary Policy, *Conference on Asset Prices, Exchange Rates, and Monetary Policy*, 2001.

[104] C. Goodhart, B. Hofmann, Asset Prices, Financial Conditions and the Transmission of Monetary Policy, *Presented at the Conference Asset Prices, Exchange Rates, and Monetary Policy*, 5, 2001.

[105] C. Ling, Andy Naranjo, The Integration of Commercial Real Estate Markets and Stock Markets, *Real Estate Economics*, V27 3, 1999.

[106] C. M. Reinhart, G. L. Kaminsky, On crises, contagion, and confusion, *Journal of International Economics*, 51, 2000.

[107] C. M. Reinhart, G. L. Kaminsky, The Twin Crises: The Causes of Banking and Balance – of – Payments Problems, *American Economic Review*, 89 (3), June, 1999a.

[108] Campbell John, J. Cocco. , How Do House Prices Affect Consumption? Evidence from Micro – Data, *NBER Working Paper*. No. 11534, 2005.

[109] Campell, Aerdt Houben, Asset inflation in the Nether land: Assement economic risks and monetary policy implication, *The Role of Asset Prices in the Formulation of Monetary Policy*, 1998, 264 – 279.

[110] Campell, John Y. , and John H. Cochrane, By force of habit: A Comsumption – based explanation of aggregate stock market behavior, *Jounnal of Political Economy*, 1999, 107 (2): 205 – 51.

[111] Campell, Murillo, Internal capital markets in financial conglomerates: Evidence from small bank responces to monetary policy, *Journal of Finance*, 2002, 57 (6): 2773 – 2805.

[112] Carroll C D. Housing Wealth and Consumption Expenditure, *Mary-

land: Mimeo, *Johns Hopkins University*, 2004.

[113] Cecchetti, Genberg, Lipsky and Wadhwani, Asset Prices and Central Bank Policy, *Geneva Report on the World Economy*, 2, 2000.

[114] Charles P. , Kindleberger, Robert Z. , Aliber Manias, Panics, and Crashes: A History of Financial Crises (Fifth Edition), *Toronto: John Wiley & Sons, Inc. , Cananda*, 2005.

[115] Chen, N. K. , Asset price fluctuations in Taiwan: Evidence from stock and real estate price 1973 to 1992, *Journal of Asian Economics* 12, 2001.

[116] Ciccarelli, Matteo, Angela Maddaloni, and Jose – Luis Peydro, Trusting the bankers: a new look at the credit channel of monetary policy, *Review of Economic Dynamics*, 2014.

[117] De Long. J, A. Shlerfer, L. Summer and Waldmann. Noise Trader Risk in Financial Markets, *Journal of Policitial Economy*, 1990, 90.

[118] Dell'Ariccia, Giovanni, Deniz Igan, and Luc Laeven, Credit booms and lending standards: Evidence fromthe subprime mortage market, Jounnal of Money, Credit and Banking, 2012, 44 (2): 367 – 384.

[119] Diamond W. Douglas and Dybvig H. Philip, Bank Runs' Deposit Insurance, and Liquidity, *Journal of Political Economies*, 91 (3), 1983, 299 – 314.

[120] Duffie, Darell Haoxiang Zhu, Does a Central Clearing Counterpart Reduce Counterpart Risk?, *Review of Asset Prising Studies*, 2011, 1 (1): 74 – 95.

[121] Engelhardt. Gary V. , House Price and the Decision to Save for Down Payments, *Journal of Urban Economics*, 36, 1994.

[122] Estrella, Mishkin, Is There a Role for Monetary Aggregates in the Conduct of Monetary Policy, *Journal of Monetary Economies*, 40 (2), 1997, 279 – 304.

[123] Fama. E. F. , Efficient Capital Markets II. *The Journal of Finance*, Vol. 46, No. 5, 12, 1991.

[124] Feroli, Michael, Anil Kashyap, Kermit Schoenholtz, and Shin,

Market Tantrums and Monetary Policy, 2014, *Report for the* 2014 *US Monetary Policy Forum.*

［125］Freixas, Xavier, Antoine and David Skeie, Bank Liquidity, Linterbank Markets and Monetary Policy, 2011, *Review of Financial Studies*, 24（8）: 2656-92.

［126］Fexias, Xavier, anf Jean – Charles Rochet, Microecomonics of Banking, 1997, *Cambridge: MIT Press.*

［127］Gary V. Engelhardt. , House prices and home owner saving behavior, *Regional Science and Urban Economics*, 26, 1996.

［128］Gerlach Stefan, Peng Wensheng, Output Gaps and Inflation in Mainland China', *China Economic Review*, Elsevier, Vol. 17（2）2006.

［129］Glaeser, Edward L, Joshua and Joseph Gyourko, Can cheap credit explain the housing boom, 2013, *House and the Financial crisis*, NBER.

［130］Goodfriend M. , Interest Rate Policy should not React Directly to Asset Prices, in HKP, CH3. 1, 2005.

［131］Goodhart, C and Boris. Hofmann, Asset Price, Financial Conditions and the Transmission of Monetary Policy , *Paper prepared for the conference on Asset Price, Exchange Rates and Monetary Policy*, Stanford University, 5, 2001.

［132］H. W. Hoynes, D. McFadden, The Impact of Demographics on Housing and Non – Housing Wealth in the United States, *NBER Working Paper* No. 4666, 5, 1994.

［133］Harry Markowitz, Portfolio Selection, *The Journal of Finance*, Vol. 7, No. 1, 1952, 77-91.

［134］Hiroshi Shibuya, Dynamic Equilibrium Price Index: Asset Price and Inflation, *Monetary and Economic Studies*, 10, 1, 1992.

［135］Holmstrom, Bengt and Jean Tirole, Inside and outside liquidity, 2011, *Cambridge: MIT Press.*

［136］Hong, Harrison, and Stein, Disagreement and stock market, 2007, *Journal of Ecomonic Perspectives*, 21: 109-128.

［137］Lyer, Rajkamal, and Jose – Peydro, Interbank contagin at work:

Evidence from a natural experiment, 2011, *Review of Financial Economics*, 97: 319 – 338.

[138] Jan Mossin, Equilibrium in a Capital Asset Market, *Econometrica*, Vol. 34, No. 4, 1966, 768 – 783.

[139] Jimenez, Jesus Saurian, Banco de Espana. , Credit Cycles, Credit Risk and Prudential Regulation, *International Journal of Central Banking*, Vol. 2, No. 2, 2006.

[140] Jimenez, Ganriel, Steven Ongena, Jose – Peydro, and Saurina, Credit supply and monetary policy: Identifying the bank balance – sheet channel with loan applications, 2012, *American Economic Review*, 201: 2301 – 2026.

[141] John Lintner, The Valuation of Risk Assets and the Selection of Risky Investments, *The Review of Economics and Statistics*, Vol. 47, No. 1, 1965, 13 – 37.

[142] John Talor, How Should Monetary Policy Respond to Shocks while Maintaining Long – run Price Stability?, *speech on a symposium by the Federal Reserve Bank of Kansas City in Jackson* Hole, 27, 1999.

[143] John Y. Campbell , Joao F. Cocco, How Do House Prices Affect Consumption?, *NBER Working Paper* No. 11534, 8, 2005.

[144] K. E. Case, J. Quigley, R. Shiller, Comparing Wealth Effects: The Stock Market Versus the Housing Market, *Cowles Foundation Discussion Paper*, No. 1335, 10, 2001.

[145] Kent Lowe, Asset – price Bubbles and Monetary Policy , *Reserve Bank of Australia Working paper* 9709, 1997.

[146] Kiyotaki, N. , Moore, J. , Credit cycles, *Journal of Political Economy*, 10, 5, 1997.

[147] Levin Laurence, Are Assets Fungible? Testing the Behavioral Theory of Life – Cycle Savings, *Journal of Economic Organization and Behavior*, 6 (36), 1998.

[148] Louise Sheiner, Housing Prices and the Saving of Rents, *Journal of Urban Economics*, Vol. 38, No. 1, 7, 1995.

[149] Ludvigson. S, Steindel, How Important Is the Stock Market Effect on Consumption?, FRBN Economic Policy Review, 7 (3), 1999.

[150] M. Freedman, The role of monetary conditions and the monetary conditions index in the conduct of policy, Bank of CanadaReview, 8, 2, 1995.

[151] M. Poterba. , Stock Market Wealth and Consumption, *Journal of Economic Perspective*, 14 (2), 2000.

[152] Marjorie A. Flavin, The adjustment of consumption to changing expectations about future income, *Journal of Political Economy*, 89 (5), 1982.

[153] Martin Lettau, Sydney C. Ludvigson, The Declining Equity Premium: What Role Does Macroeconomic Risk Play? , *NBER Working Paper* No. 102704, 2004.

[154] Minsky H. , Financial Crises: Institutions and Markets in a Fragile Environment, New York, NY: John Wiley and Sons, 1977.

[155] Mishikin, Symposium on the Monetary Transmission Mechanism, *Journal of Economic Perspective*, 9 (4), 1995.

[156] MishkinF. S. , The Transmission Mechanism and the Role of Asset Prices in Monetary Policy, *NBER Working Paper* No. 8617, 2001.

[157] Morrison, Alan D. , and Lucy White, Crisis and Capital requirements in banking, 2005, *American Economic Review*, 95: 1548 –72.

[158] Morrison, Alan D. , and Lucy White, Level playing fields in international financial regulation, 2009, *Journa of Finance*, 64 (3): 1099 –1142.

[159] N. Kiyotaki, Moore J. , Credit Cycle, *Journal of Political Economy*, 105 (2), 1997.

[160] Nakagawa, Osawa. Financial Market and Macroeconomic Volatility: Relationships and Some Puzzles, *Bank of Japan Working Paper* 00 –9, 2000.

[161] Nuno Cassola and Claudio Morana, Monetary policy and the stock market in the Euro Area, *Journal of Policy Modelling*, 26, 2004.

[162] OECD, Economic Outlook, OECD, Paris, 12, 2008.

[163] Okunev, Wilson, Using Nonlinear Tests to Examine Integration Between Real Estate and Stock Markets, *Real Estate Economics*, V25 3, 1997.

后　记

　　2008年的次贷危机带给全球经济的伤痛仍在延续，世界经济在分化和不确定中艰难复苏，且复苏之路难言乐观与稳固，这主要表现在：全球范围内恐怖主义频发，贸易保护主义、民族主义的抬头以及反全球化思潮的盛行，使得自第二次世界大战以来构建的基于共同价值观和规则的全球体系、正在经受严重冲击和面临被撕裂的风险。在经济层面，主要发达经济体经济弱势企稳，新兴经济和发展中国家面临较大潜在风险，量化货币政策和巨量债务掩盖了很多深层次问题，导致本应推进的结构性改革被取代或停滞不前。因此，国际金融危机爆发后的第10年，当年的"黑天鹅"已转变为如今的"灰犀牛"，危机却似乎从未离开。本书是在我的博士论文《中国资产价格波动与货币政策的关系研究》基础上，紧跟国际经济政治形势变化和理论实践层面最新成果，经过几轮修改，增删了近10余万字才最终完成，希望能够在10周年的今天对厘清相关问题有所裨益。

　　本书写作历时数年，凝聚了很多心血也得到诸多帮助。在成稿之际，回首过往学习、工作生活的种种经历，感慨良多！可以说，每一天的成长，都离不开对自我提升和完善的追求和鞭策；每一点的进步，都伴随着无数日夜的艰辛努力；每一分成绩的取得，都离不开亲朋好友的关心和帮助。感谢那些在我生命里启迪我思想、开启我智慧的前辈大师、感谢那些在成长阶段给予我教诲指点的老师们、感谢那些在我学生时代与我一起追求真理、共同奋斗的同窗好友们、感谢那些在我背后给予我前进动力的亲人朋友们。是你们的关心爱护、是你们的信任支持、是你们的鼓励期盼支撑我走到今天。在这里我想一一道谢！

　　首先感谢我的博士生导师、中国人民大学彭刚教授。回想起备考博士入学考试的日日夜夜，是对人民大学的向往和您公正无私的录取原则支撑我走进考场，并以优异成绩进入中国人民大学经济学院深造学习；您严谨细致的治学态度，睿智深刻的学术见解，让我在博士三年受益匪浅，并最终确立了热爱的学术研究方向；在博士论文前期准备和写作期间，从最初选题、提纲章节拟定，到开题答辩、初稿审阅和最终成稿，小至一个标点符号，大到论文框架和创新点，无不尽心尽力。可以说，我的博士论文能够顺利通过匿名评审，处处都浸透着彭老师的辛劳和智慧。同样的，您弘毅宽厚、平等真诚的品性也在潜移默化中感染并教育着我们，如何成为一个怀仁爱之心、存义勇之心的高尚的人。还要感谢中国人民大学黄卫平教授在我论文开题和写作过程中给予的指导和建议。黄教授德高望重、学术造诣和为人处世都是我们学习的楷模；感谢英国伦敦大学和中国人民大学特聘教授卢荻老师对我的关心和指导，感谢卢教授允许我参加"金融深化与改革"方面的讨论学习班并给予的诸多指导，深化了我对中国金融市场改革和金融市场结构的认识，这对文中相关内容的写作裨益甚大；感谢关雪教授在论文评审和答辩阶段提出的宝贵意见和对文中不足给予的诸多专业建议；感谢赵文哲副教授、赵勇副教授在学业、生活上给予的帮助和关心。

感谢中国人民大学对我的培养。浓厚积淀的学术氛围、严谨积极的学术风气、育人先育德的教育理念、创新独立的培养体系，国民表率、社会栋梁的培养理念，使我们无论在学校还是步入社会，始终能以"人大人"高度的社会责任感和对民族国家的深刻认同，践行"立学为民，治学报国、行为精英，心为平民"的人大精神，报效祖国、服务人民。我热爱的人民大学和人大精神以充盈天地的大度与润物无声的细腻充盈在每一个"人大人"心中，不仅塑造了我的学术品格，更指引我以更成熟的心智、更平和宽容的方式、更高的自我要求、成就更好的自己，成为对家庭、工作单位以及社会负责任、有大爱的人。

感谢加拿大北英属哥伦比亚大学经济系王宝泰教授。感谢他提供给我难得的国际交流学习机会；感谢他在国外访学期间对我的关心照顾，帮助我成功克服了访学期间的种种困难；感谢他在研究方法、研究思路上提供的全新视角，为我打开了国际化、多元化的视野。同时也感谢 Paul Bowles 和 Fiona MacPhail 教授、胡国良研究员、范亚舟博士、戴师夷在留学期间，给予我学习和生活上的种种便利。

还要感谢我的母校西北大学和诸位老师学长在成长道路上的启迪。在我年少时期，作为开启经济学瑰丽殿堂的启蒙学校，西北大学给予了我太多——扎实的基础知识、独立的思考能力、健全积极的人格、勇于担当的素养以及公诚勤朴的精神。感谢我的硕士导师赵景峰教授，感谢他在塑造我的学术品格中的积极作用，同时更感谢他在我选择迷茫时，向我推荐了中国人民大学，并鼓励我一直追求学术梦想。感谢常云昆教授、徐波教授、史耀江教授、高帆教授（复旦大学）对我本科、硕士期间的鼓励提携。他们最早将我带进经济学殿堂，并细致教会我用经济学的方法研究问题。他们的教育和栽培，在我后来的学术研究中终身受益。

　　此外，中国人民大学和西北大学的诸位同窗好友是我攻读学位期间的良师益友。回想起我们一起聆听学术讲座、组织学术沙龙、讨论学科前沿理论和热点问题的场景，常常感慨我们年轻向上的心竟会在彼此碰撞中收获如此之丰；大家在生活中互助友爱、团结合作竟是如此地如沐春风。与你们的同窗情谊是我学术时代的宝贵财富，也是彼此学生时代奋发向上的最有力见证。特别感谢几位好友（覃媛媛、石小英、王潇潇、曾倩博士以及525寝室的赵媛、贾巧盼、侯新艳），是你们的友谊支撑我走过那一段最艰苦的时光，与你们的深厚情谊时刻温暖着我的心。

　　这里还要感谢我的父母、我的先生以及各位亲朋好友。感谢父母的养育之恩，更感谢年过古稀的父母对我求学经历和留京决定的大力支持。在我以后的生命里，我会用孝心、关怀和努力加倍回馈你们给予我的一切，让你们的晚年在祥和幸福中度过。感谢我的家人和亲朋好友，在我求学阶段给予我物质和精神上的支持，感谢他们在我异地工作生活中，对我父母的照顾和帮助。特别感谢我的叔叔李军锋，在我人生几次关键时刻对我的提携，帮助我顺利渡过难关，实现学术梦想；感谢我的侄女李蕾，一致以来给予我的贴心陪伴和细致关怀。这里特别要感谢我的先生兼同窗秦韬博士。我们因相同的兴趣爱好、共同的价值观和学术信念走在一起，成为学习、生活、工作中最心意相通、志同心合的朋友和恋人；基于多年的深厚感情、成熟的心智以及对婚姻、家庭和责任的充分认识，我们相托一生携手走进婚姻，并在婚后孕育了我们的女儿；出于彼此的尊重、信任和关爱以及共同学习成长的理念，在其后一系列的角色转化中出色胜任并依旧保持了最亲密的关系和最充分的沟通，使我们的孩子在幸福的家庭氛围中长大。因此，我要特别感谢他！感谢我的先生在我生命里出现并携手走过一段最美好的校园时光；感谢他在我们攻读博士学位期间的帮助和鼓励，由于他在数据处理、文字排版等方面的帮助，使我得以顺利完成论文；感谢他在我找工作最焦头烂额的时候，对我时常的督促和鼓励，帮助我鼓起勇气面对挑战；感谢他鼓励我不忘初心、坚持自己热爱的学科领域并主动承担照顾孩子的责任，让我在哺乳和工作之余，有时间完成论文的修改增删。可以说，这本书能够最终完成并出版，得益于他的奉献和诸多帮助。另外，想将本书作为女儿人生的一份礼物送给她，并让她知道，人生旅程绚烂亦崎岖，能够拥有梦想并坚定地付诸行动的人生是幸福的，这样的人生才有高度和厚度。希望她在成长过程中坚毅勇敢、不忘初心，勇于追寻自己的梦想，也希望她一生有爱相随，能够寻找到志趣相投的人一起共同成长、品味人生。

最后感谢单位的领导和同事给予我的关心和便利，他们对我的学业和工作给予了最大程度的支持和肯定，在此感谢他们！